はじめに

　本書では、現状の図面作成プロセスにおいて様々な工夫がされているにもかかわらず、不整合事例が後を絶たないことに着眼し、実案件での整合課題事例を集め分析することで、不整合の起こるメカニズムに迫りたいと考えた。

　事例から読み取ることのできる課題とその解決策は、多くの部分で再発防止として既に実行されているにもかかわらず不整合が繰り返されていることから、考えるべきより深い要因を改めて洗い直してみた。またそれらの解決策は概ね理解されているにもかかわらず実行されていない、あるいは一連の改善活動に結び付いていないこともわかった。そのため個別事例として扱ってきた個々の課題を全体像として結び付け、関連性を持たせることによって、新たな解決策としての提示を試みた。その意味で本書では、網羅的にすべての解決策を提示するのではなく、現状分析に則った実践的、かつ、具体的に必要とされるべきものに絞った提言を示すようにしている。

　また、今まで設計者・施工者の範疇に留まっていた議論を発注者の役割にも広げ、建設プロセス全体の課題として捉えることで、今後の発注者・設計者・施工者のあり方にも言及した。

　課題認識とその解決のための具体策を共有し展開することで、現状の打開につながればと期待している。

2020 年 6 月

第6章　発注者・設計者・施工者を繋ぐ～課題解決のための具体策

第7章　おわりに

〈整合課題事例集〉

〈巻末資料〉

コラム

第**1**章

刊行の趣旨

1. 刊行の趣旨

1.1 背景

　建設業を取り巻く環境が大きく変化するとともに、要求品質の多様化、高度化等が進み、建築に対する発注者の要求品質の実現に困難を伴い、建築生産を担う技術者には一層の高いスキルが必要な状況になってきている。

　建築を取り巻く現在の状況は、建築プロジェクトの要求品質の多様化・高度化、法改正による検討業務・申請業務の増大、予算の縮減と工期の短縮、設計作業の分業化や施工体制の分業化、少子・高齢化による担い手不足に対応する建築生産性の向上、発注形態の変化等、大きな変化が今までにない速度で起きている。設計業務では、各プロセスでの作業が完結しないまま、次のプロセスに引き継がれて行く例もあり、結果としてプロジェクトに関わる関係者全体に過重な労力を強いることにもなっている。そのような状況が、建築の品質確保を難しくしており、また、生産性向上や建設業界の働き方改革の阻害要因にもなっており建設業界の魅力を低下させている。

1.2 設計図書検討部会の設置

　公益社団法人 日本建築士会連合会では、建築の品質問題について設計者・監理者・施工者がどのような役割を果たしていくかを議論していく過程で、総合図作成が有効な手段であるとの認識から「総合図作成ガイドライン」を 2017 年 6 月に刊行した。その中で課題として残った「設計図に関する整合性」について、設計者側と施工者側とで意見交換を重ね、建築生産の各段階における具体的課題の抽出を行った。

　また、2017 年 12 月に開催した「設計者・施工者の業務分担等に関する懇談会」では、「設計図書の完成度が低い」「発注者による決定が遅かったり変更が多い」「設計期間が足りない」「設計段階で確定できないことが多い」などが共通の認識として、現状の設計図書の課題が改めて浮彫になった。その内容に基づき、実務レベルでの検討会を重ねる中で、「設計図書の整合性」が、設計者や施工者を問わず共通の課題であることが明らかになってきた。そこで、「設計図書の整合性」に焦点を当て、2018 年 7 月に「設計図書検討部会」が設置された。設置から 2 年間に及ぶ議論の内容は広範囲であったが、設計者と施工者（建築工事と設備工事）が直面している課題の多くは共有できるものであり、その解決のためには、これまで「当たり前」と思ってきたことを見直すことが有効である例も多く見られた。そのような具体的な事例を収集し、プロジェクトや組織の規模の大小に関わらず共有できる課題を洗い出し、その解決のための提言を「発注者・設計者・施工者のプロセス再点検のための設計図書整合性向上ガイドブック」として刊行するに至った。

1.3 告示第 15 号から告示第 98 号へ

　「建築士事務所の開設者がその業務に関して請求することのできる報酬の基準」が国土交通省告示第 15 号として 2009（平成 21）年に公布・施行され、2019（平成 31）年 1 月 21 日には業務報酬基準が改訂され国土交通省告示第 98 号として公布・施行されている。告示第 98 号の施行に合わせて示されたガイドライン[1]の「改正の経緯とポイント」では、業務内容、業務量の比率、略算表による業務量と対象規模、難易度による業務量の違い、建築物の用途の複合化が旧業務基準の課題として挙げられている。その中で、従来業務内容の曖昧さが指摘されてきた標準業務と追加的業務の区分や、追加的業務が増大し適切な業務報酬が得られていないという課題に対しては、追加的業務について具体的に整理されて詳しく提示されている。

---

[1] 「建築士事務所の開設者がその業務に関して請求することのできる報酬の基準について（2019 年告示第 98 号版）」ガイドライン（業務報酬基準検討委員会　編）
http://www.mlit.go.jp/jutakukentiku/build/jutakukentiku_house_tk_000082.html

1.4 民法改正とそれに伴う契約約款の改正

　2020年4月に施行された改正民法は、取引社会を支える最も基本的な法的基礎である契約に関する規定を中心に、社会・経済の変化への対応を図るための見直しされたものである。この改正の中で、請負契約の「瑕疵」という言葉が売買契約の「契約不適合」に変わった。従来の「瑕疵」という言葉は本来、欠陥・欠点を指すが、請負契約では仮に欠陥があったとしても、それが致命的なものでなければ、瑕疵担保責任に基づき「修補する」という対応がされてきた。これは建築が巨大かつ高価な製造物であるために認められてきた社会的合意でもあったが、改正民法では、特例が撤廃され、売買契約に一元化されて売主（設計者、施工者、等）は、「契約に適合する目的物を引き渡す義務を負う」となった。これに伴い、受託者の債務不履行責任、成果物の契約不適合に対する受託者の責任、解除権の行使、解除の効果等の改正が行われた。

　また、国土交通省中央建設業審議会は2019年12月、公共工事標準請負契約約款等の改正を勧告した。この中で、著しく短い工期が改正建設業法において禁止されたことを踏まえ、契約変更を行う場合においても工事に従事する者の労働時間その他の労働条件が適正に確保されるよう、やむを得ない事由により工事等の実施が困難であると見込まれる日数等を考慮しなければならないことなった。その他、民間（七会）連合協定 工事請負契約約款[※2]が2020年4月に改訂され、設計図書等に誤謬・脱漏があった場合又は設計図書等と現場条件が異なった際に、発注者等の指示に従って対応・措置を取った場合は、これまで協議条項であったものが廃止され、客観的に認められる範囲で工期の変更又は請負代金額の変更が求められることを確認する規定となった。四会連合協定 建築設計・監理等業務委託契約約款[※3]も2020年4月に改訂され、設計図書の不備を発注者が指摘しても是正されない場合の契約解除権や、業務で契約不適合があった際は、改正民法による受託者の報酬を減額できる「代金減額請求権」が新たに盛り込まれている。

　これらの改正により設計図書に不整合や表記不足に起因して不備が発生した場合、発注者と施工者との請負契約における「契約不履行」が請負者側の責任ではなく、設計の「契約不履行責任」になる可能性が強まるのではないかと指摘されており、従来にも増して設計図書の完成度がより求められる状況になってきているといえる。具体的な事象については、今後明らかになるものも多いと思われるが、技術者としては必要な備えをしておくべきである。

※2, 3「民間（七会）連合協定工事請負契約約款」「四会連合協定建築設計・監理業務委託契約約款」P25 コラム参照

1.5 本書で扱う範囲について

　本書でいう「設計図書」とは建築士法に定義された設計図書だけではなく、建築の計画、設計、施工、維持管理の各段階で必要な建物情報を表現する図面や文書を指し、施工図、製作図、完成図等を含んでいる。

　また、設計図書間の整合性向上における課題とは、意匠図、構造図、設備図、仕様書等の設計図書相互間での食い違いなどによる「調整不備」と、性能設定の不備、記載不足、設計内容自体の不備等の設計情報の欠落や不足などによる「記載不備」を含んでいる。今回、設計図書の整合課題に関わる多くの事例を収集し整理したが、それらは「設計図書に描いてあることの調整」の課題と、そもそも「設計図書に描かれていない」ことの課題に分けることができる。そしてそれらの課題が、建築プロセスのどの段階でどう影響を与えたのかを顕在化させ、その課題は本来どこの段階で解決されることが合理的なのかを追究した。

　本書の適用範囲は「設計と施工が分離発注された民間建築プロジェクト」を基本とした。国内の建築プロジェクトには、設計施工分離発注方式の他に、設計施工一括発注方式や様々な発注契約方式がある。これらには共通の課題も多くあるが、各々のプロセス、関係者の役割や責任に違いがあり、設計図書の整合課題を一律に整理しづらいことがその理由である。

　また、現在国を挙げてBIM（Building Information Modeling）の利用が推進されており、将来的には設計図書の整合性に関する課題は大きく改善されることが期待されるが、現時点ではツールとしてのBIMのみでは解決できない課題も多く、BIMの利用を前提にした設計図書の整合性向上に関する議論は時期尚早といえる。本書では現状の2次元CAD図面を基本とした設計図書による設計情報伝達を前提に課題を顕在化させ、その解決手法を具体的に示すこととする。

1.6 本書の基本構成

　本書の各章・稿では、実プロジェクト等で発生している具体的な「整合課題事例」を最初に示し、何故そのような課題が発生するのかという疑問を解き明かすことを基本として構成した。そのうえで、個別の解決のためのヒントを示し、各プロセスにおいて推奨できる "具体的取り組み" を各章・稿毎に「提言」としてまとめた。また、各稿に関連する内容を「コラム」として掲載した。

◤ 整合課題事例 ◢

- ・当ガイドブックの主題。
  設計図書における " 不整合 " を示し、1.5（前頁）で紹介した通り、調整不備と記載不備とに分けて整理した。
  ：調整不備　意匠図、構造図、設備図、仕様書等の設計図書相互間での不整合等
  ：記載不備　性能設定の不備、記載不足、設計内容自体の不備等
- ・収集した「整合課題事例」の中で、その章・稿を説明するために相応しい事例を本文中に掲載した。

💡 解決のヒント

- ・整合課題に対する個々の具体的な解決策やチェックリスト等を「解決のヒント」として示した。

その他の事例

- ・本文掲載事例と類似したものを「その他の事例」として示した。個別の具体的内容は本文の最後に〈整合課題事例集〉として掲載し、本文中にはその事例番号（事例 - ○）を記載した。

■ 提言

- ・各章・稿における " まとめ " としての解決手法を「提言」として示した。より実践的、かつ、具体的な内容にするように努めた。

コラム

- ・当該章・稿で使用する定義・用語解説及び、本文に関連する注目すべきポイントに加え、章・稿をまとめるにあたり今後の検討とすべき事項や経験談等を「コラム」として示した。

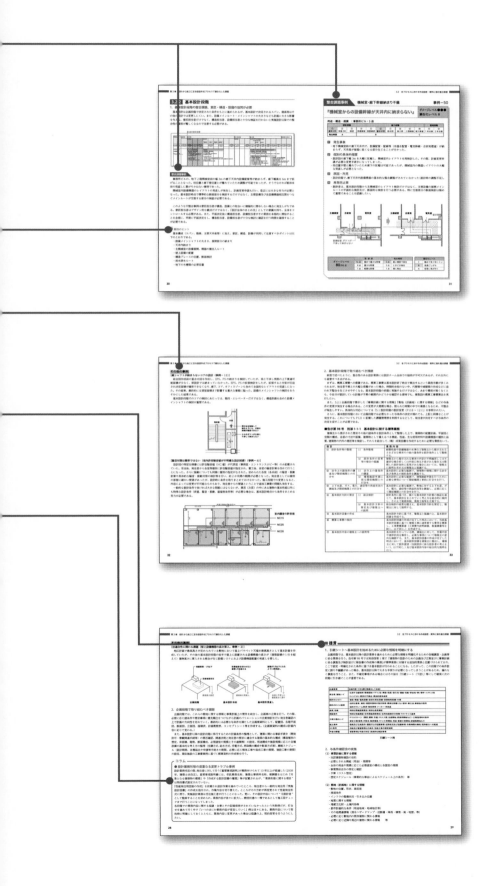

第 **2** 章

整合課題の収集・整理・分析

2.1 整合課題の収集・整理

2.1.1 整合課題の収集

　今回の取り組みに参画した企業（設計、施工、設備サブコン）から計 151 の「整合課題」を収集した。それらを部位別・発生段階別に整理し、重複・類似事例を除外した結果「84 の整合課題事例」にまとめることができた（整合課題事例集および、巻末資料 1. 参照）。

　全 151 事例の内訳は以下の通りである。

　　　　設計段階で発生したもの　　　＝ 26 事例
　　　　施工準備段階で発生したもの　＝ 88 事例
　　　　施工～運用段階で発生したもの＝ 37 事例

　対象部位としては、外部について「外装仕上（外壁、開口部）」に関するものが多く、内部では「天井内設備納まり」「縦シャフトの設備納まり」の例が目立った。また、「地下」や「免震層」に関する事例も見られた。加えて、メンテナンス性の問題が顕在化したものも一定数見られた。

　設備サブコンからの事例は、「工事区分」「性能設定不備」「機器仕様不備」等が多く挙げられた。

　それらの各整合課題事例について「いつ解決しておくべきか」という視点で整理を進めた。設計段階で解決すべきものが多くを占めるが、"施工準備段階で解決する方が合理的"というものも多い。これは、施工会社の調達に絡む「具体的部材や機器」が決定した後に、総合図等を活用して決定した方が有効であるという考えによる。設備サブコンからの事例でも同様な傾向が見られた。

2.1.2 整合課題事例のグルーピング

　今回、検討部会で収集した 151 の整合課題事例を分析するため、右表にてグルーピングした（巻末資料 1.）。

　横軸は「図面作成プロセス」の各段階を示し、縦軸は建物の部位を示す。各整合課題を、発生した時期と部位とに整理し、「いつ、どこで」発生する不整合が多いかを検討した。

　この表から次のような傾向を捉えることができた。

1）整合課題事例が発生した時期＝図面検討～総合図・施工図作成時

　整合課題が最も多く発生した時期は、建築（意匠・構造。以降「A・S」）、設備（電気設備・機械設備。以降「E・M」）とも「図面検討～総合図作成段階」であった。

　この段階で、工事未着手であり、かつ、資材発注が行われていない工種であれば、施工工程への影響は限定されるが、その工種の施工図が他工種の施工図等に展開された段階で不整合が発生すると、他工種検討の手戻りにつながる例も多いため、十分注意が必要となる。

　また、施工準備段階でのチェック時に、コア内の設備縦シャフトが梁との干渉により納まらず、コア全体にわたるプラン修正を余儀なくされた事例（事例－ 11）や、屋上雨水排水勾配の計画が平面図では片勾配となっていたが、断面図に反映されておらず、片勾配のままとすると法的な高さ制限をクリアできないこととなった事例（事例－ 24）など、根本的な設計の不備が原因となる事例もみられた。

　このような、大きな設計変更を要する事例は、施工準備初期段階での確定が必要な鉄骨製作図への影響が生じるなど、工程遅延や再製作・修正に伴う追加費用につながることとなる。

2) 整合課題事例が発生した部位＝外装・サッシ、天井内設備・縦シャフト設備納まり、地下・ピット

（1）外装・サッシ

カーテンウォールを含む乾式外装や、サッシ関係での整合課題が目立った（事例－40～42）。サッシ自体の課題に加えて、内部の本体鉄骨との取り合いや、下地鉄骨・内装・設備ダクトとの取り合い部での課題も多く見られた。

（2）天井内設備・縦シャフト設備納まり

ASEM 各部材が集中する部位であり、整合課題事例が多く見られた。機械室から廊下への設備幹線納まり部不整合事例（事例－50）等である。また、縦シャフトの各階での「通り」が未調整であったものや、保守や点検時の課題未整理の事例などがある。

（3）地下・ピット

地下・ピットでの課題事例も多い。ピット内の釜場位置など、意匠・構造・電気・設備各分野の調整不足や、免震層でのクリアランス不足、地下駐車場への車路スロープ関係（事例－78）などが目立つ。また、地中梁設備スリーブ位置・高さ等の不整合など、設計段階での調整不足事例もある。

地下の基礎躯体等は、着工後すぐに鉄筋の発注や加工などが行われる。その前段の工程に、山留・地盤改良・杭など、一定期間を要する工事があれば、検討時間の確保も可能であるが、小規模案件等の場合は、図面不整合が工事工程に致命的な影響を与える可能性もある。

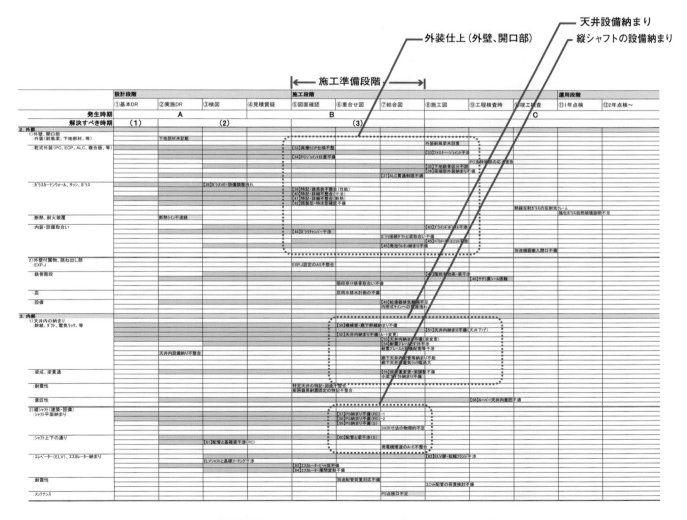

整合課題事例のグルーピング（巻末資料1～6参照）

2.2 整合課題の分析方法について

2.2.1　整合課題の分析

1.　整合課題事例シート

それぞれの事例に潜む本質的な問題点を明らかにしていくために、次のポイントに着目し、事例の整理を行った。

- ：　事例の工事工程や工事費変動等への影響の大きさ（影響度）
- ：　事例の発生頻度
- ：　設計段階での気づきにくさ
- ：　事例が発生した時期
- ：　事例の原因を解決しておくべき時期

それぞれの事例を個別シートにまとめた（右頁参照）。

2.　整合課題事例の「スコア設定」

84 の多様な整合課題事例を客観性を持って伝えるために、共通のルール設定を行い、スコア化することとした。

「影響度」「発生頻度」「気づきにくさ」の各 3 段階評価の組み合わせにより以下の様に整理した。

"ダメージレベル"＝影響度×発生頻度（大・中・小 16・8・1 点）×（大・中・小 5・3・1 点）＝ 80 点〜1 点

- ：　各事例について「影響度」と「発生頻度」との積で示すこととした。共に 3 段階評価としたが、プロジェクトへのダメージ評価のために影響度への配点を高くした。
- ：　各具体事例の右上に「●●●」を表示し、ダメージの強さを示す指標とした。
  - ●●●　　80 点〜40 点
  - ●●　　　39 点〜16 点
  - ●　　　　15 点〜 1 点
- ：　影響度が大きい事例のダメージレベルが大きくなることは当然だが、一つひとつの影響度は小さくとも、発生頻度の大きい事例のダメージは決して小さくは無いという考えで、指標の基準設定を行った。

"顕在化レベル"　≒気づきにくさ（A・B・C）

- ：　影響度・発生頻度とは独立した評価とし、各事例の気づきにくさ（見落としやすさ）を示すこととした。設計検図までに発生した事例を "A"、総合図までに発生した事例を "B"、それらのチェックゲートを通り抜けてしまった事例を "C" とした。
  - 顕在化レベル＝　A　企画段階〜検図（③）までに発生したもの
  - 　　　　　　　　B　見積質疑（④）〜総合図（⑦）までに発生したもの
  - 　　　　　　　　C　施工図（⑧）以降に発生したもの
- ：　この「顕在化レベル」は絶対値としては測れない。同じ事例であっても、設計者・チェック者の経験差や注目ポイントの違いによって発生時期（気がついた時期）に違いが出ることによるが、事例毎に「気づきにくさ」を示すことで、設計者やデザイン・レビュー（DR）チェック者の力量アップに繋がることにも期待したい。

3.　事例が発生した時期と、その原因を解決しておくべき時期

それぞれの事例の原因が、設計から施工に至る各段階の「どこに」起因するものなのかを明らかにするために、「事例の発生時期（黄色）」と合わせて、「原因を解決しておくべき時期（青色）」を表示した（後述・P18、19）。

整合課題事例 　駐車場車路上部有効高さと設備の干渉　　**事例-78**

『地下車路スロープ上部の天井内設備が納まらない』

ダメージレベル●●
顕在化レベル B

用途・構造・規模：事務所ビル・S造

設計段階			施工段階							運用段階	
①	②	③	④	⑤	⑥	⑦	⑧	⑨	⑩	⑪	⑫
基本 DR	実施 DR	検図	見積質疑	図面確認	重合せ図	総合図	施工図	工程検査	竣工検査	1 年点検	2 年点検
発生時期	A				B				C		

■1　発生事象

・スロープ納まり検討の際、トラック通行部の必要有効高さと天井設備機器との干渉があった。
・特にカーブの部分では、干渉有無が平面図・断面図だけでは確認できなかった。

■2　個別の具体的措置

・車路スロープ全体を 3D モデル化し、各部分の緩衝勾配を精密に再現した上で、有効高さを示す「仮想天井面」を設定・確認し、各設備機器を再調整した。

■3　原因・所見

・有効高さ 3,500mm という要求に対して、設計図で天井設備機器レイアウトはされていたが、機器の端部やダクト曲り部分の詳細検討はされていなかった。
・カーブでの床面のひねりは設計図書で表現すること自体が困難であり、設計段階でのクリアランス検証は容易でない。なお、設計図での鉄骨梁位置・レベル設定がされていないケースもあるので注意したい。

■4　再発防止策

・設計者は、想定車両条件・必要有効高さを発注者に確認し設計に反映する。
・施工者は、要求事項の確認と、施工図レベルで詳細な 3 次元の干渉の検討を行う。

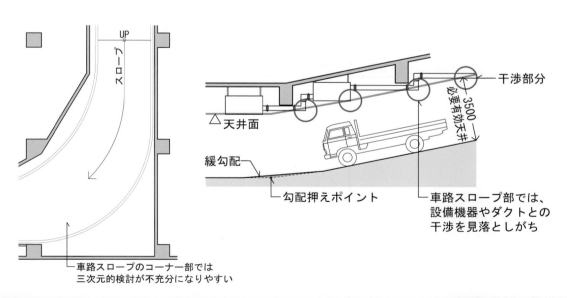

車路スロープのコーナー部では三次元的検討が不充分になりやすい

天井面
緩勾配
勾配押えポイント
干渉部分
3500 必要有効天井
車路スロープ部では、設備機器やダクトとの干渉を見落としがち

ダメージレベル **24**/80 点	影 響 度		発生頻度		顕在化レベル	
	16点	極めて重大な影響	5点	高い頻度で発生	C	極めて気づきにくい
	8点	重大な影響	3点	ときどき発生	B	見過ごしがち
	1点	軽微な影響	1点	稀に発生	A	容易に気が付く

2.2.2　整合課題事例の分類

　整合課題事例を分析した評点をもとに分類を試みた。

　設計者、監理者、施工者の多くが苦労しているのはパイプシャフトや天井内の納まりであり、発生頻度も高く、影響度も重大であり、整合性の観点からも最重要であり厳に慎むべき事例である（事例－ 50、53、54、57、58、60、65）。

　一方、より特徴的な事例について総合的な分析を試みたところ、大きく分けて以下の 3 つの傾向を読み取ることができた。

Ⅰグループ：発生頻度は大きくはないが、起きると影響が大きい事例
Ⅱグループ：個々の影響は甚大ではないが、発生頻度が高い事例
Ⅲグループ：設計段階で設計者が気づきにくい事例

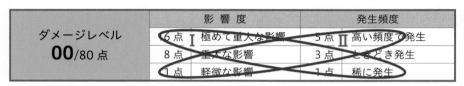 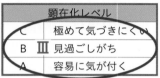

ダメージレベル 00/80 点	影　響　度		発生頻度		顕在化レベル		
	6 点 Ⅰ	極めて重大な影響	5 点 Ⅱ	高い頻度で発生	C		極めて気づきにくい
	8 点	重大な影響	3 点	ときどき発生	B	Ⅲ	見過ごしがち
	1 点	軽微な影響	1 点	稀に発生	A		容易に気が付く

　以下、各々のグループについて代表的な整合課題事例とその他の事例を挙げ、そのグループの特徴を示していく。

1.　Ⅰグループ：発生頻度は大きくはないが、起きると影響が大きい事例

　右の事例は、事務所ビルのコア内の設備シャフトが納まっていない例である。重ね合わせ図作成段階で顕在化したが、寸法に余裕のない設計であったため、コアだけでなく事務所部分にまで及ぶ全面的な平面の調整が必要となり非常に大きな手戻りとなった。

ダメージレベル 00/80 点	影　響　度		発生頻度		顕在化レベル	
	6 点 Ⅰ	極めて重大な影響	5 点	高い頻度で発生	C	極めて気づきにくい
	8 点	重大な影響	3 点	ときどき発生	B	見過ごしがち
	1 点	軽微な影響	1 点	稀に発生	A	容易に気が付く

　収集事例の 3 割がこのグループであり、決して多くはないが、ダメージレベルが高い例が多いので気をつけておきたい。

その他の事例
- 屋根の水勾配の検討不足（事例－ 24）
- 地下の存置物の扱いについて（事例－ 9）
- 増改築手順におけるステップの重要性（事例－ 5）
- PCa の裏側の十字シールが打てない（事例－ 34）
- 高層建物に低層用のカーテンウォールのディテールを採用（事例－ 40）
- 騒音対策は簡単でない（事例－ 6）

整合課題事例	コア詳細納まり不備	事例－11

『縦シャフトが納まらない。コアの設計を全面やり直し』

ダメージレベル ●●●
顕在化レベル B

用途・構造・規模 ：事務所ビル・S造

設計段階			施工段階							運用段階	
①	②	③	④	⑤	⑥	⑦	⑧	⑨	⑩	⑪	⑫
基本DR	実施DR	検図	見積質疑	図面確認	重合せ図	総合図	施工図	工程検査	竣工検査	1年点検	2年点検
発生時期	A				B				C		

1 発生事象

・総合図作成前の重合せ図を作成し、EPS、PSの納まりを検討していたが、配管・ダクト等が梁と干渉し、有効な上下貫通面積が不足し、原設計では納まっていないことが分かった。EPS、PSの拡張検討をしたが、特別避難階段の付室が圧迫され法定面積が確保できなくなり、廊下・コア・オフィスゾーンも含めた全面的なレイアウトの見直しに至った。

2 個別の具体的措置

・貸室面積にまで影響する設計変更を要した。

3 原因・所見

・設備シャフトは主要目的が上下の貫通である。その際、梁のある部分は有効には使えないので、コアの納まり検討をする際は、必ず上下の梁の大きさを確認して、配管、ダクト等を通すことが出来るかどうかを確認する必要がある。

4 再発防止策

・基本設計段階でのコアの検討にあたっては、階段・エレベーターだけでなく、構造計画を含めた設備メインシャフトの検討が重要であり、設計段階の重合せ確認を励行したい。
・施工者は、設備シャフトが全体計画に大きな影響を及ぼすことを認識し、早期に設計図の確認を行いたい。

[平面図]

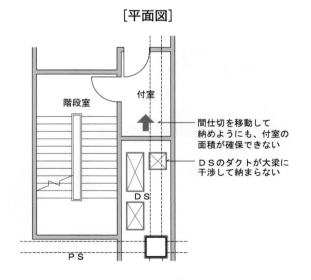

階段室
付室
間仕切を移動して納めようにも、付室の面積が確保できない
DSのダクトが大梁に干渉して納まらない
D S
P S

[対応策]

設備シャフトの壁位置の変更
⇩
付室の面積を確保して移動
⇩
廊下の巾不足
⇩
オフィス部分の間仕切の移動
⇩
オフィス面積（貸室）が減少

ダメージレベル **48**/80点	影響度		発生頻度		顕在化レベル	
	16点	極めて重大な影響	5点	高い頻度で発生	C	極めて気づきにくい
	8点	重大な影響	3点	ときどき発生	B	見過ごしがち
	1点	軽微な影響	1点	稀に発生	A	容易に気が付く

2.　Ⅱ グループ：個々の影響は甚大ではないが、発生頻度が高い事例

　右の事例は、天井内のふところに設備が納まらない事例である。設計段階での ASEM 間の調整不足により、天井ふところ寸法内に設備が通らないという事象は非常に多く発生している。本来は設計段階で調整されるべきではあるが、数十ミリの単位での微調整作業に関しては施工段階に入ってからの検討が合理的ともいえる。

ダメージレベル 00/80 点	影　響　度		発生頻度		顕在化レベル	
	16 点	極めて重大な影響	5 点 Ⅱ	高い頻度で発生	C	極めて気づきにくい
	8 点	重大な影響	3 点	ときどき発生	B	見過ごしがち
	1 点	軽微な影響	1 点	稀に発生	A	容易に気が付く

　収集事例の中では 1 割に満たないが、一つひとつのダメージレベルが小さいことから顕在化しなかった可能性が高い。図面チェックにおいても地道な確認が必要となるグループである。

その他の事例

・表記不足：図面表記仕様の不整合（事例－ 29（下図）、56、70）

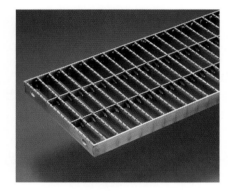

ステンレスグレーチングの例　　　　　　　　　　有孔鋼製床材の例

・メンテナンス性に伴う屋上の見直し（事例－ 30（下図））

		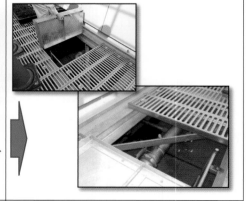
設備点検歩廊下部にルーフドレンあり	ダクトが設置されると、ルーフドレンに近づけなくなる。	
建築工事後	設備配置後	対応：ルーフドレン専用点検口設置

整合課題事例　　天井内振止め検討不備　　　　　事例－68

『意匠図の付帯鉄骨では耐震性能が不足』

ダメージレベル●
顕在化レベル B

用途・構造・規模　：事務所ビル・S 造

	設計段階				施工段階						運用段階	
	① 基本 DR	② 実施 DR	③ 検図	④ 見積質疑	⑤ 図面確認	⑥ 重合せ図	⑦ 総合図	⑧ 施工図	⑨ 工程検査	⑩ 竣工検査	⑪ 1 年点検	⑫ 2 年点検
発生時期	A					B				C		

1　発生事象
・内装材用下地の付帯鉄骨について、意匠図に記載はあったが構造担当者が確認したものではなく、確認の結果耐震性を満たしていないことが分かった。

2　個別の具体的措置
・耐震性を確保するため、構造担当者と協議を重ね仕様を決定した。
・移動間仕切りやシャッター下地には、面外方向の斜材および斜材を受ける小梁を追加した。斜材が設備配管等と干渉するところもあり、ダクトや配管ルートの見直しを実施した。

3　原因・所見
・付帯鉄骨の仕様について構造担当者による計画がなされていなかった。

4　再発防止策
・意匠担当者は、付帯鉄骨についても構造担当者の確認を受ける。
・施工者は、付帯鉄骨についての調整不足が発生しやすいことを認識し、発注区分などを早期に整理し、調整漏れがないように注意する。

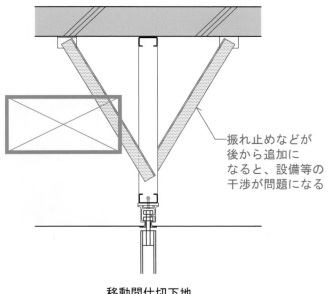

振れ止めなどが
後から追加に
なると、設備等の
干渉が問題になる

移動間仕切下地

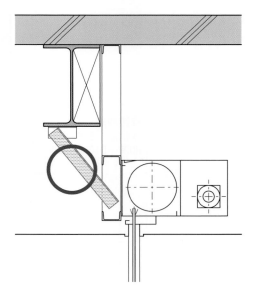

シャッター下地

ダメージレベル **5**/80 点	影　響　度		発生頻度		顕在化レベル	
	16 点	極めて重大な影響	5 点	高い頻度で発生	C	極めて気づきにくい
	8 点	重大な影響	3 点	ときどき発生	B	見過ごしがち
	1 点	軽微な影響	1 点	稀に発生	A	容易に気が付く

3. Ⅲグループ：設計段階で設計者が気づきにくい事例

　右の事例は、集合住宅のバルコニー外壁に設置する給湯器と部屋の換気口の位置関係が近すぎ、安全上必要な離隔距離が確保できず、給湯器を標準型からスリム型に変更して調整した事例である。通常の設計では、壁面の詳細な展開図までは作図しないので、このような事象に設計段階で気づくことは注意していないと難しい。

　また、施工者に設計内容を正確に伝えるためには、設計図の表記の仕方にも注意を払う必要がある。特に躯体の設計において、物量を減らすための合理的な設計を行うために、部分的に配筋を変えたり、柱芯を動かす場合があるが、そのような場合は違いが明確にわかる図面表記としたい。

　設計者は、設計段階で必要な設計図をまとめ上げることに注力するあまり、却って分かりにくい記述をしている場合もある。

ダメージレベル **00**/80点	影響度		発生頻度		顕在化レベル	
	16点	極めて重大な影響	5点	高い頻度で発生	C	極めて気づきにくい
	8点	重大な影響	3点	ときどき発生	B Ⅲ	見過ごしがち
	1点	軽微な影響	1点	稀に発生	A	容易に気が付く

　Ⅰ、Ⅱとは異なる視点で捉えたグループである。当該の課題事例がどの段階で発生したかという点で仕分けている。チェック者の力量に負うことになるが、A・B・Cの順に各チェックをすり抜けてしまった事例であることに注意して、内容を読み取って欲しい。

その他の事例

　・メンテナンス・更新スペース不足（事例－31）
　・免震クリアランス不足、法的離隔寸法不足（事例－82、83）
　・維持管理方法の配慮不足と発注者未合意（事例－8）
　　（高所のガラス清掃やフィルターメンテナンス・照明の管球交換など）
　・C工事対応の未検討（設備ルート不足等）（事例－23）
　・似て非なる配筋（構造根巻きと保護根巻き）など間違いを誘発しがちな図面表記（事例－13（下図））。

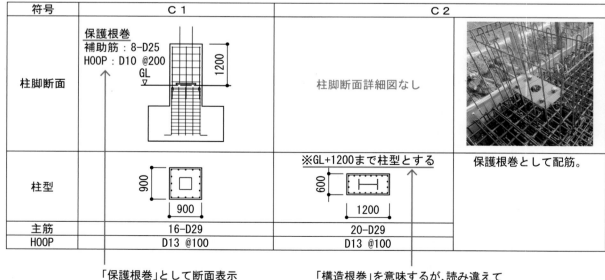

符号	C1	C2	
柱脚断面	保護根巻 補助筋：8-D25 HOOP：D10 @200 GL▽ 1200	柱脚断面詳細図なし	
柱型	900 900	※GL+1200まで柱型とする 600 1200	保護根巻として配筋。
主筋	16-D29	20-D29	
HOOP	D13 @100	D13 @100	

「保護根巻」として断面表示

「構造根巻」を意味するが、読み違えて
保護根巻として配筋し、打設してしまった。

整合課題事例　　給湯器排気離隔不足　　　　　　　事例－49

『給湯器排気と給気口の離隔が確保できない』

ダメージレベル●●
顕在化レベル B

用途・構造・規模　：集合住宅・RC 造

設計段階				施工段階						運用段階	
① 基本 DR	② 実施 DR	③ 検図	④ 見積質疑	⑤ 図面確認	⑥ 重合せ図	⑦ 総合図	⑧ 施工図	⑨ 工程検査	⑩ 竣工検査	⑪ 1 年点検	⑫ 2 年点検
発生時期　A			B				C				

1　発生事象

・超高層集合住宅案件でサッシ開口を最大化した計画の総合図検討の際、給湯器排気口と住戸への給気口との離隔距離が確保できなくなった（業界基準値）。

2　個別の具体的措置

・スリムタイプの給湯器に設計変更し離隔距離を確保したが、大きなコストアップにつながった。

3　原因・所見

・分譲集合住宅では、商品性を高めるため、開口部や部屋の間仕切りの位置などに対して、発注者からミリ単位で各種寸法の確保を要求される。意匠的な納まりだけでなく、設備取合いも並行して十分検討しておかないと上記のようなトラブルにつながる。

4　再発防止策

・分譲集合住宅の場合、販売パンフレットやモデルルームに提示したプランからの変更は非常に困難を伴うので、ASEM 各部のより慎重な整合を確認しながら設計作業を進める必要がある。

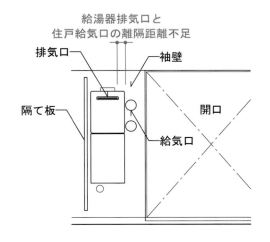

給湯器排気口と
住戸給気口の離隔距離不足

排気口　　　袖壁
隔て板　　　開口
　　　　　給気口

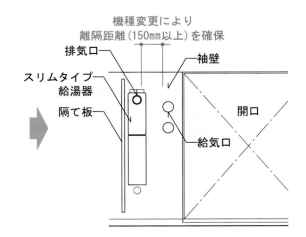

機種変更により
離隔距離（150mm以上）を確保

排気口　　　袖壁
スリムタイプ
給湯器
隔て板　　　開口
　　　　　給気口

ダメージレベル 24/80 点	影 響 度		発 生 頻 度		顕在化レベル	
	16 点	極めて重大な影響	5 点	高い頻度で発生	C	極めて気づきにくい
	8 点	重大な影響	3 点	ときどき発生	B	見過ごしがち
	1 点	軽微な影響	1 点	稀に発生	A	容易に気が付く

整合課題事例　　給湯器排気離隔不足

2.2.3　整合課題を解決すべき時期と、デザイン・レビュー(DR)の重要性

　2.2.2 では、個々の整合課題事例の特性を分析し、3 つのグループとして分類することを示した。次に、それぞれの課題の本来解決すべき時期を明らかにしていくために、設計業務フローとの関係を明らかにしていきたい。

1.　整合課題を解決すべき時期

　前稿で 3 つに分類した「整合課題事例グループ（Ⅰ、Ⅱ、Ⅲ）」を "解決すべき時期" を、後述する「図面作成プロセスに基づく業務フロー（3.1.1）」の上に重ねて示した（右図）。

・Ⅰグループ：**発生頻度は大きくはないが、起きると影響が大きい事例**

　　　　大幅な設計変更に繋がりかねない事例のグループであり、面積や階高などの基本条件検討不足に起因する場合が多い。

　　　　設計条件は、発注者の直接的な要求事項だけでなく、法令・規制要求事項や建物用途から当然具備されるべき要求事項など非常に多岐にわたる。それらを企画段階でもれなく整理を行い、基本設計段階終了までに設計の妥当性や整合性を確認することが極めて重要である。

　　　　天井内や設備シャフトなどにおける ASEM 間の調整不足や、分野内図面間での不整合（特記仕様書と意匠詳細図との不整合等）などがある。

　　　　これらの整合課題を解決すべき時期として更に次の 2 つに整理したい。

　Ⅰ-1 グループ

　　　　実施設計段階で設計者が解決すべき事例のグループである。

　　　　設計中の ASEM 図面重合せ確認等により、基本的な納まりを解決しておく必要がある。

　Ⅰ-2 グループ

　　　　設計段階での解決が基本だが、総合図作成・確認等、施工準備段階でフォローすべき事例のグループであり、天井内耐震補強や設備ダクト・配管ルート等の施工寸法に基づく三次元詳細調整を必要とする。

　　　　この調整には施工者（サブコン・専門業者を含む）のノウハウを導入した方が合理的な場合も多い。

・Ⅱグループ：**個々の影響は甚大ではないが、発生頻度が高い事例**

　　　　主として、実施段階での詳細検討や整合確認の不足に起因する事例のグループである。地道な図面チェックで解決する必要がある。

・Ⅲグループ：**設計段階で設計者が気づきにくい事例**

　　　　多岐にわたる設計条件を限られた時間内で図面化していく作業に追われ、本来設計条件とすべき事項に気づかず（見落とす）場合がある。高所や庇の陰にある部分のガラス清掃などのメンテナンス方法や、別途発注工事との取合い調整等に思い至らない例を含む。

　　　　これらは、対象毎に、基本設計段階では「設計条件」として、実施設計段階では「図面化による "見える化"」で解決していくことが重要である。

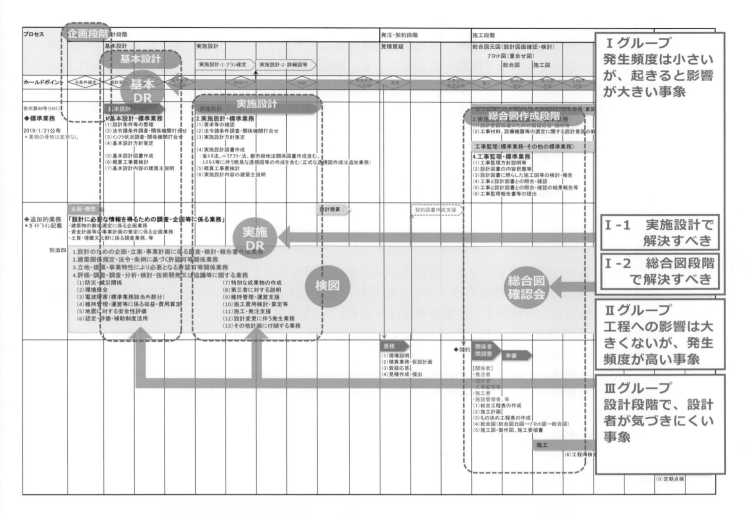

図面作成プロセスに基づく業務フローに則した「解決すべき時期」

　以上の考えに則り、各整合課題事例について各章内で紹介して行くが、「解決すべき時期」を下記のように3段階に整理した（整合課題事例シート上部の表）。各事例が「発生」した時期を"黄色"、解決すべき時期を"青色"で示したので、参考にして欲しい。

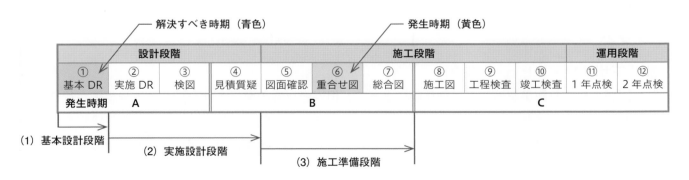

（1）基本設計段階（①基本 DR）
（2）実施設計段階（②実施 DR、③検図、④見積質疑）
（3）施工準備段階（⑤図面確認、⑥重合せ図、⑦総合図）

2.　デザイン・レビュー（DR）の重要性

　設計の各段階で解決すべき課題を述べてきたが、重要な事は、それぞれ次の段階に進む前に、それらの課題が解決されていることをもれなく確認することである。時間に追われている中で、一度立ち止まって振り返る行為はおろそかにされがちだが、設計は、ASEMが総合的に関連して成り立っているので、たとえ一分野での検討不足であっても、その是正が他の分野に大きく影響することは多い。ASEM担当者自らの整合確認や、担当者以外による第三者性をもった人格によるデザイン・レビュー（DR）を適切なタイミングで行った上で次のステップへ移行することが極めて重要である。

・デザイン・レビュー実施事例（巻末資料2. 参照）
　本書の検討部会参画企業におけるデザイン・レビュー（DR）推進方法と効果把握例を、参考に紹介したい。

（1）審査方法
- ・設計担当者以外の第三者性を持った審査者が基本DRと実施DRを審査する。
- ・製品要求事項（発注者・建物用途・法令・組織）をINPUTとして、OUTPUTである各種審査資料を第三者的視点から精査する（審査事項は巻末資料2. を参照）。
- ・審査者が図面審査を行った後、ASEM全体で設計担当者とのミーティングにて指摘事項を伝達し、解決することを求める。
- ・発行図面の検図は、上記審査者とは別の検図担当者が行う。
- ・各段階の指摘事項は、必ず次の段階のDR・検図で解決済みであることを確認する（基本DR→実施DR→検図）。最終の検図段階での指摘事項に対しては、発行図面が修正がされていることを審査者にてフォローする。

（2）指摘事項削減に向けた取り組みと効果把握
- ・DRの効果把握を目的として、検図段階での指摘事項をデータ収集してきた（右図）。
- ・当初、指摘事項全体の5割以上を「図面の表記不足」や「不整合」が占めたが、指摘項目の傾向をフィードバックし、設計担当ごとのプロセス管理を強化する取組みによって、現状では3割程度まで削減されつつある。

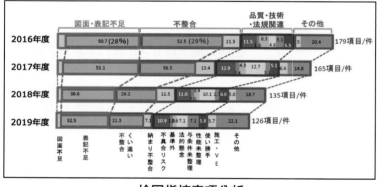

検図指摘事項分析

コラム

●「デザイン・レビュー（DR）」
設計図書の見直し作業を示す。組織体制によって、担当者以外の第三者性を持った人や組織が行う場合もあるが、担当者自らが「冷静に見直す」ことも含まれる。要求事項（発注者の与条件等）を満たしているかどうかや、ASEM整合等を確認するため、各段階（基本設計、実施設計）で行うようにしたい。

参考：ISO9001（JIS　Q9001）における「レビュー」の援用
建築設計における「デザイン・レビュー（DR）」に公的な定義はなく、日本工業規格JIS Q9001における「8.2.3　製品及びサービスに関する要求事項のレビュー」を援用している組織が多い。「設計内容が各要求事項を適切に満たしているかどうかを事前に審査する」という趣旨であり、巻末資料2. の審査事項例はこのように位置付けて作成されたものである。

第 **3** 章

設計から施工に至る図面作成プロセスで顕在化した課題

3.1 図面作成プロセスに基づく業務フロー

3.1.1 設計から施工に至る業務フロー

　設計から施工に至る建設プロセスの流れを「業務フロー」として整理した。

　「企画段階、設計段階、発注・契約段階、施工段階、運用段階」の5つに分け、上段に"設計業務"を、下段に"施工業務"を配した。設計業務には、2019（H31）年1月に公布された「告示第98号」の"標準業務"と"追加的業務"の主な内容を示し、参照しやすい様にした。

プロセス	企画段階	設計段階							
		基本設計			実施設計				
					実施設計-1：プラン確定	実施設計-2：詳細図等			
設計業務 ホールドポイント	与条件確定	設計契約	基本DR	基本設計の承認		実施DR		検図	実施設計の承認

告示第98号（H31）

◆標準業務

2019/1/21公布
＊業務の骨格は変更なし

基本設計

1.基本設計・標準業務
（1）設計条件等の整理
（2）法令諸条件調査・関係機関打合せ
（3）インフラ状況調査・関係機関打合せ
（4）基本設計方針策定

（5）基本設計図書作成
（6）概算工事費検討
（7）基本設計内容の建築主説明

実施設計

2.実施設計・標準業務
（1）要求等の確認
（2）法令諸条件調査・関係機関打合せ
（3）実施設計方針策定

（4）実施設計図書作成
　：省エネ法、バリアフリー法、都市緑地法関係図書作成含む。
　：エスキスに伴う簡易な透視図等の作成を含む（正式な透視図作成は追加業務）
（5）概算工事費検討
（6）実施設計内容の建築主説明

設計積算

◆追加的業務
＊ガイドライン記載

企画・構想

「設計に必要な情報を得るための調査・企画等に係る業務」
・建築物の敷地選定に係る企画業務
・資金計画等の事業計画の策定に係る企画業務
・土質・埋蔵文化財に係る調査業務、等

別添四

1.設計のための企画・立案・事業計画に係る調査・検討・報告書作成業務
2.建築関係規定・法令・条例に基づく許認可等関係業務
3.立地・規模・事業特性により必要となる許認可等関係業務
4.評価・調整・調査・分析・検討・技術開発又は協議等に関する業務
　（1）防災・減災関係
　（2）環境保全
　（3）電波障害（標準業務該当外部分）
　（4）維持管理・運営等に係る収益・費用算定
　（5）地震に対する安全性評価
　（6）認定・評価・補助制度活用
　（7）特別な成果物の作成
　（8）第三者に対する説明
　（9）維持管理・運営支援
　（10）施工費用検討・算定等
　（11）施工・発注支援
　（12）設計変更に伴う発生業務
　（13）その他計画に付随する業務

施工業務

・ホールドポイント

　表の上段に「ホールドポイント」と記し、各ステップにおける重要な合意点を菱形マークで囲った。この"合意"は、発注者・設計者・施工者間相互の合意だけでなく、各々の組織内での合意を指すものもある。表中の「基本DR、実施DR、検図」は設計組織内での合意であり、「見積、総合図確認、工程内検査」は施工組織が主体になる（内容によっては二者または、三者合意が必要なものもある）。

　建設プロジェクトは通例、このような業務フローに則り、ステップを踏みながら完成させていく生産物であることを再確認して読み進めて欲しい。

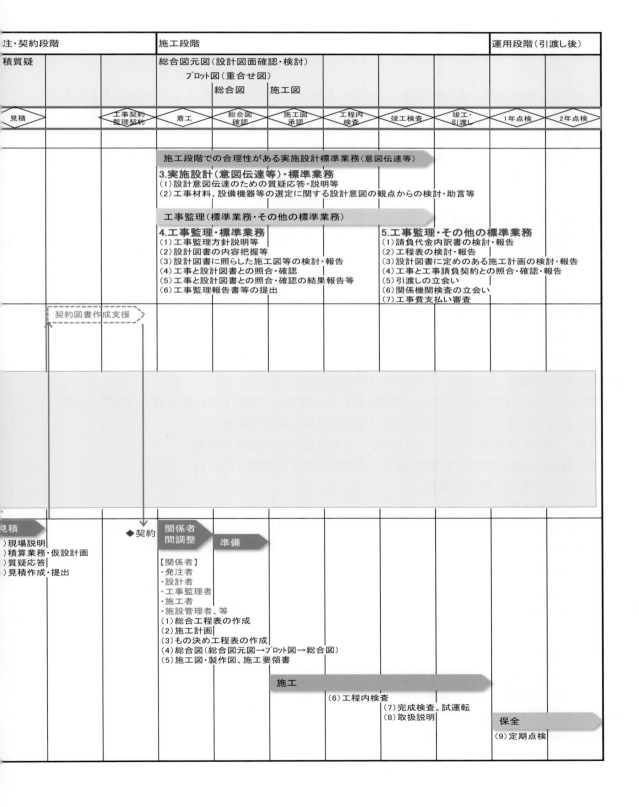

3.1.2　設計業務

　建築士法に規定された「設計」業務の定義は「その者の責任において設計図書を作成すること（建築士法・第二条 -5）」とあり、同十八条に、その「業務履行」内容が次の様に提示されている（抜粋）。

（1）建築士は、その業務を誠実に行い、建築物の質の向上に努めなければならない。
（2）建築士は、設計を行う場合においては、これを法令又は条例の定める建築物に関する基準に適合するようにしなければならない。
（3）建築士は、設計を行う場合においては、設計の委託者に対し、設計の内容に関して適切な説明を行うように努めなければならない。

　今回のこの取り組みにおいて、建築の基本的な図面作成プロセスを「業務フロー」としてまとめたが、設計業務の範囲は前頁の通りである。

　告示第 98 号において、標準業務と追加的業務（告示第 15 号では「標準外業務」）の区分がより具体的に示されたことで、業務範囲が従前に比べより明確になり、このガイドブックで対象とする「設計と施工が分離発注された民間建築プロジェクト」での扱いも明確になって来た。
　一方、業務報酬算定は一新されたが「設計期間」の目安は示されず、契約の自由に任されている状況は変わらない。
　なお、実施設計業務が「施工段階」にも設定されているが（前頁）、これは〝施工段階での合理性がある実施設計業務〟と定義されており、通常「意図伝達業務」と言われているものである。「工事監理業務」と混同されてきた風潮があるが、全く別の業務であることを再確認しておきたい。

告示第 98 号（別添四）「追加的業務」

　設計受託契約に基づく別添一第 1 項に掲げる設計に関する標準業務に付随して実施される業務並びに工事監理受託契約に基づく別添一第 2 項に掲げる工事監理に関する標準業務及びその他の標準業務に付随して実施される業務は、次に掲げる業務その他の業務とする。
1．建築物の設計のための企画及び立案並びに事業計画に係る調査及び検討並びに報告書の作成等の業務
2．建築基準関係規定その他の法令又は条例に基づく許認可等に関する業務
3．建築物の立地、規模又は事業の特性により必要となる許認可等に関する業務
4．評価、調整、調査、分析、検討、技術開発又は協議等に関する業務で次に掲げるもの
　一　建築物の防災又は減災に関する業務
　二　環境の保全に関する業務
　三　建築物による電波の伝搬障害の防止に関する業務（標準業務に該当しないものに限る。）
　四　建築物の維持管理又は運営等に係る収益又は費用の算定等に関する業務
　五　建築物の地震に対する安全性等の評価等に関する業務
　六　法令等に基づく認定若しくは評価等又は補助制度の活用に関する業務
　七　特別な成果物の作成に関する業務
　八　発注者以外の第三者に対する説明に関する業務
　九　建築物の維持管理又は運営等の支援に関する業務
　十　施工費用の検討及び算定等に関する業務
　十一　施工又は発注の支援に関する業務
　十二　設計の変更に伴い発生する業務
　十三　その他建築物の計画に付随する業務

3.1.3　施工業務

「設計図書に基づいて、建築材料を投入して建築物に変換する過程（株式会社平凡社「世界大百科事典」）」を指す。発注・契約段階から施工段階・保全段階にいたるプロセスに対応する各施工業務は（22P、23）の表のように、見積から契約・施工・運用までを対象とし、そのプロセスの中での主要な作業を表中に示した。

各作業は、各「ホールドポイント」で関係者との合意を積み上げながら進める必要があるが、受け取った設計図書の整合性に不備があると、その後の作業効率は格段に低下する。また、各段階のチェックを"すり抜けてしまった整合課題"が工期終盤に近い段階で発生すると、非常に大きなダメージを被る。

そのダメージを抑える重要な取り組みが「関係者間調整」であり、この期間を経ることで、後々のトラブル回避につながる例も多い。関係者である「発注者・設計者・工事監理者・施工者・施設管理者、等」の良好なコミュニケーションを確立する期間としても捉えて欲しい。

次頁から、各プロセスにおける具体的な整合課題事例を詳しく見て行く。

プロセスに則って業務を進めていてもこのような事例が出てくるという事実に目を向け、各稿で挙げられた「解決のヒント」や「提言」を共有するようにして行きたい。

コラム

●民間工事の契約約款　「七会（旧四会）」と「四会」

2020 年 4 月の民法改正に合わせて改訂された建築関係の主要契約約款は次の 2 つである。前者は「工事請負契約（発注者が委託した監理者の存在が前提）」、後者は「設計・監理委託契約」用の約款である。

- **民間（七会）連合協定工事請負契約約款（1923 年制定）**

  1997 年「民間（旧四会）連合協定工事請負契約約款」
  2020 年「民間（七会）連合協定工事請負契約約款」

一般社団法人　日本建築学会	（旧四会）
一般社団法人　日本建築協会	（旧四会）
公益社団法人　日本建築家協会	（旧四会）
一般社団法人　全国建設業協会	1981 年加入
一般社団法人　日本建設業連合会	（旧四会）
公益社団法人　日本建築士会連合会	1981 年加入
一般社団法人　日本建築士事務所協会連合会	1981 年加入

- **四会連合協定　建築設計・監理等業務委託契約約款（1999 年制定）**

  公益社団法人　日本建築士会連合会
  一般社団法人　日本建築士事務所協会連合会
  公益社団法人　日本建築家協会
  一般社団法人　日本建設業連合会

3.2 各プロセスにおける作成図面・資料に潜む整合課題

3.2.1 企画段階

1. 企画段階における整合課題

企画段階での大きな確認漏れや検討漏れは基本設計段階以降での設計条件の見直しや変更につながるものであり、この段階から意匠担当者だけでなく構造担当者、設備担当者も関与して計画の諸条件を定めていく必要がある。

▶企画段階

企画段階に端を発する不整合事例は、調査不足あるいは不確定な要素について基本設計段階以降で確認や精査が必要な旨を明示しておらず、企画段階での設定が正しいものと誤解されて後の基本設計段階～実施設計段階まで見過ごされてしまったものが多い。企画段階では設備担当者・構造担当者が深く関与することなく条件整理が進められてしまうケースもあるが、設計者あるいは設計チームとして、企画段階から建物用途や規模に応じた必要な設備等の概要を把握想定し、それを踏まえた階高・平面計画・構造計画とする調整が必要である。

これらの他、企画段階での基本的な条件設定上の整合課題としては以下のようなものが考えられる。

(1) 事業計画上の要件に関わる課題

発注者の要求を反映して企画案を策定するが、その要件が変更になることがある。あるいは企画段階では要件そのものが明確には定まっておらず、企画案の検討と並行して各種比較を行いながら事業的な要件を固めていく場合もある。特に工事費予算を明確にすることは企画段階での最も重要な条件確認の一つであり、その提示がないまま設計が進んでしまった場合には右頁の事例のように短期間で大幅な設計変更を行う必要が生じ、その設計変更の際に十分な検討調整期間が確保できないことにより意匠と構造の不整合、建築と各設備の不整合、工事費以外の要件への不適合などが生じやすい（詳細は「第5章 設計変更に伴う整合課題」を参照）。

(2) 敷地情報に関わる課題

各種の事情により必要な調査やヒアリングを実施できない場合、また、受領した情報に誤りがあった場合などに不整合が生じ得る。

(3) 法適合性に関わる課題

敷地条件に関わる事項を含め、立地特性、用途構成や規模に応じた関連法規への適合性確認が必要。

企画段階の途中で法適合性の要件が変わった場合にはその変更に付随して直接的な変更点以外にも見直しや変更が必要になるケース（事例－2、3）もあり、また、往々にしてそのような変更への対応は短期間で行うことが求められるため、間接的に必要になる変更事項を見落とすことで不整合につながってしまうこともあり得る。

| 整合課題事例 | 設計終盤の工事費減額 | | 事例-1 |

『発注者との合意がないままに設計が進む
～設計終盤で大幅な減額指示』

ダメージレベル●●●
顕在化レベル B

用途・構造・規模　：事務所ビル・S造7F

設計段階			施工段階							運用段階	
① 基本 DR	② 実施 DR	③ 検図	④ 見積質疑	⑤ 図面確認	⑥ 重合せ図	⑦ 総合図	⑧ 施工図	⑨ 工程検査	⑩ 竣工検査	⑪ 1 年点検	⑫ 2 年点検
発生時期	A			B				C			

1　発生事象

・企画段階～基本設計段階を通じて発注者からは明確な予算の提示がなく、設計者は、企画段階、基本設計段階でそれぞれ工事費概算を提示したものの、それに対する「可否」の判断のないまま実施設計段階に移行した。しかし、その後の実施設計段階の後半（施工者決定のための見積合わせの段階）で見積額が設計概算の範囲内であったのにも関わらず「事業予算をオーバーしているため、このままでは工事請負契約を行うことができない」と言われてしまった。

2　個別の具体的措置

・設計者・施工者が、大幅な VE・CD 提案を行い、それに基づき全面的な設計変更を行い大きな手戻りと労力が発生した。発注者の事業予算に合わせて当初予定より 2 ヶ月遅れの着工となったが、竣工時期は発注者の強い要望で当初のまま変更されなかった (工期圧縮)。

3　原因・所見

・基本計画段階における条件設定の中でも、特に重要な事業予算の確認がされないまま設計作業を進めてしまった。
・設計者は、工事費の概算の提示をしたにも関わらず、発注者の明確な意思表示がないので、了解されたと思ってしまった。

4　再発防止策

・計画初期段階から予算を明確に発注者と共有しておく必要がある。基本設計段階で、基本設計図書とともに、特に工事費概算について、議事録、覚書などをもって合意した記録を残すことが必要である。

ダメージレベル 48/80 点	影 響 度		発生頻度		顕在化レベル	
	16 点	極めて重大な影響	5 点	高い頻度で発生	C	極めて気づきにくい
	8 点	重大な影響	3 点	ときどき発生	B	見過ごしがち
	1 点	軽微な影響	1 点	稀に発生	A	容易に気が付く

その他の事例

［法適合性に関わる課題（屋上設備機器の高さ算入。事例-2)]

　地区計画で最高高さが定められている敷地において屋上パラペット天端を最高高さとして基本計画を作成していたが、その後の基本設計段階の後半で屋上に設置される設備機器の高さが（建築面積の1/8を超えて）建物高さに算入される懸念が生じ設備システムおよび設備機器配置の見直しを要した。

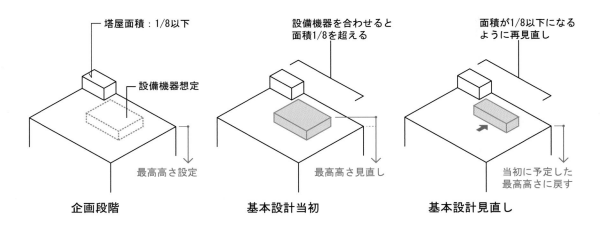

| 企画段階 | 基本設計当初 | 基本設計見直し |

2.　企画段階で取り組むべき課題

　企画段階では、これらの敷地に関する情報と事業計画上の要件を統合し、企画案の立案を行う。その際、必要に応じ諸条件や要求事項に優先順位をつけながら計画のバリエーションの比較検討を行い発注者確認の上で計画の方向性を定めていく。最終的には必要な与条件を満たした企画案資料として、配置図、各階平面図、断面図、立面図、面積表、計画概要表、コンセプトシート等を作成する（企画案資料の構成は計画内容に応じて変わる）。

　また、基本設計以降の設計段階に移行するための計画条件の整理として、建築に関わる事前手続き（開発許可・景観関連手続等）の要否確認、関連法規と発注者の要求に適合する建築の基本的な構成（構造種別の想定、床面積、階数、断面構成、必要諸室の規模とその連関等）の設定、用途構成や施設規模に応じた各種設備の基本的な考え方の整理（空調方式、給水方式、受電方式、昇降機の構成や駐車方式等）、概略スケジュール（設計期間、各種届出や申請等手続きの期間、必要に応じ解体工事や造成工事の期間、建設工事の期間）の設定、類似施設の工事費事例に基づく概算資料の作成等を行う。

┌ コラム

● 設計業務形態の度重なる変更トラブル事例

設計業務受託の際、発注者に対して行う「重要事項説明」が義務付けられて10年以上が経過した（2008年、建築士法改正）。重要事項説明書には、受託業務名称、建築士事務所名称、報酬額をはじめ「対象となる建築物の概要」や「作成する設計図書の種類」等が記載されるが、"業務形態に関する項目"は特段書式設定されていない。

「性能発注用図面の作成」を依頼され設計作業を進めていたところ、発注者から一般的な発注用「実施設計図書」の作成を指示され、作業内容を切り替えた。ところがその方針が再変更されて性能発注形式に戻り、実施設計業務は受注施工者が行うことになった。更に、その設計内容について"元設計者"として監修することを求められ、業務内容が徐々に拡大し、意図伝達の一環であるとして施工図チェックまで行うことになってしまった。

各段階での業務内容に関する協議・合意とその記録保持がされていなかったという失敗例だが、打合せを進めて行く中で「いつのまにか業務内容が変容していく」例は往々にある。業務内容について契約時に明確にしておくとともに、業務内容に変更があった場合は協議の上、契約変更を行うようにしたい。

■ 提言

1. 引継シート～基本設計を始めるために必要な情報を明確にする

　企画段階では、基本設計以降の設計業務を進めるために必要な情報を明確化するための各種調査・企画等に係る業務を行う。告示第98号では別添四第1項で「建築物の設計のための企画及び立案並びに事業計画に係る調査及び検討並びに報告書の作成等の業務」が標準業務に付随する追加的業務と位置づけられており、ここで設定・明確化された条件に基づき基本設計が行われることになる。したがって、この段階での条件設定に誤りや齟齬があった場合、基本設計以降で大きな手戻りが必要になってしまうことがあるため、漏れなく調査を行うこと、また、不確定事項がある場合にはその旨を「引継シート（下図）」等にして確実に次の段階に引き継ぐことが重要である。

伝達事項	伝達内容（できる限り数値化して伝達）
発注者、建物ニーズ	・比較する建物例・環境調和・デザイン性・美観・色調・耐久性・機能・性能・安全性・使い勝手・メンテナンス性 ・ランニングコスト・既存の不具合・具体的要求品質
設計のコンセプト	・意匠・構造・電気設備・給排水衛生設備・空調換気設備・外構
設計のポイント説明	・法的な基準、制約・確認申請時の指示事項・標準仕様書にない要求・新工法、新製品の採用 ・過去のクレーム解消・指定業者・メーカー・支給品
品質、性能	・特別な瑕疵担保責任・特別な品質保証
保証条件	・特別な性能保証・住宅瑕疵担保責任・住宅性能表示の有無・アフターサービス基準
工期工程のニーズ	・マイルストーン　（開店、開業、引越、テナント入居、生産開始、仮使用開始など）・工期延滞時の条件 ・節目工程（販売、内覧会、融資審査、テナント工事開始、別途・直営工事開始、試運転開始など）
施工条件	・敷地及び立地条件・諸官庁との協議事項・近隣状況及び協議事項・作業時間の制約・既存部分への配慮
コスト条件	・別途及び直営業者との条件・別途工事の補足説明
今後の課題	・保留事項と今後の対応・技術的な検討事項

引継シート例

2. 与条件確認会の実施

（1）事業計画に関する情報
　・当該建築物建設の目的
　・必要とされる機能（用途）・規模等
　・全体の用途や規模に応じた必要諸室の構成と各諸室の規模
　・事業関係法令の特定と確認
　・予算（コスト想定）
　・想定スケジュール（事業的な事由によるスケジュール上の条件）　等

（2）敷地（計画地）に関する情報
　・敷地の位置、形状、高低差
　・接道条件
　・インフラの整備状況・引き込み位置
　・地質に関する情報
　・埋蔵文化財・土壌汚染等
　・都市計画的な条件（用途地域・地域地区等）
　・その他関連情報（浸水ハザードマップ・活断層・降雨・積雪・風・地歴、等）
　・必要に応じ敷地内の既存建物に関わる情報
　・必要に応じ近隣や周辺の建物に関わる情報　　　等

3.2.2　基本設計段階

1.　基本設計段階の整合課題、意匠・構造・設備の協同が必要

　基本設計は企画段階で決定された条件をもとに進められるが、基本設計で決定されるスパン、階高等はその後の設計では変更しにくい。また、設備メインルート・メインシャフトの大きさなども計画に大きな影響を与える。意匠担当者だけでなく、構造担当者、設備担当者と十分な検証を行わないと実施設計以降での整合性の確保が難しくなるので注意する必要がある。

▶基本設計段階

プロセス	企画段階	設計段階						発注・契約段階		施工段階					運用段階（引渡し後）
		基本設計		実施設計				見積質疑		総合図元図（設計図面確認・検討）					
				実施設計-1：プラン確定	実施設計-2：詳細図等					プロット図（重合せ図）					
										総合図　施工図					
ホールドポイント	与条件確定	設計契約	基本DR	基本設計の承認	実施DR	検図		実施設計の承認	見積	工事監理 契約	着工	総合図 確認	施工図 承認	工程内 検査	竣工検査　竣工 引渡し	1年点検　2年点検
告示第98号(H31) ◆標準業務 2019/1/21公布 ※業務の骨格は変更なし		基本設計 1.基本設計・標準業務 (1)設計条件等の整理 (2)法令諸条件調査・関係機関打合せ (3)インフラ状況調査・関係機関打合せ (4)基本設計方針策定 (5)基本設計図書作成 (6)概算工事費検討 (7)基本設計内容の建築主説明		実施設計 2.実施設計・標準業務 (1)要求等の確認 (2)法令諸条件調査・関係機関打合せ (3)実施設計方針策定 (4)実施設計図書作成 ：省エネ法、バリアフリー法、都市緑地法関係図書作成含む。 エスキス等に伴う簡易な透視図等の作成を含む（正式な透視図作成は追加業務） (5)概算工事費検討 (6)実施設計内容の建築主説明						施工段階での合理性がある実施設計標準業務（意図伝達等） 3.実施設計（意図伝達等）・標準業務 (1)設計意図伝達のための質疑応答・説明等 (2)工事材料、設備機器等の選定に関する設計意図の観点からの検討・助言等 工事監理（標準業務・その他の標準業務） 4.工事監理・標準業務 (1)工事監理方針説明等 (2)設計図書の内容把握等 (3)設計図書に照らした施工図等の検討・報告 (4)工事と設計図書との照合・確認 (5)工事と設計図書との照合・確認の結果報告等 (6)工事監理報告書等の提出					5.工事監理・その他の標準業務 (1)請負代金内訳書の検討・報告 (2)工程表の検討・報告 (3)設計図書に定めのある施工計画の検討・報告 (4)工事と工事請負契約との照合・確認・立会い (5)引渡しの立会い (6)関係機関検査の立会い (7)工事費支払い審査

整合課題事例

　事務所ビルの、地下 2 階機械室前の幅 3m の廊下天井内設備配管等が納まらず、廊下幅員を 6m まで拡げることとなった。柱位置と廊下壁位置とが離れていたため調整が可能であったが、そうでなければ躯体本体の見直しに繋がりかねない事例であった。

　機械室内設備機器のレイアウトの見直しが発生し、計画変更申請も行い、是正には大きな労力が必要となった。基本設計時点で標準的な断面部分を検討するだけではなく、主要設備及び各設備機器相互間をつなぐメインルートが交差する部分の検証が必要である。

　このような不整合事例は意匠担当者が構造、設備との取合いに積極的に関与しない場合に発生しがちである。意匠担当者はデザイン的な観点だけではなく、「設計全体のまとめ役」としての意識を持ち、全体をコントロールする必要がある。また、平面決定後に構造担当者、設備担当者がその業務を本格的に開始することを念頭に、早期に平面決定をし、構造担当者、設備担当者が十分な検討と確認を行う時間を確保することが必要である。

💡 **解決のヒント**

　基本構成（スパン、階高、主要天井高等）に加え、意匠、構造、設備が共同して注意すべきポイントは以下のとおりである。
　・設備メインシャフトの大きさ、展開部分の納まり
　・天井内納まり
　・主機械室の設備展開、機器の搬出入ルート
　・屋上設備の配置
　・構造ブレースの位置、断面検討
　・雨水排水ルート
　・地下の水槽類の必要容量

| 整合課題事例 | 機械室・廊下幹線納まり不備 | 事例−50 |

『機械室からの設備幹線が天井内に納まらない』

ダメージレベル ●●●
顕在化レベル B

用途・構造・規模 ：事務所ビル・S造

設計段階			施工段階							運用段階	
① 基本 DR	② 実施 DR	③ 検図	④ 見積質疑	⑤ 図面確認	⑥ 重合せ図	⑦ 総合図	⑧ 施工図	⑨ 工程検査	⑩ 竣工検査	⑪ 1年点検	⑫ 2年点検
発生時期	A				B				C		

1 発生事象

・地下機械室前の廊下天井内で、設備配管・配線等（冷温水配管・電気幹線・自家発煙道）が納まらず、天井高が極端に低くなる部分生じることが分かった。

2 個別の具体的措置

・設計図の廊下幅3mを大幅に拡幅し、機械室内レイアウトを再検討した。その際、計画変更申請が必要な変更手続きになってしまった。
・柱位置が壁と離れていたため廊下の拡幅は可能であったが、機械室内の機器レイアウトの大幅な見直しが必要となった。

3 原因・所見

・設計段階で、廊下天井内設備機器の基本的な整合調整がされていなかった（設計時の調整不足）。

4 再発防止策

・設計者は、基本設計段階から主機械室のレイアウト検討だけではなく、主要設備の展開メインルートの平面的な検討及び、断面的な検討を行う必要がある。特に交差部分の断面検討は極めて重要であることを認識したい。

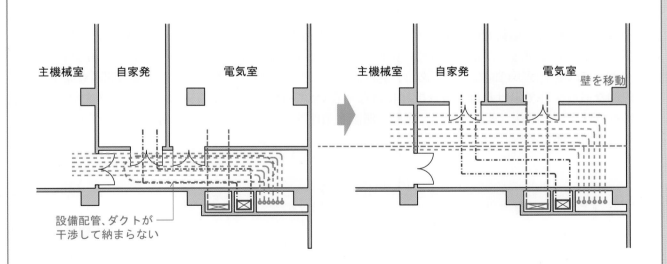

	影響度		発生頻度		顕在化レベル	
ダメージレベル **80**/80 点	16点	極めて重大な影響	5点	高い頻度で発生	C	極めて気づきにくい
	8点	重大な影響	3点	ときどき発生	B	見過ごしがち
	1点	軽微な影響	1点	稀に発生	A	容易に気が付く

その他の事例

［縦シャフトが納まらないコアの設計（事例－11）］

　総合図作成前の重合せ図を作成し、EPS、PS の納まりを検討していたが、梁と干渉し実際の上下貫通可能面積が少なく、原設計では納まっていなかった。EPS、PS の拡張検討をしたが、拡張すると付室が圧迫され法定面積が確保できなくなり、廊下、コア、オフィスゾーンも含めて全面的なレイアウトの見直しになった。その結果、最終的には貸室面積まで影響する重大な事態に陥った。設備のメインシャフトの検討をおろそかにした結果である。

　基本設計段階でのコアの検討にあたっては、階段・エレベーターだけではなく、構造計画を含めた設備メインシャフトの検討が重要である。

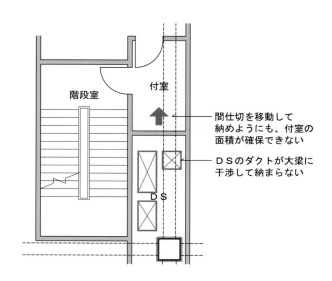

［騒音対策は簡単ではない（室内許容騒音値が不明確な設計図書）（事例－6）］

　設計図の特記仕様書には許容騒音値（NC 値）が代表室（事務室・エントランスロビー等）のみ記載されていた。受注後、発注者から各室等個別に許容騒音値が指定され、着工後、各室の騒音計算を改めて行うことになった。さらに振動についても同様に個別の指定がなされた。求められた各室（各系統）の騒音・振動計算や具体的な騒音・振動対策の検討等を行い、約 2 か月間の期間が必要となった。発注者としては個別の部屋に細かい要望があったが、設計時に条件を取りまとめておけなかった。施工段階での変更となると、内容によっては変更が不可能なものもあり、発注者からの要望ということで追加工事費の問題も発生する。

　一般的な設計条件で良ければ大きな問題にはならないが、提言（P34、35）の中にある建物の基本性能以外にも特殊な設計条件（荷重、騒音・振動、温湿度条件等）が必要な場合は、基本設計時点から条件をまとめる努力が必要である。

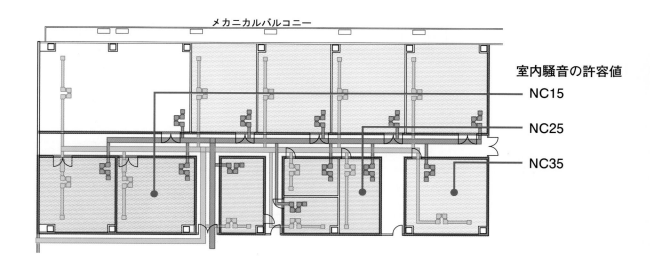

2.　基本設計段階で取り組むべき課題

　前頁で述べたように、整合性のある設計業務には設計チーム全体での協同が不可欠であるが、それ以外にも留意すべき点がある。

　まずは、**概算工事費**への意識である。概算工事費は基本設計終了時点で算出するという業務手順が多くみられるが、発注者予算との大幅な乖離があった場合、時間的余裕のない中、代替案や減額案の作成などに追われ不整合を生じさせやすくなる。基本設計段階の終盤に実施するだけではなく、あまり精度が高くなくとも、今自分が設計している計画が予算の範囲内かどうかを確認する意味でも、複数回の概算工事費算出を実行したい。

　また、3.2.1 企画段階で提示した「事業計画に関する情報」「敷地（計画地）に関する情報」などの与条件の変更が発生する場合がある。この変更が大規模な場合、限られた時間の中での業務となるため、不整合が発生しやすい。具体的な対応については「5.1 設計段階の設計変更（P118 ～ 121）」を参照されたい。

　さらに、基本設計段階において企画段階では必要なかった与条件の決定が遅れても、上記と同様なことが発生する。これについても P121 に記載した**課題管理表**を利用するなどして、発注者が決定すべき与条件の決定を促すことが必要である。

■告示第 98 号　別添 1-1-1　基本設計に関する標準業務

　発注者から提示された要求その他の諸条件を設計条件として整理した上で、建築物の配置計画、平面図と空間の構成、各部の寸法や面積、建築物として備えるべき機能、性能、主な使用材料や設備機器の種別と品質、建築物の内外の意匠等を検討し、それらを総合して、（略）成果図書を作成するために必要な業務をいう。

項　目		業　務　内　容
(1)　設計条件等の整理	(i)　条件整理	耐震性能や設備機能の水準など建築主から提示されるさまざまな要求その他の諸条件を設計条件として整理する。
	(ii)　設計条件の変更等の場合の協議	建築主から提示される要求の内容が不明確若しくは不適切な場合若しくは内容に相互矛盾がある場合又は整理した設計条件に変更がある場合においては、建築主に説明を求め又は建築主と協議する。
(2)　法令上の諸条件の調査及び関係機関との打合せ	(i)　法令上の諸条件の調査	基本設計に必要な範囲で、建築物の建築に関する法令及び条例上の制約条件を調査する。
	(ii)　建築確認申請に係る関係機関との打合せ	基本設計に必要な範囲で、建築確認申請を行うために必要な事項について関係機関と事前に打合せを行う。
(3)　上下水道、ガス、電力、通信等の供給状況の調査及び関係機関との打合せ		基本設計に必要な範囲で、敷地に対する上下水道、ガス、電力、通信等の供給状況等を調査し、必要に応じて関係機関との打合せを行う。
(4)　基本設計方針の策定	(i)　総合検討	設計条件に基づき、様々な基本設計方針案の検証を通じて、基本設計をまとめていく考え方を総合的に検討し、その上で業務体制、業務工程等を立案する。
	(ii)　基本設計方針の策定及び建築主への説明	総合検討の結果を踏まえ、基本設計方針を策定し、建築主に対して説明する。
(5)　基本設計図書の作成		基本設計方針に基づき、建築主と協議の上、基本設計図書を作成する。
(6)　概算工事費の検討		基本設計図書の作成が完了した時点において、当該基本設計図書に基づく建築工事に通常要する費用を概算し、工事費概算書（工事費内訳明細書、数量調書等を除く。以下同じ。）を作成する。
(7)　基本設計内容の建築主への説明等		基本設計を行っている間、建築主に対して、作業内容や進捗状況を報告し、必要な事項について建築主の意向を確認する。また、基本設計図書の作成が完了した時点において、基本設計図書を建築主に提出し、建築主に対して設計意図（当該設計に係る設計者の考えをいう。以下同じ。）及び基本設計内容の総合的な説明を行う。

■ 提言

1. 基本設計図書の作成と発注者合意

　基本設計図書は、発注者への説明責任を果たす図書として特に重要である。基本設計完了時に発注者に説明を行うことは、告示第 98 号の標準業務として含まれる「発注者への説明」にあたるが、ただ単に説明を行うことにとどまらず、発注者の合意を得ておくこともその後の設計業務の円滑な推進に必要である。合意については、議事録への記載のみならず、「基本設計図書の表紙に捺印」あるいは「業務完了届」「業務完了受領書」の交換などの相互に確認できる、明確なエビデンスが残る方法としたい。

2. 建物の「性能」は基本設計時に決める

　基本設計では、実施設計がスタートすることを意識し、建築物の耐震性能・外装材の耐風圧性能・層間変位追従性能、環境性能等「基本的性能・仕様」の考え方を確定することが重要である。実施設計に向けてのスムーズな移行のため、建築物の基本性能の目標設定が必要であり、このステップを省いては性能を規定する特記仕様書の作成及び整合性のある実施設計図書の作成は困難となる。

　基本設計で決定すべき具体的基本性能は以下の通りである（性能設定管理シート（P137）参照）。

（1）構造体の耐震性能、天井などの非構造部材の耐震性能
（2）外装材の耐風圧性能、層間変位追従性能 等
（3）環境性能（CASBEE、LEED、WELL 等）
（4）省エネルギー性能

　　＊「CASBEE」（建築環境総合性能評価システム）は、建築物の環境性能で評価し格付けする手法である。省エネルギーや環境負荷の少ない資機材の使用といった環境配慮はもとより、室内の快適性や景観への配慮なども含めた建物の品質を総合的に評価するシステム。(http://www.ibec.or.jp/CASBEE/about_cas.htm)
　　＊「LEED」は、非営利団体 USGBC が開発し、GBCI が運用を行っている、ビルト・エンバイロメント（建築や都市の環境）の環境性能評価システム。(https://www.gbj.or.jp/leed/about_leed/)
　　＊「WELL Building Standard」（WELL 認証）は、空間のデザイン・構築・運用に「人間の健康」という視点を加え、より良い居住環境の創造を目指した評価システム。(https://www.gbj.or.jp/well/about_well/)

3. デザイン・レビューの実施

　基本設計図書に記載すべき項目は、発注者の建設意図（発注者の与条件）と、それを踏まえて提案する設計趣旨とその具体的な展開（設計方針）である。また社会的要求事項として、法的規制や、環境に対する方針などが必要で、以下の内容を含むものである。

（1）発注者の要望（設計与条件）、施設の利用目的、設計条件など（設計の背景、根拠を明確にする）
（2）設計時に考慮された諸条件
（3）それらを踏まえた設計趣旨（コンセプト、設計方針）及び目標性能など
（4）維持管理（外壁タイル張りの点検の必要性、強化ガラスの自然破壊のリスク等の説明を含む）
（5）コスト（概算工事費）

　これらの項目が確実に設計に盛り込まれているかを確認するため、基本設計終了前に設計担当者以外の第三者性を持った人格が基本設計時にデザイン・レビュー（基本 DR）を実施し、合わせて各分野間の整合性を確認するようにしたい。

基本設計図書の主な内容（事務所ビルの例）

基本設計図書
〇〇計画

発注者〇〇 印
設計者〇〇 印

Ⅰ．総合事項
1．設計与条件の整理
2．設計コンセプト・設計運営
3．配置計画
4．防災計画
5．環境性能向上の基本的考え方
6．セキュリティ計画
7．維持管理計画

Ⅱ．建築計画
1．事務室計画
2．共用部計画
3．デザインの基本的考え方
4．ごみ処理計画
5．管理諸室計画
6．その他計画
7．仮設計画

Ⅲ．建築構造計画
1．構造計画概要
2．構造設計概要

Ⅳ．設備計画
1．エネルギー管理、バックアップ
2．拡張性・将来対応　等

Ⅴ．基本設計図
1．建築
2．構造
3．電気
4．空調
5．衛生

　設計者は、告示第98号で示された「基本設計に関する標準業務」に基づき、基本設計図書を作成するが、実案件における"発注者との協議・合意"に於いては不足する場合が多く見られる。

　告示第98号で規定された標準業務以上の内容を前倒して検討することは、多忙となる実施設計時における"発注者との協議・合意の見落とし"を回避するために有効である。また、より精度の高い概算工事費の提示のためにも有効といえる。

　この中には「追加的業務」や「実施設計段階での標準業務」の内容を含むが、それら内容を共に"追加的業務"として発注者と協議し基本設計契約の中に業務費とともに織り込むことは、「実施設計段階での手戻り防止」という観点からも設計者のみならず発注者の利益にも貢献するため、双方に有益な方策と思われる。

告示第98号	整合性確保のための提言		
基本設計	基本設計段階で織り込んでおきたい業務		
標準業務	基本設計段階の 標準業務	1) 設計与条件の整理 2) 設計コンセプト・設計運営 3) 建築計画	
追加的業務（別添四）	追加的業務	4) 防災計画 5) 環境性能向上の基本的考え 6) セキュリティ計画 7) 維持管理計画 8) 仮設計画	など
実施設計			
標準業務	実施設計段階の 標準業務の一部	9) 構造解析 10) 成果図書 　：　A　矩計図（主要な部位） 　：　A　区画図 　：　S　各階伏図 　：　S　軸組図 　：　S　仮定断面図表 　：　EM　系統図（必要に応じて）	など
追加的業務（別添四）			

3.2.3　実施設計段階

1.　実施設計図書の作成

専門分野（意匠 / 構造 / 電気設備 / 機械設備）間での相互調整

　設計チームはひとつの建築を設計しているにもかかわらず、専門分野の違いがあり、各分野で作業が前後するため、設計図書の整合性を高めるには分野間の相互調整が必須となる。

▶実務設計段階

プロセス	企画段階	設計段階		発注・契約段階	施工段階	運用段階（引渡し後）
		基本設計	実施設計 実施設計-1:プラン確定　実施設計-2:詳細図等	見積質疑	総合図元図(設計図面確認・検討) プロット図(重合せ図) 総合図　施工図	
ホールドポイント	与条件確定	設計契約　基本DR　基本設計の承認	実施DR　検図　実施設計の承認	見積	工事契約監理契約　着工　総合図承認　施工図承認　工程内検査　竣工検査　竣工引渡し	1年点検　2年点検

| 告示第98号(H31)
◆標準業務
2019/1/21公布
※業務の骨格は変更なし | | 基本設計
1.基本設計・標準業務
(1)設計条件等の整理
(2)法令諸条件調査・関係機関打合せ
(3)インフラ状況調査・関係機関打合せ
(4)基本設計方針策定

(5)基本設計図書作成
(6)概算工事費検討
(7)基本設計内容の建築主説明 | 実施設計
2.実施設計・標準業務
(1)要求等の確認
(2)法令諸条件調査・関係機関打合せ
(3)実施設計方針策定

(4)実施設計図書作成
：省エネ法、バリアフリー法、都市緑地法関係図書作成含む。
…エスキス等に伴う簡易な透視図等の作成を含む(正式な透視図作成は追加業務)
(5)概算工事費検討
(6)実施設計内容の建築主説明 | | 施工段階での合理性がある実施設計標準業務(意図伝達等)
3.実施設計(意図伝達等)・標準業務
(1)設計意図伝達のための質疑応答・説明等
(2)工事材料、設備機器等の選定に関する設計意図の観点からの検討・助言等

工事監理・標準業務
4.工事監理・標準業務
(1)工事監理方針説明等
(2)設計図書の内容把握等
(3)設計図書に定めのある施工図等の検討・報告
(4)工事と設計図書との照合・確認
(5)工事と設計図書との照合・確認の結果報告等
(6)工事監理報告書等の提出

5.工事監理・その他の標準業務
(1)請負代金内訳書の検討・報告
(2)工程表の検討・報告
(3)設計図書に定めのある施工計画の検討・報告
(4)工事と工事請負契約との照合・確認・報告
(5)引渡しの立会い
(6)関係機関検査の立会い
(7)工事費支払いの審査 | |

整合課題事例

設計者自身も十分に注意しているはずなのに、それでも頻発する事例（右頁）

　天井内で、梁、ダクト、配管などが干渉していて納まっていない事例である。不整合事例として最も多くみられる例である。天井内の梁下だけでは寸法が足りず、ダクト、配管のルートを見直し、耐火被覆仕様で変更することになった。

　不整合の原因は、ASEM 間の確認・調整不足である。意匠、構造、設備の各担当者が、必要な情報を重ねた合わせた図面を前に、全員で顔を合わせて検討する必要がある。実施設計終盤で時間を要する作業であるため、後回しにされがちであるが非常に重要なポイントである。

💡 **解決のヒント　天井ふところ内の確認・調整を早めに行うこと**

・基本設計段階で、設計者が揃って階高 / 天井高、大梁の成 / 架構、主ダクトのサイズ / ルートを確認すること。

・実施設計段階でも、意匠、構造、設備の図面を重ねて、問題点を洗い出し解消する。
　図面の重ね合わせは、BIM を使用する場合は 3 次元データで確認できるが、BIM を用いないで従来のように図面を重ねても、問題点を洗い出すことは可能である。重要なことは設計者全員で確認することである。意匠任せ、設備任せにしないようにしたい。

・重ね合わせた図面のチェックは全階全箇所で行うことが望ましいが、少なくとも各階の大梁と主ダクトが交差する箇所は必ずチェックすること。特に各階空調機械室から主ダクトが出てくる箇所は要注意箇所である。

・発注者の要求内容不確定や行政からの追加指導等に伴い、止むを得ず決定できなかった箇所は明確にしておき、引継ぎ事項として見積条件に明示しておく（見積対象からの除外を含む）。

・不整合発生の遠因として、平面図等の「プラン確定」の不徹底がある。確定したプランを基にして構造担当、各設備担当は作業を進めるため、プランがいつまでも確定できない場合や、一旦確定されたはずのプランが後に変更されることは、ASEM 間に混乱を生じさせ、手戻りや不整合につながってしまう。

・「プラン確定」後は、平面、断面計画は変更しない。やむを得ず変更する場合は、速やかに担当者間の調整を行う。

整合課題事例 　天井内納まり不備（梁変更）　　　**事例－53**

『天井内に設備が納まらない (3)』

ダメージレベル●●●
顕在化レベル B

用途・構造・規模 ：病院・SRC+RC 造

設計段階			施工段階							運用段階	
① 基本 DR	② 実施 DR	③ 検図	④ 見積質疑	⑤ 図面確認	⑥ 重合せ図	⑦ 総合図	⑧ 施工図	⑨ 工程検査	⑩ 竣工検査	⑪ 1 年点検	⑫ 2 年点検
発生時期	A				B				C		

1　発生事象

・総合図作成の際、天井内の設備配管、空調ダクトが納まらず、特に大梁下を通るダクトが天井内に納まらなかったため、対応を検討することとなった。

2　個別の具体的措置

・配管・ダクト類の系統統合、施工ルートの大幅な変更、梁や壁の位置の変更、構造的な梁の幅や高さの変更、鉄骨梁の耐火被覆を耐火塗装に変更、天井高さの変更、梁の設置レベルの変更等大掛かりな検討・提案・調整を行い何とか天井内へ納めることができた。
・打合せや検討図の作成が繰り返され、通常 1 フロア 2 か月程度で作図できる物量が、4 か月程度を要してしまった。

3　原因・所見

・基本設計段階で設備担当が関与しないまま建築計画を進めていた。経験値による常識的な必要スペースを意匠担当者は設定していたが、設備の高度化による隠ぺい部収納機器量の増大によって納まらなくなってしまった。
・大スパンの場合大梁は、1cm 以上たわむ事やジョイント部にボルトが出る事、また施工誤差も 1cm 程度となることもあるためその分余裕を見る必要もある。

4　再発防止策

・建物用途による必要な設備を把握し、基本設計と同時に設備計画を踏まえた階高・平面計画・構造・規模とする調整が必要となる。
・施工者は、総合図検討時に代表的な基準階・廊下・各階機械室等を早期に検討するようにしたい。

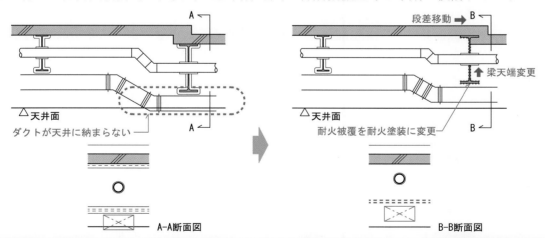

ダメージレベル **80**/80 点	影　響　度		発生頻度		顕在化レベル	
	16 点	極めて重大な影響	5 点	高い頻度で発生	C	極めて気づきにくい
	8 点	重大な影響	3 点	ときどき発生	B	見過ごしがち
	1 点	軽微な影響	1 点	稀に発生	A	容易に気が付く

2. 仕様書と設計図との不整合

「専門分野間での相互調整」と同様に不整合事例が多い事項である。特に意匠設計図は、配置図、平面図、仕上表、立面図、断面図、天井伏図、矩計図、建具図、各部詳細図など多岐にわたり、図面枚数も多いため、複数の担当者が分担することがあり、各々が勝手に仕様を描きこんでいくと、そこに不整合が発生する。

整合課題事例

特記仕様書が本来の性能とあっていない

意匠設計図を作成するなかで最も重要なのは、標準仕様書、特記仕様書と設計図との間の整合である。仕様書の内容は建築物の品質に大きな影響を与えるが不整合も散見される。具体例として以下の事例がある。

- ・特記様書が建物性能とは異なる仕様を規定している。
- ・特記仕様書と建具表の作成を複数名で分担したため、特記仕様書作成者が実際の建具性能を考慮しないで、安易に作成した。
- ・特記仕様書作成者は、性能を選択肢から選ぶ場合、安易に高性能な選択肢を選んだり、別件の特記仕様書から該当箇所を写したりする例がある。
- ・特記仕様書と他の図面とで記載事項に食い違いがある場合、一般的な優先順位は、特記仕様書 > 設計図 > 標準仕様書となる。特記仕様書の記載事項は極めて重要である。

💡 解決のヒント　特記仕様書作成の留意点

- ・標準仕様書の内容をしっかりと把握しておく。
- ・特記仕様書作成を後回しにせず、実施計画段階の初期に作成する。許容環境性能、振動・遮音性能、断熱性能、耐震性能などの重要な性能は、基本設計段階で決定して、特記仕様書に明示しておく。
- ・基本設計段階で決定した建物性能は、設計チーム全員に周知徹底を図り目標を定める。
- ・安易に高性能を選択したり、他事例を真似たりせずに、必要な内容を明記する。
- ・構造設計図、設備設計図の特記仕様書との整合を図る。

その他の事例

[構造ブレース材のレイアウト変更が共有できていなかった（事例− 71）]

ブレース材は設置場所によっては平面計画に大きな影響を与えるので、居室を避けて機械室やシャフト廻りに設置することが多い。しかし平面計画に影響を与える点では、機械室やシャフトの方が重大である場合も多い。ブレース材が機器レイアウトや配管ルートと干渉することがないように必ず最新の図面を重ねてチェックすることが重要である。

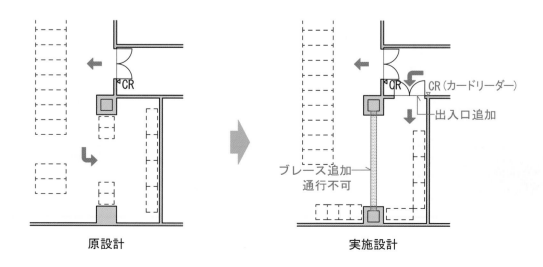

原設計　　　　　　　　　　　　　実施設計

| 整合課題事例 | 特記仕様書と建具表の不整合（性能） | 事例－39 |

『特記仕様書が本来の性能と合っていない』

ダメージレベル●●●
顕在化レベル B

用途・構造・規模　：事務所ビル・SRC 造

設計段階				施工段階						運用段階	
① 基本 DR	② 実施 DR	③ 検図	④ 見積質疑	⑤ 図面確認	⑥ 重合せ図	⑦ 総合図	⑧ 施工図	⑨ 工程検査	⑩ 竣工検査	⑪ 1 年点検	⑫ 2 年点検
発生時期 A				B			C				

■1　発生事象
・施工準備段階で特記仕様書を確認した際に、外装建具（アルミニウム製建具）の性能（耐風圧性、気密性、水密性）が建具表記載と食い違っていた。確認したところ建具表が正であった。

■2　個別の具体的措置
・設計図書の優先順位は設計図よりも特記仕様書が高いので、見積時には特記仕様書に基づいた積算がなされていたが、建具表による積算となり減額の設計変更となった。

■3　原因・所見
・特記仕様書作成担当者と、建具表作成担当者が異なっており、それぞれが擦り合わせをしないまま設計図書を作成していた。
・特記仕様書作成担当者は実際の建物性能を考慮することなく、最も高い仕様を選択したり、別件の仕様書からの転記を行っていた。
・特記仕様書を実施設計段階の最終盤に作成していたため、建具表作成担当者も仕様を事前に確認することができなかった。

■4　再発防止策
・建物の重要性能は設計段階の早期に確定し、設計チーム内に周知徹底する必要がある。まず特記仕様書を始めにまとめるべきだが、安易に高い仕様を選択したり、別件から意図もなくコピー＆ペーストをしないで、本来の建物性能と整合するように留意するようにしたい。

ダメージレベル **40**/80 点	影　響　度		発生頻度		顕在化レベル	
	16 点	極めて重大な影響	5 点	高い頻度で発生	C	極めて気づきにくい
	8 点	重大な影響	3 点	ときどき発生	B	見過ごしがち
	1 点	軽微な影響	1 点	稀に発生	A	容易に気が付く

[電気室直上階に排水管を通していた（事例－76）]

　電気室や自家発電機室の直上階では給排水等の「水回り」を避けることは、もはや計画の常識だと言えるほど設計者も認識しているが、それでもこのような事例はたびたび発生する。

　階をまたいでの整合チェックは重ね図でも難しいので、見落としがちになることが原因である。電気室など特別条件の室は重ね図だけでなく、配管ルートが電気室等の直上を避けているかなどの、「見落としてはならない条件」に集点を当てて個別に確認することが必要になる。

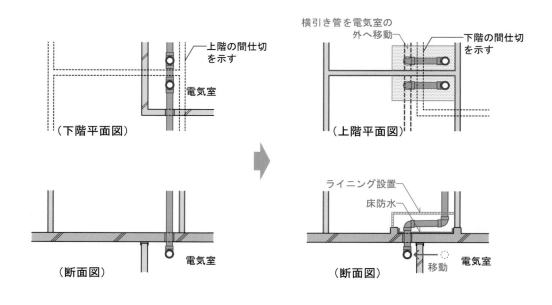

[屋外階段ササラ裏のシーリングが打てない（事例－48）]

　施工段階で施工できないことが分かった事例である。

　施工に必要なスペースがないことを設計段階で見落としてしまい、施工段階で見つかると、対応策によっては大幅な手戻りになる。手が届かない箇所を残さないためには、設計段階でメンテナンス計画を含めて検証することが大前提である。さらに、設計担当者以外の第三者性をもった人格の目で冷静にレビューすることで見落としを防ぐこともできる。

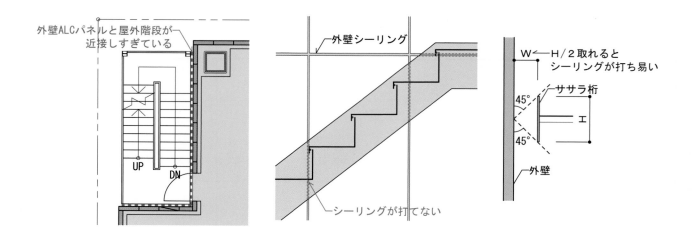

3. 実施設計段階で取り組むべき課題

1）実施設計前の方針確認

　実施設計に取り組むにあたっては、先ず基本設計で定めた諸条件（発注者の要求、法令上の条件など）を確認する。次いで、必要な体制を整え、意匠、構造、設備の各要素について十分に検討してから、実施設計図書を作成する。ASEM 各分野で個別に実施設計図書を作成し始めると、専門分野相互の調整は難くなるので、図面作成前の検討が重要であることを再認識しておきたい。

2）実施設計の役割

　実施設計に求められる主な役割は以下の4つである。それぞれの役割を考慮して、過不足が無く整合性をもった内容で図書を作成することは極めて重要である。

1. 工事請負契約の図書・・工事契約を行った施工者が、間違いなく施工し工事目的物を完成させるための情報が表現されていること。
2. 積算用の図書・・数量×単価が明確であり、見積ることが可能であること。
3. 意図伝達の道具・・設計意図が正しく伝わる必要があり、設計意図は発注者要求、法令に照らし正確かつ公正である必要がある。
4. 設計・監理業務のツール・・監理者が適正な現場運営を行えるための設計図書であること。

■告示第 98 号　別添 1-1-2　実施設計に関する標準業務

項目		業務内容
（1）要求等の確認	（ⅰ）発注者の要求等の確認	実施設計に先立ち又は実施設計期間中、発注者の要求等を再確認し、必要に応じ、設計条件の修正を行う。
	（ⅱ）設計条件の変更等の場合の協議	基本設計の段階以降の状況の変化によって、発注者の要求等に変化がある場合、施設の機能、規模、予算等基本的条件に変更が生じる場合又はすでに設定した設計条件を変更する必要がある場合においては、発注者と協議する。
（2）法令上の諸条件の調査及び関係機関との打合せ	（ⅰ）法令上の諸条件の調査	建築物の建築に関する法令及び条例上の制約条件について、基本設計の内容に即した詳細な調査を行う。
	（ⅱ）建築確認申請に係る関係機関との打合せ	実施設計に必要な範囲で、建築確認申請を行うために必要な事項について関係機関と事前に打合せを行う。
（3）実施設計方針の策定	（ⅰ）総合検討	基本設計に基づき、意匠、構造及び設備の各要素について検討し、必要に応じて業務体制、業務工程等を変更する。
	（ⅱ）実施設計のための基本事項の確定	基本設計の段階以降に検討された事項のうち、発注者と協議して合意に達しておく必要のあるもの及び検討作業の結果、基本設計の内容に修正を加える必要があるものを整理し、実施設計のための基本事項を確定する。
	（ⅲ）実施設計方針の策定及び発注者への説明	総合検討の結果及び確定された基本事項を踏まえ、実施設計方針を策定し、発注者に説明する。
（4）実施設計図書の作成	（ⅰ）実施設計図書の作成	実施設計方針に基づき、発注者と協議の上、技術的な検討、予算との整合の検討等を行い、実施設計図書を作成する。なお、実施設計図書においては、工事施工者が施工すべき建築物及びその細部の形状、寸法、仕様並びに工事材料、設備機器等の種別及び品質並びに特に指定する必要のある施工に関する情報（工法、工事監理の方法、施工管理の方法等）を具体的に表現する。
	（ⅱ）建築確認申請図書の作成	関係機関との事前の打合せ等を踏まえ、実施設計に基づき、必要な建築確認申請図書を作成する。
（5）概算工事費の検討		実施設計図書の作成が完了した時点において、当該実施設計図書に基づく建築工事に通常要する費用を概算し、工事費概算書を作成する。
（6）実施設計内容の発注者への説明等		実施設計を行っている間、発注者に対して、作業内容や進捗状況を報告し、必要な事項について発注者の意向を確認する。また、実施設計図書の作成が完了した時点において、実施設計図書を発注者に提出し、発注者に対して設計意図及び実施設計内容の総合的な説明を行う。

■ 提言

1. 特記仕様書を最初につくる

　特記仕様書とは設計図書の中でも建物性能を決めるうえで極めて重要な図書である。そのため最初に作成して、関係者で周知しておく必要がある。最初に特記仕様書を作成しておけば、あとに続く図面作成で仕様に迷うことがなくなる。

　基本設計から実施設計に移行する段階で、仕様を再確認して、仕様書としてまとめておくことが重要である。

2. 重ね合わせ図をつくる

　ASEM でそれぞれ個別に図面を作成すれば"不整合は発生する"ものとして、重ね合わせ図をつくり設計者全員で確認することを必須事項とする。特に天井ふところの大梁成・位置と主要ダクトルートとの整合は必ず確認するようにする。

　設計段階で見つけて解決できる不整合はその時に解決しておかなければ、あとになるほど解決に手間暇がかかることになる。

3. デザイン・レビューと検図の実施

　実施設計初期に、ASEM 調整された「平面図・立面図・断面図等」を確定させた段階で、設計図の品質を確保するために、第三者性を持った人格による「デザイン・レビュー（実施 DR）」を行い、次の段階に進みたい。その後、詳細図等を完成させ、実施概算にかかる前に、実施 DR と同様に、第三者性を持った人格による「検図」を行うことを励行したい。

　具体的手順は、建築士事務所の体制に相応しい方法を各々工夫すべきだが、巻末に添付した「デザイン・レビュー（DR）審査事項例」も参考にして欲しい（下図）。

　一般には「特記仕様書と詳細図との整合」「外壁止水ライン・断熱ラインの連続」「雨水排水ルート」「ピット仕様・寸法」「外装メンテナンス」等の課題が多く指摘されており、取り組みの際には留意しておきたい。

■ DR 審査事項事例　※巻末資料 2. 参照

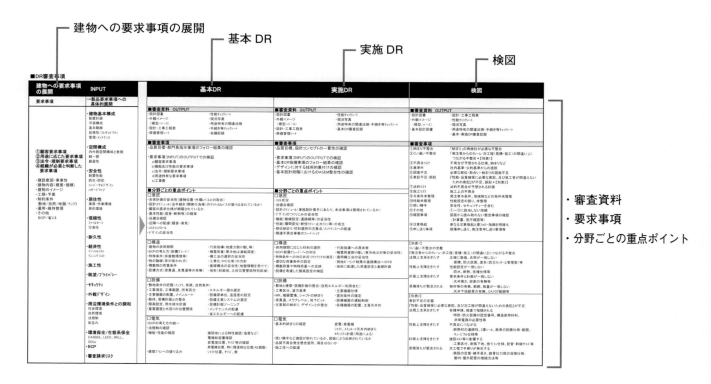

4. 設計説明会の実施

　告示第98号で「工事施工段階で設計者が行うことに合理性がある実施設計に関する標準業務」として、『設計意図を正確に伝えるための質疑・応答』がある。

　監理者、工事施工者が決まり次第、設計者から設計内容を説明することは通例実施されていることだと思われるが、この説明の機会に、事情により検討が不十分だった箇所、設計変更が予想される個所などの課題を整理して伝えることは重要である。その際には課題解決の期日、担当者も併せて明示しておくと、責任の所在が明確になって今後のプロジェクト運営が円滑に進む。

コラム

● 「標準仕様書、共通仕様書、特記仕様書」

設計図書の作成にあたり、案件毎に設定される"仕様"のベース。

：標準仕様書　国土交通省・官庁営繕が制定している「公共建築工事標準仕様書」を指す。建築工事編・電気設備工事編・機械設備工事編の3冊から成る。

：共通仕様書　「標準仕様書」を民間建築用に文言等を修正した「民間（七会）連合協定工事請負契約約款に適合した工事共通仕様書」を示す。

建築工事編

電気設備工事編

機械設備工事編

共通仕様書

※発行：一般社団法人公共建築協会

：特記仕様書　案件毎に作成される図書で、設計図書における特記事項が標準仕様書の各項目順に記載される。当該設計内容の性能・仕様を示すものであり、設計図書のうち優先度の高い図書となる。

3.2.4 発注・契約段階

1. 一案件で 500 項目の見積質疑

　現場説明会（現説）において、発注者から見積用 "設計図書" が建設会社（応札者）に配布され、入札までの間に、「見積質疑」の応答がされる。今回の取り組みにおいて、延床面積 20,000㎡ 程度以下の直近 24 案件での見積質疑数を収集したところ、1 社から提示される項目数が平均「512」に上った。ASEM 合計、数百枚の設計図と数ページから数十ページの募集要項に加え、案件に依っては別冊として発行される数十～数百ページに及ぶ「発注仕様書」の隅々までを短期間で読み込み、質疑にまとめるという作業となる。

　見積質疑は「応札者」が「発注者」に対してするものであり、回答業務は「発注者の役割」である。設計者はその回答を支援・助言するという立場であるが、告示第 98 号には「質疑応答」という業務が位置付けられていない。しかしながら、この業務に掛ける設計者の作業量は膨大であり、対応できる時間も短い。応札者数が 3 ～ 5 社の場合、質疑総数は 1,500 ～ 2,500 に及ぶこととなる。それらを項目毎に整理し、複数社から提示される「同様の質疑」を並べ替えて、「共通回答書」として取りまとめる作業となる。これは、見積条件の平準化を図る上で必須の作業であり、案件に依っては「応札者数が分からない様に」工夫することまで求められる。そのため、応札者は「自らが提出した質疑との照合」に手間取り、見積の間違いにつながる例もある。

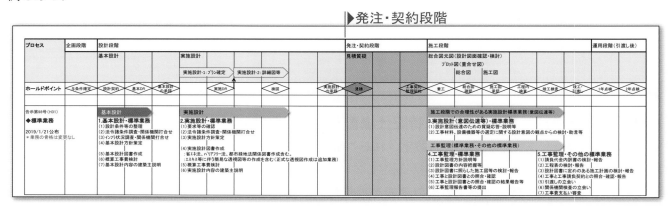

2. 建設会社が最初に「設計図書の整合課題に直面する場」"調整不備" と "記載不備"

　1 章で、設計図書の「整合課題」を次の 2 つに分けて整理した。

- **調整不備**：図面相互間での調整不備（意匠図間、意匠図と構造図、構造図と設備図及びその複合等）
- **記載不備**：性能設定の不備、記載不足、設計内容自体の不備等

　後述するA～C（追加資料・指示＋読み替え＋不整合）がこれに当るが、見積質疑の 9 割が「調整不備」と「記載不備」であり、建設会社（応札者）にとって、図面の不整合に直面する最初の場となる。では、何故そのような状況が生まれてしまうのかを整理して行きたい。

> **コラム**
>
> **「見積質疑」と「質問回答書」**
>
> 公共建築工事標準仕様書や共通仕様書には、設計図書を構成するものとして「質問回答書」という用語が記載されている。これは公共工事において、入札参加者の条件面等の質問に対して発注者が回答するという捉え方を念頭に置く。
>
> 本書では、そのような「質問回答」とは区別して『見積質疑』や『質疑応答』、『質疑回答』の用語を使うこととした。

3. 見積質疑の分析　　追加指示＋読み替え＋不整合とで9割

　24案件での質疑数平均は512項目であったが、公益社団法人 日本建築積算協会の協力を得て、内容の分析を行った。

　24案件の概要は以下の通りである。延床面積1,700～22,000㎡の建物で、用途は事務所、商業施設、工場、教育施設等を広く集めた。下表・図は、建物規模（延床面積）と、質疑数の関係を示す。一定の相関はありそうだが、小規模案件でも200程度の質疑が出されていることが分かる。

案件	用途	着工	延床面積	構造	質疑数	質疑の分類 A 追加指示	B 読み替え	C 不整合	D 不要・誤記	E その他
1	事務所	2019/2/1	1,700㎡	S	231	167	5	56	3	0
2	事務所	2019/7/5	1,900㎡	S	175	123	2	39	8	3
3	工場	2018/12/1	6,145㎡	S	225	148	12	56	8	1
4	工場	2019/5/20	6,379㎡	S	555	420	17	97	2	19
5	教育施設	2019/4/1	7,210㎡	RC·W	337	210	5	87	18	17
6	工場	2019/6/1	7,267㎡	S	467	357	9	77	17	7
7	警察署	2018/10/1	7,405㎡	S	263	156	1	91	15	0
8	事務所	2019/4/15	7,759㎡	S	376	283	6	59	20	8
9	事務所	2019/5/20	8,000㎡	S	486	241	22	140	52	31
10	ホテル・商業	2019/3/1	8,100㎡	S	235	179	7	29	16	4
11	教育施設	2019/9/1	8,160㎡	SRC+S	296	176	12	86	22	0
12	事務所	2019/3/1	9,656㎡	S	205	125	2	55	16	7
13	事務所	2018/10/1	9,861㎡	S	574	350	32	87	23	82
14	宿泊施設	2018/9/3	10,146㎡	RC	456	295	40	96	23	2
15	学校	2019/4/1	10,700㎡	RC	521	310	53	147	11	0
16	事務所	2019/7/1	10,725㎡	S	810	674	6	112	18	0
17	事務所	2019/3/1	13,279㎡	S	359	220	17	73	16	33
18	教育施設	2019/5/8	13,792㎡	S	1307	940	93	235	13	26
19	倉庫	2019/7/1	14,131㎡	S	248	191	4	40	13	0
20	ホテル	2018/3/1	14,200㎡	S	878	697	28	146	7	0
21	事務所	2019/4/1	16,512㎡	S	1295	649	29	240	7	370
22	集合住宅	2019/6/1	16,974㎡	R+SRC+S	667	384	16	167	18	82
23	病院	2017/12/23	19,224㎡	RC	786	434	19	259	74	0
24	商業施設	2020/3/1	22,000㎡	S	532	342	14	145	17	14
24				計	12284	8071	451	2619	437	706
				平均	512	336	19	109	18	29
				比率		66%	4%	21%	4%	6%

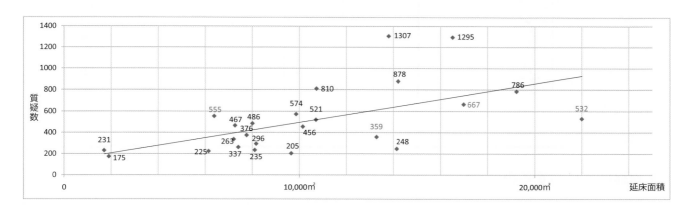

　質疑の内容をA～Eに分類した。具体例等は後述する。

A＝追加資料・指示：見積に必要な追加資料・指示の要求

　　　　A-1＝見積に必要な資料が無いものに対する追加要求

　　　　A-2＝設計図書内の他の部分や一般的仕様として「○○として良いか」と問うもの

　　　　A-3＝施工図レベルの追加資料を求めるもの

B＝読み替え：該当する仕様が見当たらず、又は誤りと思われるので○○に読み替えて良いかと問うもの

C＝不整合：設計図書相互の不整合があり、どちらが正かを問うもの

D＝不要・誤記：質問したところ、今回は「不要・間違い」と回答されたもの

E＝その他：見積要項等における条件等を確認するもの

4．収集事例から見られる主なポイント　　追加指示と不整合の 6 割は「内部・建具」

　収集した 24 例から、用途の異なる 4 つの事例について内訳の分析を進めた。抽出された主なポイントを示す。

　質疑全体の 6 割は A「追加資料・指示」、2 割が C「不整合」であり、その不整合の 6 割は「内部・建具」が占める（4 例の平均。下表）。また、構造についての質疑も 2 割に及ぶ。

平均（4例）		A			B	C	D	E	計	
		A-1 追加	A-2 確認	A-3 過剰	読み替え	不整合	不要・誤記	その他		
A	外部	26	27	0	3	11	2	0	68	12.9%
	内部	43	82	0	4	40	5	0	175	33.0%
	建具	6	20	0	4	32	1	0	61	11.6%
	外構	18	18	0	1	4	2	3	45	8.4%
	小計	92	146	0	12	86	9	3	349	66.0%
S	構造	25	45	0	5	21	2	2	99	18.7%
E	電気	3	4	0	0	4	1	1	12	2.3%
M	空調・衛生	6	14	0	1	8	0	1	29	5.4%
	昇降機・機械	0	1	0	0	2	1	0	4	0.8%
	その他	2	3	0	0	0	0	32	36	6.8%
	合計	127	211	0	17	121	13	39	528	100.0%
		24.1%	40.0%	0.0%	3.3%	22.9%	2.4%	7.3%	100.0%	
			64.1%							

質疑の 7 割　84.7%　8.5%

		A-1 追加	A-2 確認		B 読み替え	C 不整合	D 不要・誤記
A	外部	20.4%	12.7%		18.8%	8.9%	11.8%
	内部	33.6%	38.9%		24.6%	33.1%	41.2%
	建具	4.3%	9.3%		21.7%	26.0%	3.9%
	外構	13.9%	8.3%		2.9%	3.1%	15.7%
	小計	72.3%	69.2%		68.1%	71.1%	72.5%
S	構造	19.6%	21.1%		29.0%	17.6%	11.8%
E	電気	2.0%	1.8%		0.0%	3.1%	7.8%
M	空調・衛生	4.5%	6.5%		2.9%	6.2%	2.0%
	昇降機・機械	0.2%	0.2%		0.0%	1.9%	5.9%
	その他	1.4%	1.2%		0.0%	0.2%	0.0%
	合計	100%	100%		100%	100%	100%

不整合の 59.1％ ＝内部＋建具

円グラフ凡例：■外部 13%、■内部 33%、■建具 12%、■外構 8%、■構造 19%、■電気 2%、■空調・衛生 5%、■昇降機・機械 1%、■その他 7%

コラム

● 質疑回答に対する再質疑

質疑応答時の“困りごと”のひとつに「質疑回答に対する再質疑」がある。多くの案件で 1 ～ 2 回の“再質疑”が生じるが、12 回もの再質疑が出されたケースもあった（下表）。

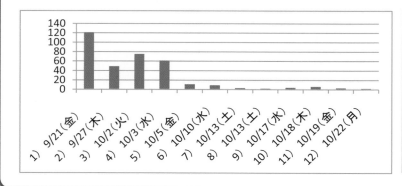

1) 9/21（金）　2) 9/27（木）　3) 10/2（火）　4) 10/3（水）　5) 10/5（金）　6) 10/10（水）　7) 10/13（土）　8) 10/13（土）　9) 10/17（水）　10) 10/18（木）　11) 10/19（金）　12) 10/22（月）

ショールーム・延 6,600㎡
質疑数 346
5 回目から「質疑回答内容についての質疑」が出始め、第 6 回以降は 65％ が回答への再質疑。残り 35％ はメーカー・品番の確認（生産中止品の代替含む）。

前述の様に、質疑内容を下記の様に分類した。
　　A ＝追加資料・指示
　　　　A-1　見積に必要な資料が無いもの
　　　　A-2　当該の資料は見当たらないが、他の部分等で推定でき、是非を問うもの
　　　　A-3　見積段階では過剰な質疑と思えるもの
　　B ＝読み替え
　　C ＝不整合
　　D ＝不要・誤記
　　E ＝その他

　収集した各事例は今回の取り組みに参加した建設会社から提供を受けたものであり、質疑形式・仕分け方の違いや、案件によるばらつきはあるが、大きな傾向として、以下のポイントを挙げることとしたい。

① 見積質疑の 7 割は意匠（外部、内部、建具、外構）に関するものであり、構造を加えると 85％ に達する。

② 電気、空調・衛生、昇降機に関する質疑は 1 割未満。
　　発注者に対する質疑ではなく、ゼネコンとサブコン（下見積り）とのやり取りが主体となるためである。

③ A-1（見積に必要な資料が無いものに対する追加要求）と
　A-2（設計図書内の他の部分や一般的仕様として良いかと問うもの）との合計は 6 割に上る。
　　A-1 は設計者からの追加資料提示が急ぎ必要となる。なお、A-3（施工図レベルの追加資料要求）は今回の収集事例では見られなかった。

④ C（不整合）は 2 割程度である。
　　主な工種毎の特徴は以下の通りであった。
　　内部：　意匠図内の不整合が最も多く、仕上表と詳細図・展開図等の食い違い多く見られた。また、ピットに関する不整合が各案件とも複数見られた。
　　建具：　数量・寸法の食い違いが多数を占める。また、ガラス厚や仕様、特記仕様書との食い違いも多く見られた。
　　構造：　意匠図と構造図との食い違いと、構造図内の食い違いとが半々であった。構造図内のものでは、リストと図面との食い違いが見られた。

⑤ B（読み替え）、D（不要・誤記）は共に 5％ に満たない。
　　質疑の区分として B、D に該当するかどうかは回答結果による。特に D は明らかな設計図書の間違いとなる。

⑥ E（その他）
　　ほとんどが見積条件や施工条件等の質疑である。

5.　質疑応答の流れと期間　　1～1.5ヵ月で行う膨大な作業

　延床面積20,000㎡程度以下案件での見積り期間には「概ね1～1.5ヵ月」が充てられる。規模が更に大きくなった場合も、その期間が増えない例も多い。

◆現場説明（図面渡し：発注者→応札者）

　　↓　1週間～2週間

◆質疑提示（応札者→発注者）

　　↓　1週間～1.5週間

◆質疑回答（発注者→応札者）　　　　　　　計4～6週間（1～1.5ヵ月）

　　↓　1週間～1.5週間

◆積算・見積額の整理

　　↓　1週間

◆提出金額の決定➡提出

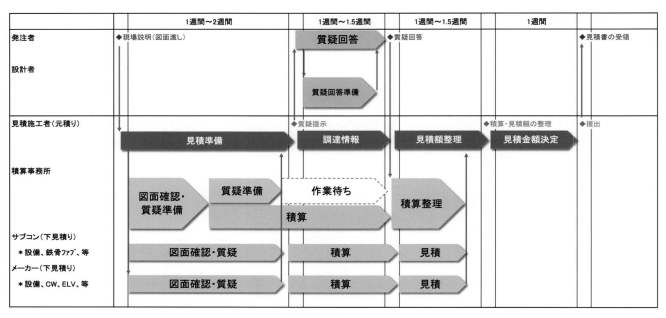

見積作業フロー

　先に示した「膨大な作業」をこの期間でこなす必要があり、応札者にとっても設計者（発注者の代理者）にとっても"大変な仕事"であることに疑いはない。

コラム

● PDF の活用

見積用図面はPDFファイルによる配布が一般的となった。配布手間の改善に加え、必要な部分の拡大確認等、大きなメリットがある。PDFには、変更図を画面上で重ねると、変更部分が「赤・青強調」されるソフトも市販されている。設計作業における変更管理での利用も見込まれるので、是非活用したい。

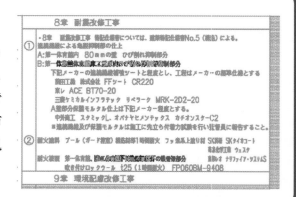

（1）現場説明〜質疑提示　　「最初の１週間」

　建築の見積は、"元積り"と"下見積り"とで構成される。サブコンやメーカーからの「下見積り」の占める割合は６割程度と言われており、現場説明で渡された図面を多数の関係者に配布することとなる。従来は配布社数のコピーが必要であったが、現在ではPDFファイルによるデータ配布が主流となり、作業手間は改善されて来た。また、下見積りについても複数社から徴収することとなるので、ひとつの案件の見積に関わる企業数も膨大になる。

　元積りの作業は、応札者（積算事務所への依頼作業を含む）が担うこととなる。官庁工事と異なり、民間工事では発注者から「数量」が示されることは稀であり、応札者各社は各々に「数量積算」を行うことになる。そのためには、ASEM担当毎に各図面を精査して「値入れ」できる数量と仕様の把握が必要となる。その構図は、下見積りをするサブコンやメーカーも共通であり、数量と仕様の把握の際に顕在化する疑問や確認事項を「見積質疑」として上げることとなる。そのため、設計図書から読み取れない項目はすべて質疑として提示されるため、冒頭で示した様に、１案件で約500項目となる場合もある。

（2）質疑提示〜質疑回答　　「次の１週間」

　見積質疑は「エクセルファイルのシート」で提示されることが多い。これは、質疑者の作業効率と、回答者の作業効率との双方を高めるための慣例であり、多少の体裁の違いはあっても構成はほぼ共通である。

　スケジュールに則って、発注者に応札各社から提示された「見積質疑」は、"支援・助言者"である、設計者に渡される。募集要項等に関する質疑は発注者が直接対応するが、設計図書に関するものは設計者が答えることになる。設計者は「1,500〜2,500項目」に及ぶ質疑に対する回答を"1〜1.5週間"で準備するが、短時間で処理する際に「今、何故こんな質疑をするのか？」とか「設計図書をちゃんと読んでいないのか？」というものに直面することがある。

　特記仕様書に性能が記載してあるにもかかわらず「Q：マンホールのメーカー・品番をご指示ください」というような例を指すが、応札者から見ると「特記仕様書だけでは判然とせず、防臭仕様や耐荷重はどの位なのかを細かく聞かないと正確に見積もれない」という意図となる。ここに「質疑者と回答者との間の溝」の"縮図"がある。

　今回、メーカー・品番を問う質疑も一定数見られたが、相方で一定の配慮をしたい部分である。なお、発注者や建築士事務所によっては「メーカー指定につながる」として、回答できない場合もあり注意したい。

（3）質疑回答〜積算・見積額の整理　　「その次の１週間」最も困るのはこの時期の"追加図面・資料"

　回答を受けた応札者は、各サブコンやメーカーから上がってきた下見積りと、積算事務所から提出された数量調書とを取り纏め、値入の準備に掛かる。下見積りをする上で、発注者への質疑が出されることもあるが、見積期間との関係から、その量は多くはない。

　質疑回答に関係する「追加資料」に対しては、あらかじめ準備ができているので対処も可能だが、質疑回答に合わせて「新規・追加図面・資料」が提示される例もある。これは、当初の「現場説明（図面渡し）」に間に合っていなかった図面が出されるケースも多く、応札者としては「予定外」となり、通例、見積提出予定日を延期せざるを得なくなる。

（4）積算・見積額の整理〜提出金額の決定　　「最後の１週間」

　数量調書を整理して、トータルの"見積額"をまとめ、応札者としての「提出金額」を決定する１週間である。

　建築の見積は金額が大きく、建設地固有の条件が異なる"一品生産"であるという特殊性がある。また、建設各段階で順次進められる各部材・労務の「調達価格」が、ものによっては１〜２年後の取決めになることを見据えての見積提出である。

　（1）から（4）までの、この１〜1.5ヵ月の期間に掛かる積算・見積費用は、大変大きなものであり、応札者の負担も非常に大きいという実態がある。

■見積質疑の具体例

　収集事例の中から、いくつかの質疑応答例を分類毎に提示する（下表）。回答として「不適」と思われるものも示すが、すべて実例である。多くは「再質疑」に繋がる例でもあるので、是非見習わない様にして欲しい。

質　疑	回　答
A　追加資料・指示	
A-1：資料が無く、追加提示要求するもの	
1　EV 関連鉄骨の取付詳細が不明です。取付詳細をご指示ください。	昇降機メーカーの仕様に依りますので、適宜ご判断の上、必要な EV 関連鉄骨を見込んでください。
2　下記材料について、メーカー名・品番等の指定がありましたら、ご指示ください。 1）.LW-T 耐火間仕切　2）.LW-1T 耐火間仕切　3）.LW-S 耐火遮音間仕切	メーカーの指定はございません。適宜性能を判断してお見込みください。
3　天井裏防水パンについて軒樋・竪樋の位置、排水経路をご指示ください。又、軒樋の仕様はアスファルト被覆鉄板 t0.8 と考えてよろしいですか。	それぞれ近傍の PS までの排水経路をお見込みください。軒樋の仕様は、お見込みの通りです。
A-2：当該部に資料は無いが、他の部分から推定できる、または一般的仕様設定ができるもの	
1　1 階空調屋外機置場の天井高は CH3,000 としてよろしいですか。	チャンバー BOX を天井裏に納めたいので CH2650 までです。（外部 ALC は立面のままとします）
2　特記仕様書 16 章建具工事において、ガラス一般に合せガラス部は視線制御グラデーションフィルムを見込むこととありますが、全ての合せガラスの中間膜をグラデーションフィルムにすると考えてよろしいでしょうか。	脱落防止の中間膜とは別で、別途、グラデーションフィルムを見込んでください。
3　化粧桝の仕様はノーマルタイプとノンスリップタイプの 2 種が記載されていますが、使い分けが不明です。全てノンスリップタイプと考えてよろしいでしょうか。	よろしいです。
4　勾配屋根 -3 の下地について下記仕様と考えてよろしいですか。 ・断熱材：硬質イソシアヌレートボード t25 ・防湿材：ゴムアスファルトルーフィング t1.0 ・下地材：硬質木毛セメント板 t25	よろしいです。
5　ピット天井の断熱材について、断熱範囲図に断熱材 C の記載が有りますが、ピット内基礎梁側面の断熱材は不要と考えてよろしいですか。必要な場合は範囲と H 寸法をご指示ください。	基礎梁側面への断熱材立下げ長さ H400mm とする。
B　読み替え	
1　鉄骨部材リストに於いて、HV2（L-60X6）の記載が御座いますが、L-60X60X6 は一般部材では御座いません。L-60X60X5 に読み替えてよろしいでしょうか。	よろしいです。
2　雑排水槽について、各水槽の必要容量図に雑排水槽の記載が有りますが、ピット階平面図に記載が有りません。厨房排水槽を指すと考えてよろしいですか。	よろしいです。
C　不整合	
1　B4 通・B5 通 /A1 通 -6975 部分のマットスラブ FS13 について、マットスラブリストでは版厚 1000 となっていますが、軸組図及び矩計図では厚さが 1500 で記載されており相違します。当該部分の版厚は 1500 を正としてよろしいでしょうか。ご指示ください。	FS13 については、マットスラブリストを正として版厚 1000 とする。
2　マットスラブ下の地業について、構造図では捨コン t=50、砕石 t=60 または 150 となっていますが、矩計図では捨コン t=50、砕石 t=100 となっており、相違します。地業は構造図を正と考えてよろしいでしょうか。ご指示ください。	よろしいです。
3　屋内階段（1）〜（3）のササラ寸法が相違しております。構造図を正としてよろしいですか。 屋内階段（1、2） ・（S-19、34）構造図 ---b1：PL-12 × 350、b2：PL-12 × 300 ・（A-30、35）意匠図 ---PL-12 × 270 屋内階段（3） ・（S-19、34）構造図 ---b2：PL-12 × 300、b0：PL-12 × 400 ・（A-39）意匠図 ---------PL-12 × 250 × 2 枚	よろしいです。
4　屋根折板の厚さが相違しています。外部仕上表を正としてよろしいですか。 ・（特記 -2）特記仕様書 -2（13.3）—T0.8+T0.6 ・（A-01）外部仕上表—————T1.0+T0.6	T1.0+T0.6 が正です。
5　屋外階段手摺の仕様が相違しています。立面図のを正としてよろしいですか。 ・（A-22）南立面図 ---　ステンレス HL　FB-50 × 30　H1,100 ・（A-40）屋外階段詳細図 --- 錆止め塗装の上ドブメッキ仕上 FB-6 × 60 H1,200	両方共違います。 笠木、手摺子、手摺柱共　FB-50x6　SUS 製 H1200　とします。
6　釜場の大きさについて、ピット平面図詳細図(1000 × 1500 × 800) と部分詳細図(2000 × 1000 × 1000) で、くい違います。ピット平面図詳細図を正としてよろしいでしょうか。	よろしいです。
7　ACW-01 において、ガラスの仕様が下記のようにくい違います。建具詳細図 -6.7 を正と考えてよろしいでしょうか。また、Low-E 複層ガラス（12+A12+8）は Low-E12+A12+FL8 の組合せと考えてよろしいでしょうか。併せてご指示ください。 <ガラス厚図> ・一般部、層間部：Low-E12+A12+FL12　・上部外 - 外部：Low-E10+A6+（FL8+FL8） <建具詳細図 -6.7>（正） ・一般部：Low-E 複層ガラス（12+A12+8）　・層間部：FL10、12 ・上部外 - 外部：倍強度合せガラス（6+6）	ガラス厚図が正です。
8　金属パネル裏面のグライト吹付について、特記仕様書では t3 とありますが、仕上共通事項では t5 とありくい違います。t5 を正と考えてよろしいですか。	よろしいです。
D　不要・誤記	
1　マスコンクリートのセメントの種類について複数に適用の印があります。どれを適用とするかをご指示ください。	マスコンクリートと適用はなしに変更します。

6. 質疑者と回答者の「作業内容と意識」の共有

　建築工事の見積期間には多くのやり取りがされるが、まずは前述した入札に伴う質疑応答期間（1 ～ 1.5 ヵ月）での質疑者－回答者双方の「作業内容と意識」の共有が重要である。

　質疑応答時の "発注者""設計者""応札者" の関係は以下の通りである。

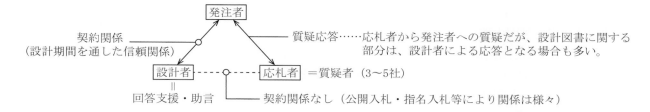

　設計図書に関する質疑応答は実質的には応札者と設計者とのやり取りとなるが、大抵の場合、信頼関係のない「初対面のやり取り」であることを意識しておきたい。応札者は初対面の相手から渡された「相当量の図面」を短期間で確認し、多くの不明点を「数百の質問」にまとめて提出する立場であり、設計者は合計 1,500 ～ 2,500 の質問に対する回答を短期間で準備する立場となる。そのため「何故こんな質問を」とか「何故こんな回答を」という反応があるということを知っておきたい。

■この段階での質疑が不適な事例や、設計者を困らせる事例

　今回の収集事例ではないが、検討部会で提起された事例を紹介したい。

	質　疑	回　答
●設計を変えようとする質疑	図番 -1014 内部仕上表 (1) にて、EPS の巾木が「ビニル巾木」と記載されていますが、「防塵塗装立上げ」と読み替えてよろしいでしょうか。ご指示ください。	➡ ビニル巾木のままとする。
	図番 -1017 内部仕上表 4 にて、下記ピットの仕上が下記の通り記載されていますが、共に「塗膜防水」と考えてよろしいでしょうか。ご指示ください。 ○汚水槽・雑排水槽・実験排水槽：ビニルエステル樹脂 D1 種 ○雑用水槽：エポキシ樹脂 B 種	➡ 設計図通りとする。
※注）変えようとする理由が示されないと検討されない。		
●図面読み込みが足りないことによる質疑	意 -1014　実験室の壁・天井仕上欄に金属サンドイッチパネルが記載されておりますが、厚みをご指示ください。	➡ 1225 図による。
	54　1201 南面バルコニー手摺の仕上げをご指示ください。	➡ 図示のように、溶融亜鉛メッキとする。
	A-304 X6・Y2-3 間外壁の ALC 厚みは 100 でよろしいでしょうか。ご指示ください。	➡ いいえ、違います。A-619 参照、厚み 120 としてください。
●図で書いてあるのに、リスト化を求める質疑	外装・内装仕上共通ですが、設備関連（図示以外）の下記についてご指示ください。 1. 機械基礎の W × D × H・仕上・配筋・取付場所等のリスト（外部・内部・外構） 2. 外壁、間仕切部の設備開口の W × H・箇所数等のリスト 3. 天井設備開口補強の大きさ・箇所数等のリスト 4. 床フリーアクセスフロアの床切込の大きさ・箇所数	➡ 図示どおりとする。
●特記仕様書の理解が足りないことによる質疑	特記無き限り水廻りのシーリングの仕様は変成シリコン系、寸法は 10 × 10 と考えてよろしいでしょうか。ご指示願います。	➡ 質疑意味不明。シーリングは特記仕様書 2 のとおりであり、すなわち、標準仕様書 9 章 6 節による。
	側溝グレーチングは溶融亜鉛メッキと考えてよろしいでしょうか。メーカー品番共ご指示ください。	➡ 1009 図特記仕様書 (7) 14.9.5 による。

■ 提言

1. 見積質疑数を減らすために～設計段階チェックの要点

　収集事例から見られる主なポイント（P46）で示したように、質疑応答の 6 割は「内部・建具」が占めており、そのほとんどが A（追加資料・指示）と C（不整合）であるため、"意匠担当者の注力"に期待せざるを得ない。その「注力すべきポイント」として以下の 3 つを提言する。

　　1）特記仕様書と図面の整合
　　　　　：文字情報と図面情報との整合であり、相互確認は大変な作業であるが、実施設計段階（3.2.3）の提言（P42）で示したように「特記仕様書を最初に書く」手順で大きく改善される。
　　2）仕上表・リストと図面の整合
　　　　　：特記仕様書と同じく「先に書く」ことが重要だが、詳細検討の結果を文字情報（仕上表・リスト）に戻すプロセスのための作業時間を確保したい。
　　3）建具表の建具数量
　　　　　：見積質疑で多く顕在化する不整合項目だが、ほとんどが単純なカウントミスであり、地道な作業で防ぐことができる。CAD の建具キープラン・自動カウント機能も活用したい。

2. 適正な設計期間の確保

　次章で述べる「適正な設計期間」の確保が大前提となる。今回、設計期間と見積質疑数との相関関係に関する調査はできなかったが、検討部会での意見交換では「設計期間」に帰結するという声が多くを占めた。特に、図面作成と調整作業に注力するべき「実施設計期間」に、発注者からの追加・変更要望を"無条件に受け付けない"ことを提言としたい。

3. 質疑回答内容の設計図書への織り込み

　1）不整合（C）、不要・誤記（D）の織り込み
　　質疑区分 A ～ E のうち、C「不整合」、D「不要・誤記」計 30% の設計図書への織り込み（修正作業）の実行を提言したい。これらは明らかな「設計図書の間違い」であり、施工プロセスへ、その間違いを持ち越さない（施工段階での不整合要因を無くす）取り組みであることを再確認しておきたい。特に以下の 7 つの不整合の修正は必須である

　　　（1）法令上間違っている部分
　　　（2）性能設定が食い違っているもの
　　　（3）特記仕様書よりも、別図内容を採用している例
　　　（4）明らかに数値を間違えている部分
　　　（5）意匠図と構造図が食い違っていて、意匠図を正とするもの（ピット部分等）
　　　（6）一覧表（リスト）よりも、図面を正とするようなもの
　　　（7）工事区分で食い違っているもの

　2）追加資料・指示（A）、読み替え（B）の織り込み
　　質疑区分 A「追加資料・指示」、B「読み替え」は前述のように、質疑応答数の 65% に上る。これらの多くは、質疑応答の際に「追加資料」として図面化されており、それらが工事請負契約の際に設計図書に織り込まれていることを発注者・施工者の双方で確認するようにしたい。
　　一方で、質疑回答が「簡単なスケッチや文字情報」だけに留まっている場合も散見される。短期間での質疑応答であることから、整合調整が不足している可能性もある。設計期間不足の結果であることも多く、これらの図面化には一定の時間と費用が必要となる場合も多い。よりスムーズで間違いのないプロジェクト遂行のために、是非、発注者の理解を得るようにし、設計契約の条件に盛り込むようにしたい。

　設計図書は「質問回答書＋現場説明書＋特記仕様書＋図面＋標準仕様書」とで構成され、公共建築も民間建築も用語の違いはあるが、同じ構成である。

公共建築：設計図書　＝質問回答書＋現場説明書＋特記仕様書＋図面＋標準仕様書

民間建築：設計図書等＝質問回答書＋現場説明書＋特記仕様書＋設計図面＋共通仕様書

　整合課題を残したままの図面であっても質問回答書があれば「設計図書としては成立している」という意見もあったが、施工者に「正誤表付き設計図面」で施工準備を始めさせることが、施工段階以降に顕在化する「図面の不整合」に繋がりかねないことを発注者・設計者は是非再認識して欲しい。

コラム

● 積算協会アンケートから～全国 130 の組織からの生の声（積算事務所、建設会社、設計事務所）

7 割の組織は質疑応答を負担に感じている。

公益社団法人　日本建築積算協会東海北陸支部では、2018 年 12 月から翌年 1 月に掛けて、傘下各支部に対してアンケートを実施した。全国 130 組織への問いかけであり、内訳は、積算事務所が 51、建設会社が 46、設計事務所が 31 である（未回答 2）。

質疑応答について、積算事務所の 82%、建設会社の 75%、設計事務所の 47% が「負担になっている」と回答している。

下のコメントは、積算協会アンケートに寄せられた「生の声」である。

是非、このような声を受け止めて、改善に取り組みたい（巻末資料 3. 参照）。

　A（積算事務所）「近年、図面の不整合や詳細不明な内容が増えており、質疑応答の質問数、対応時間が増加しております。また、質問回答時に追加図面や変更図面が添付される事も多くなり、見積期間の切迫に繋がっています。」

　B（設計事務所）「図面の不整合が大きいとは思うが、たまに、それぐらい・・・と思う質問もある。積算に必要な内容が事前に分かると助かる。」

　C（建 設 会 社）「図出から見積提出まで期間があれば良いけれど、ほとんどの場合、質疑回答後に内訳を修正し、業者への変更見積の徴収、単価修正の時間が短かすぎ、見積精度が下がる。」

● 公開数量

公共建築では、発注部署が「数量積算業務」を行い、その作業で設定された「数量書」を応札者に提供し「入札」が行われる。共通のプラットフォームとして、公共建築の「標準仕様書、積算基準、標準歩掛り、標準詳細図集、等」が連動していることが前提だが、近年、しくみの改善として「公正な契約を適正な請負代金額によって信義に従って誠実に履行する」という改正品確法（公共工事の品質確保の促進に関する法律の一部を改正する法律（令和 1（2019）年 6 月 14 日）も施行された。

しかし、数量書は「参考資料」であり、契約後の運用にばらつきも見られる。国土交通省官庁営繕工事及び一部の地方公共団体で実施されている「入札時積算数量書活用方式」は、請負契約後の積算数量に対する疑義の扱いを柔軟に協議できる仕組みであり、民間案件への援用も含めて、今後の建築生産の改善につながることが期待されている。

3.2.5　施工段階　「図面検討～総合図～施工図・製作図」

1．総合図～施工図・製作図の作成

　施工準備段階における図面作成の流れを以下のように規定する。これは「総合図」を作成して関係者の合意を得ながら進めるプロセスであり、この方法が定着した組織も多く見られるようになった。

　1）設計図書の受領、図面確認・検討
　2）総合図元図の作成
　3）プロット図（重合せ図）の作成
　4）総合図の作成
　5）施工図・製作図の作成

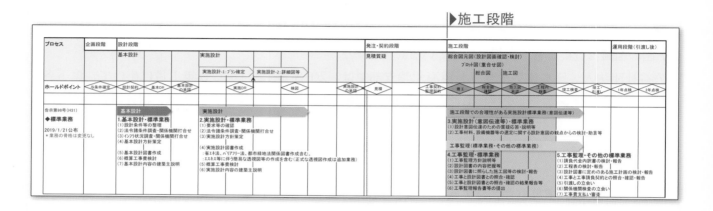

　これらの流れの中で、各関係者の合意・承諾を得て、部材調達・施工を行うことになる。このプロセスの中で今回、多くの整合課題事例の発生が確認できた（P8 参照）。

整合課題事例

天井内設備配管と耐震天井補強材（ブレース等）の干渉事例

　東日本大震災（2011 年）を契機に強化された「天井の耐震化」により、天井内に配される補強材（ブレース等）の量が相当に増えた。この補強材は均等に配される必要があるため、天井内を通る「設備幹線（ダクト、電気ラック、配管、等）」と干渉する例も増え、納まり調整に苦慮する場面も増加している。

　基本的納まりは設計段階での調整が前提だが、設備サブコン参画後に、部材寸法や施工性を含めた詳細調整を「総合図」に基づいて実施することが合理的といえる部位でもある。

　発注者・設計者・施工者等、関係者全体の合意形成ツールとして総合図が有効に機能することは「総合図作成ガイドライン（公益社団法人　日本建築士会連合会　2017 年 7 月発行。P59　コラム参照）に詳しく解説されており、作成主体は「施工者」と規定しているが、案件の特性や規模による違いもあり、作成範囲や物量は大きく変わることも多く、施工準備段階で費用負担を含めたトラブルになる例もある。設計者は、総合図作成を求める場合、特記仕様書等でその作成範囲等を具体的に示しておくようにしたい。

　総合図作成準備にあたり、施工者は上記 1）のように、図面の確認・検討を行うが、その際施工者として「欲しい図面」が設計図書に含まれていない例も多く見られる。次頁にて、各プロセスでどのような図面が必要となるのかを中心に課題と注意点を概説する。

| 整合課題事例 | 耐震ブレースとダクトの干渉 | 事例-54 |

『天井内設備配管が多く、耐震天井補強材を設置できず』

ダメージレベル●●●
顕在化レベル B

用途・構造・規模 ：事務所ビル・S造

設計段階			施工段階							運用段階	
① 基本DR	② 実施DR	③ 検図	④ 見積質疑	⑤ 図面確認	⑥ 重合せ図	⑦ 総合図	⑧ 施工図	⑨ 工程検査	⑩ 竣工検査	⑪ 1年点検	⑫ 2年点検
発生時期	A			B				C			

1 発生事象

・エントランスホールの天井高の高い天井計画にて、意匠・構造図に耐震天井が設定されていたが、総合図検討の際、耐震フレームと設備ダクト・電気ラック・配管等の幹線経路と干渉し、納まらないことが分かった。

2 個別の具体的措置

・設備・電気の幹線経路を見直し、可能な部分に耐震フレームの部材サイズを見直した上で再配置することとした。

3 原因・所見

・意匠・構造担当者が耐震天井を計画した際、設備配管のことを考慮していなかった（意匠・構造担当者と設備担当者との調整不足）。

4 再発防止策

・基本設計段階で断面図の中に設備主要ルートを配置・確認し、実施設計段階で図面化する。
・設計者は、エントランス等、天井形状や内部の構造が複雑な場合は、天井ふところ内の平面図を作成して、他の平面図と同様に ASEM 整合を検討する。
・施工者は、下地と設備の取合い微調整を総合図で行う。

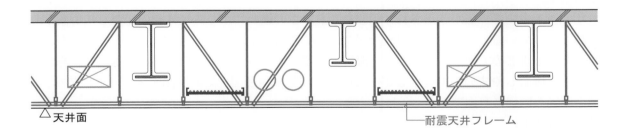

△ 天井面　　　　　　　　　　　└ 耐震天井フレーム

※エントランスホールの高天井例

ダメージレベル 80/80点	影 響 度		発生頻度		顕在化レベル	
	16点	極めて重大な影響	5点	高い頻度で発生	C	極めて気づきにくい
	8点	重大な影響	3点	ときどき発生	B	見過ごしがち
	1点	軽微な影響	1点	稀に発生	A	容易に気が付く

1)　施工者として「欲しい図面」～図面確認・検討

　日本建築士会連合会では、総合図作成ガイドラインをまとめるにあたり、総合図を作成するために必要な図面や、設計者からもらえないことが多い図面に関しての意識調査をアンケート形式で実施した（2014 年 9 月～ 12 月。全国 47 都道府県・建築士会所属の施工者からの回答。右頁参照）。
　　・施工会社　　：47 士会中 41 士会（87%）に所属する施工会社 114 社から回答
　　・施工担当者：47 士会中 35 士会（74%）に所属する施工担当者 107 人から回答

　この調査結果をもとに、施工者が施工検討のために必要であると考える図面、または、検討するうえで欲しい図面として代表的なものを 6 つ上げた。

①　各階平面詳細図（家具・什器・機器等のレイアウト）
　変更などが多く設計者として示しづらい図面だが、施工者にとっては照明配置、LAN、コンセントなどを配置するための基本情報であり、設計者の意図を確認するのに最も有用な情報である。天井伏図作成のための重要な資料ともなる。

②　各所展開図
　全ての部屋の展開図を作成する必要はないが、壁付の造作家具、腰見切り、壁の途中で仕上げが変わるような部屋などでは展開図がないと設計者の意図が伝わりにくいことになるので、施工者から「欲しい図面」として上がってきている。

③　部分詳細図
　設計者から提示される部位と、施工者が欲しいと考える部位との乖離が起きているのではないかと思われる。施工者にとって有効な詳細図の例を以下にあげる。
　・乾式外装の下地図（メンバー、ピッチ、構成等）
　・意匠性の高い庇の詳細図（軒樋の納まり、軒天井の仕様等）
　・窓廻りの納まり詳細図（ブラインドボックス、CW、ペリメーター・カバー等の関係図）
　・手すり詳細図（特に片持ち強化ガラス手すり等）
　・ホールなどの天井鉄骨地下
　・スライディングウォールの天井内の吊り下地
　・造付け家具、収納の詳細図（扉納まり等）

④　断熱範囲図
　近年、省エネルギー法が改正され、範囲や断熱厚さの違いにより内装寸法の見直しにも繋がり、重要度が高くなっている。通常、複数の矩計図などで断熱の施工箇所が指定されることも多いが、平面図等に対象範囲をまとめて明示するほうが、設計上の整理ができ、積算上の見落としも減り、総合図作成時の整合性も確認しやすいので有用な手法といえる。防水範囲図・防火区画図・ピットの防水 / 防食図・壁種別図等も同様に有用である。

⑤　天井下地詳細図
　天井脱落対策に係る告示が、2014 年 4 月に施行され、本調査がこの告示後に行われたことから、特に注目されていた一方で、調査時には設計図書に反映されていなかったものと思われる。

⑥　擁壁などの構造図
　擁壁は、建物本体ではなく外構の一部であり、設計図書作成では後回しになり図面化が間に合わない等の理由もあると思われる。しかし、擁壁の場所によっては工事当初に構築することもあり、設計者は図面作成の優先度を上げるようにしたい。

■アンケート回答（抜粋）

No	図面名	必要な図面だと思う		未受領が多いと思う	
		会社回答	担当回答	会社回答	担当回答
①	各階平面詳細図	75%	82%	14%	12%
②	各所展開図	74%	76%	15%	14%
③	部分詳細図	68%	75%	16%	14%
④	断熱範囲図	未調査	未調査	24%	19%
⑤	天井下地詳細図	-	-	23%	23%
⑥	擁壁等の構造図	-	-	7%	13%

・「会社」：各施工会社の管理部門からの回答
・「担当」：各施工会社の現場等にいる担当者からの回答

2）総合図元図

　設計者が提供する設計図書を基に施工者が最初に作成する図面である。総合図のベースとなる図面であり、設計図書の平面詳細図、天井伏図等を基に作成し、次のプロット図を作成するために必要な基本情報として作成する。この時点で、意匠図と構造図での不整合が確認されることも多い。

　総合図を作成するプロセスでは、構造体に関係する部分を先行して決めていく必要があり、平面計画や構造体に対する影響度に応じて、優先順位と決定時期を関係者で共有して進めていく必要がある。

3）プロット図（重合せ図）

　各室の床・壁・天井に設置される設備機器・電気機器等を、「総合図元図」の上にシンボル等でプロットしたものであり、発注者が建物の使い勝手を確認する上で重要な図面である。配される主な機器は下記の様なものがあり、それらは告示第 98 号の実施設計「成果図書」に記載されるべき情報である。
　　・床＝コンセント、床下点検口 等
　　・壁＝コンセント、スイッチ、TV アウトレット、コントローラー、モニター、排煙オペレーター 等
　　・天井＝空調機・吹出口、換気扇（給排）、照明、感知器・スプリンクラー、ITV、天井点検口 等

　機械設備図、電気設備図に各々記載された機器は、相互関係に注意しながらレイアウトされるはずの情報だが、実作業では機械設備担当者と電気設備担当者それぞれで作図しており、重ねてみると同じ場所に配置されている例も多い。また、スイッチやコントローラー等は、扉の位置や開き勝手との関係にも配慮する必要があり、天井機器は天井材の割り付けや法規制との調整も求められる。

　こうしたプロット図の作成に入る前に、枠廻りなど、配置される機器が多い場所などでは、「基準施工図」（下図）を作って基本的な考え方を関係者間で共有しておくと、決定作業も早くなり、同様の機器配置等がある場所ごとでの不整合が防止でき、手戻りが減ることで作図作業も効率化される。

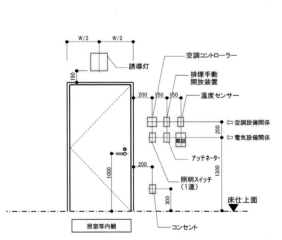
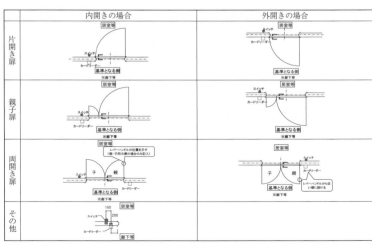

基準施工図の例（総合図作成ガイドライン P30、31）

4）総合図

　天井内などに設備を納めていく検討が行われるが、物理的に納めるだけではなく、日常的なメンテナンス性や将来の更新性を考慮しておくことが求められる。東日本大震災以降、厳格になった耐震天井のための補強部材が天井内の大きな範囲を占め、設備機器との固定方法（またはクリアランス確保）も複雑になっているので注意を要する。

　発注者の合意を得た「プロット図」に基づき、床下・壁内（DS、PS、EPS 含む）・天井内の設備を「納める」作業が行われるが、施工者（建築、設備他）が主体となり納まり上の検討等を行い、設計者・監理者の確認を受けながらまとめる。総合図に記入すべき項目例を「総合図作成ガイドライン」より抜粋して下表に示す。

総合図に記入すべき項目　（総合図作成ガイドライン P26・抜粋）

	天井	床	壁
	総合図・平面図・天井伏図・展開図（抜粋）		
建築	点検口 ブラインドボックス カーテンボックス 防煙垂壁、他	点検口・マンホール 排水口 排水溝・フロアピット グリーストラップ、他	防火防煙区画 防火上必要な間仕切壁 延焼の恐れのある範囲 各種建具、他
電気	点検口 誘導灯 照明器具、他	床コンセント 床ボックス たて幹線、他	コンセント 情報コンセント スイッチ（点滅区分）、他
空調	点検口 吹出口・吸込口 排煙口、他	パッケージエアコン ファンコイル たて管、他	吹出口・吸込口 換気扇 排煙口操作器、他
衛生	点検口 スプリンクラーヘッド 不燃性ガスヘッド、他	便器等衛生陶器 バルブ たて管、他	衛生器具・鏡 水栓・混合栓 消火栓、他

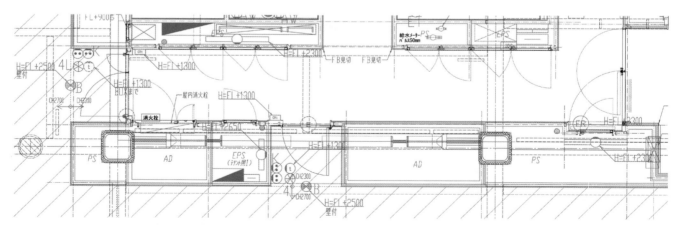

事務所ビル廊下床・壁総合図例（総合図作成ガイドライン P39）

5）施工図・製作図

　合意された"総合図"に基づき、順次「施工図・製作図」が作られて行くが、施工者は多くの「施工図・製作図」を作成し、チェックした上で工事監理者に提出して、更なるチェックバックを受け修正した施工図・製作図を実際の施工に使用する。

　この時、注意が必要なのは別途工事業者である。別途工事業者との情報共有は、決定時期の遅れ、コミュニケーション不足から、手戻りや作業の不整合が生じることも多く見受けられる。こうしたことを避けるためにも、別途工事を含めた総合図に基づき、施工図・製作図を作成し共有し、お互いの作業区分の思い違い等による不整合を防止するよう務めたい。

コラム

●「総合図（総合図元図、プロット図）、施工図・製作図」 "総合図作成ガイドライン"

「総合図」の有効性と、具体的な作成手順をまとめ、公益社団法人　日本建築士会連合会から 2017 年 7 月に発行された。

2018 年 3 月に国土交通省　大臣官房官庁営繕部において公表された「営繕工事の生産性向上に向けた施工段階の関係者間調整の円滑化」に、実施事項として "納まり等の調整の効率化" が示されたが、取組の促進ツールとして「BIM 活用促進」とともに「総合図作成ガイドライン」の参照が記載された。納まり等の調整用図面を作成する場合、是非活用して欲しい。

また同書に、総合図（総合図元図、プロット図）と施工図・製作図について下記のように整理されていることも併せて確認願いたい。

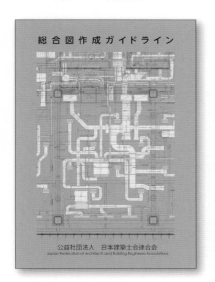

総合図作成ガイドライン

総合図　　　　：意匠・構造・設備情報を総合的に表現し、関係者間の調整と合意形成を図るためのツール。設計図を元に作られた「総合図元図」に、設備機器等を配した「プロット図」を重ね合わせて作成する。

施工図・製作図：設計図書を元に、施工可能な詳細情報を織り込んだ図面を示す。サブコンやメーカー等により作成され、工事監理者の確認を経て、実際の施工に使用される。

2.　重要だが「整合課題」の多い部位

　2章で、整合課題事例が多く見られた部位として「地下・ピット」を上げたが、着工後早期に部材発注が必要となることから、施工者は非常に"重要な部位"であると捉えている。2.1.2（P9）でも述べたように、この部位に図面不整合があると、案件規模によっては工事工程に致命的な影響を与える可能性もある。

　また、施工時期としては後半となるが、屋上設備スペースも重要部位である。これは、設備サブコン参画後の機器決定に伴うレイアウト変更や納まり調整が生じがちであることに加え、発注者や施設管理者から、メンテナンスのし易さに基づく変更要求が出易い部位であることによる。
　以下、具体的に見て行きたい。

1）施工準備段階の一番最初に"ASEM整合確認チェック"が必要となる図面＝「ピット図」

　施工者は、受け取った「設計図書」を元に施工計画を立案し、各種施工図に置き換えて行く作業を進めて行くが、設備サブコン未定の場合など、作業所の検討体制が整わないこともある段階で、最初にASEMの整合確認が必要となる部位が「ピット」である。スケジュール的に急がれる部位であるにも関わらず、設計図書としての調整不足など、不整合事例も多い。

整合課題事例

ピット内釜場位置・排水勾配の整合不備
　右の事例は、意匠図と構造図との不整合事例である。
　この事例は総合図確認の段階で顕在化し、解決されたが、このプロセスが踏まれないまま施工が進んだ場合、大きな手戻りに繋がった可能性がある。
　基本事項での整合確認（釜場の有無やピット種別等）は設計段階でなされるべきプロセスだが、地下躯体やピットの構築は、施工のタイミングからも時間的余裕がなく、工事費を左右する要素も多いため、施工者にとっては「施工準備段階」での優先確認部位のひとつである。
　工事工程としては「基礎・杭工事」が先行するが、ASEMの整合確認が重要であり、かつ、将来の施設管理（設備メンテナンス等を含む）の容易性・ランニングコストにも関わる「ピット」は、設計段階での検討はもちろんであるが、施工準備段階で十分確認・検討すべき部位といえる。

その他の事例
　ピットから建物外への排水管が地中梁の貫通可能範囲に納まらなかった事例である（事例−80）。
　排水管勾配を踏まえた設計検討に不備があり、外構に大型桝を設置することになった。

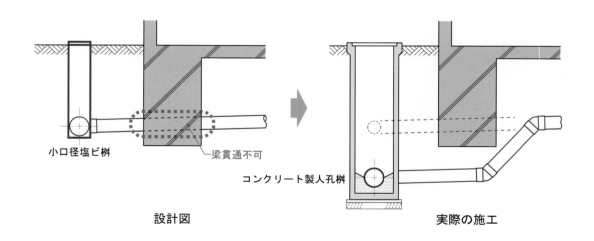

設計図　　　　　　　　　実際の施工

60

| 整合課題事例 | ピット釜場設置の不整合 | 事例-79 |

『ピット内の釜場位置と排水勾配が意匠・構造図間で不整合』

ダメージレベル ●●●
顕在化レベル B

用途・構造・規模 ：商業ビル・S 造

設計段階			施工段階				運用段階				
①	②	③	④	⑤	⑥	⑦	⑧	⑨	⑩	⑪	⑫
基本 DR	実施 DR	検図	見積質疑	図面確認	重合せ図	総合図	施工図	工程検査	竣工検査	1 年点検	2 年点検
発生時期	A			B				C			

1 発生事象

・意匠図に記載されていた釜場が構造図には無く、総合図確認の際に顕在化した。積算は、構造図に基づいて行われたため、床の勾配及び釜場設置のための根切り対応等が織り込まれていなかったためコスト増となった。

2 個別の具体的措置

・確認の結果、意匠図通りの施工が必要となり、釜場の補強配筋の増、根切り底形状の変更に伴う排出土量増等を伴う施工となった。

3 原因・所見

・設計段階の整合確認洩れ。
・ピットの釜場は安易にとられやすいが、設計者が想像する以上に掘削土やコンクリート量が多く、手間もコストも大きくかかる部位である。検図の段階で確実に整合確認をしておく必要がある。

4 再発防止策

・ピットや屋上は意匠担当者にとって優先順位は低くなりがちだが、工期やコストに大きく影響を与える部位であり、特にピットは着工後速やかな準備が必要な部位であることを認識し、必要事項を確実に織りこみ整合を取る。
・施工者は、見積の段階で意匠図と構造図の不整合について質疑を上げ、問題を早期に顕在化させ、解決にあたるよう取り組みたい。

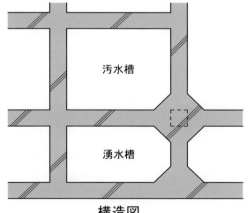

構造図

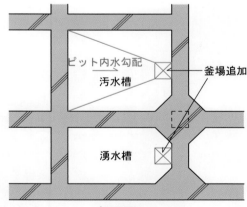

意匠図

ダメージレベル **40**/80 点	影響度		発生頻度		顕在化レベル	
	16 点	極めて重大な影響	5 点	高い頻度で発生	C	極めて気づきにくい
	8 点	重大な影響	3 点	ときどき発生	B	見過ごしがち
	1 点	軽微な影響	1 点	稀に発生	A	容易に気が付く

2）"動く"ことをイメージし、より高度な ASEM の立体的調整を求められる部位＝「免震ピット」

　　一般的な「基礎・ピット」とは異なり、「免震ピット」では、各部が"動く"ことを念頭に置いた ASME 調整が必要となる。基本構成は設計段階で十分詰めておく必要があるが、建物自体が 40 ～ 50cm 動いた際も、下部構造部（非免震側）と上部構造（免震側）とが衝突してはならない上に、設備幹線や電気幹線が問題なく動けるための余長と屈曲限界とを押えておくことが必須事項となる部位である。

　　従来、免震構造は「一部の特殊な建物」で採用される特殊な技術であったが、阪神大震災（1995 年）、東日本大震災（2011 年）を経て、採用される事例は大きく広がった。加えて、既存の建物を免震化する「レトロフィット」事例も増えており、現在では"汎用化"されつつある技術となっている。そのような状況下、以下のような整合課題事例が顕在化している。

その他の事例

[免震ピットのクリアランス等]
　① 竪樋が可動範囲に降りて来た例（巻末：事例－82）
　② 電気幹線の貫通部が可動範囲に突き出した例
　③ 建物が変移すると電気主要幹線の屈曲限界を超えてしまうことが分かった例
　④ 将来の免震装置交換動線が一部、困難であることが分かった例

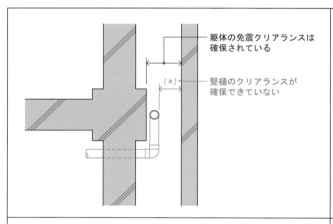

①竪樋との干渉

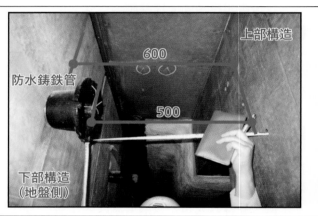

②防水鋳鉄管との干渉

③電気幹線ケーブル屈曲限界超過

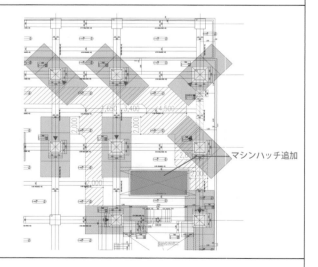

④免震装置交換動線の不備

　なお、免震建物に求められる「クリアランス」については、誤解されがちな複数の定義がある。4.4 用語の課題（P112）に紹介しているので、そちらも参照願いたい。

💡 **解決のヒント　「基礎・ピット」に関わるいくつかの注意ポイント**

　ピットに関わる注意ポイントは多岐に亘る。そこで、「基礎」に関わる部分を加えて、設計時、施工時の見落としやすい「注意ポイント」を下表に挙げる。

	項目	注意ポイント
①	ピット構造	捨てコンピットか、耐圧盤ピットか：施工手順が全く異なる
②	ピット用途	排水勾配の要否、通気管・連通管・人通口：水槽用途との不整合が多い
		マンホール仕様（気密性、施錠、等）：上部の使い勝手に注意
		防水仕様：ピット用途に適した仕様を選定する
③	ピット容量	排水勾配を織り込んだ容量確認：有効寸法での確認が必須（上部空き）
④	釜場	サイズ、ポンプ常設要否、タラップ位置との関係：設備図との不整合が多い
⑤	基礎梁・外周壁	断熱要否、排水溝
⑥	基礎梁スリーブ	位置、箇所数、径、開口制限・補強仕様　※電気・給排水の混在に注意

コラム

● **図面作成に関わる、設計段階と施工段階との意識ギャップを埋める**

一般的な事務所ビルの建設の下階から上階に向かって作られて行く手順に沿って、施工者の優先意識は施工工程に則る流れとなる（下表右）。一方、設計段階では貸室である「基準階」の決定を優先するため、設計者の意識は基準階に向かい（下表左）、優先意識のギャップが生じる。
同様に、図面作成に関わる意識ギャップは主要部位毎にあり、"（1）基礎・ピット"は、施工準備段階で最も急ぐものであるが、設計段階では最も「後回し」にされてしまいがちな部位であり、設計者の意識も低い。

意識の低さ ➡ 検討の遅れ ➡ 整合不足

一方、屋上スペースは庭園利用等がなければ通常、建物として直接「収益を上げるスペースではない」ため、発注者としても検討の優先度が下がる部位である。それに合わせて、設計者（特に意匠担当）の検討優先度も低下しがちとなる。但し、施工段階の後半であるため時間的余裕はある。後述する様に設備サブコンによる設備機器の確定や施工調整、完成後のメンテナンスにも関わるため、落ち着いて整理するようにしたい。

3）「屋上設備スペース」　〜設備機器決定や、メンテナンス性から見た見直しが常にある部位

　設計者・施工者共「後回し」にしがちな部位が「屋上設備スペース」である。地下ピットと異なり、工事工程としても終盤に当たり、また、設備機器等のメーカー・製品決定がされないと詳細寸法が決定しないことから後回しになることが多い。そのため、設計段階では基本構成の決定に留め、納まり詳細検討は「施工準備段階で行った方が合理的」な部位であるとも言える。加えて、メンテナンス性から見ても多くの要素を含み、プロジェクトの後半から参画する事が多い「メンテナンス・チーム」からの調整・変更要望を受ける部位でもある。

> **整合課題事例**

　右頁は、屋上設備の総合図調整をする過程で顕在化した整合課題事例である。具体的措置としては「比較的容易に」対応できた例であるが、同様な調整作業は多くの案件で起こっており、屋上に設備を置く建築ではほぼ例外なく直面する課題である。

💡 解決のヒント　竣工検査時の指摘事例を学ぶ

　施工の終盤に当たる屋上設備スペースでは、竣工検査の際に顕在化する課題が多くみられる。具体的な指摘例は下記の通りであるが各々対応策が協議され、安全措置が施された。

① 機器点検時に架台設置＝転落懸念

② 機器前面に電気幹線＝転落懸念

③ 鋼製床に開口＝踏み外し懸念

　個々の対応は比較的容易な部類であり、一つひとつのダメージレベルは小さいが、工期の終盤であり、手配上の問題や費用負担についてトラブルとなる例も多い。施工準備の早い段階で課題の共有を図り、総合図確認段階で整合を図るよう努めたい。

コラム

● より良いメンテナンスのための設計・施工 10 の原則

公益社団法人　ロングライフビル推進協会（BELCA）から「より良いメンテナンスのための設計・施工10 の原則」が発行されているので参照して欲しい。
＊ 2007 年 9 月初版発行。2016 年 9 月「改訂版」発行
この中に挙げられた「10 の原則」の筆頭は「できるだけ早期に維持管理会社を参画させよう」である。
日常的な維持管理の現場で発生している 278 件の不具合事例を元にまとめられた資料として有用性が高い。

1. できるだけ早期に維持管理会社を参画させよう。
2. 維持管理計画に沿ったスペースの確保を検討しよう。
3. 点検、整備のメンテナンス性に配慮しよう。
4. ライフサイクルコストを踏まえた建築・設備設計を心がけよう。
5. 意匠とメンテナンス性は同等に検討しよう。
6. 貸方基準と設計内容を一致させよう。
7. 利用者の安全に対する配慮を第一に考えよう。
8. 水害・漏水の可能性を検証しよう。
9. 災害（地震・風水害等）・防犯への対応レベル・操作性について検証しよう。
10. 検収、取扱説明、コミッショニングを適正に実施しよう。

| 整合課題事例 | 雨水ドレンのメンテナンスルート不備 | 事例－30 |

『ルーフドレンのメンテナンスが出来ない点検歩廊』

ダメージレベル●
顕在化レベル B

用途・構造・規模　：事務所ビル・S 造

設計段階				施工段階						運用段階	
①基本 DR	②実施 DR	③検図	④見積質疑	⑤図面確認	⑥重合せ図	⑦総合図	⑧施工図	⑨工程検査	⑩竣工検査	⑪1 年点検	⑫2 年点検
発生時期	A				B				C		

1　発生事象

・総合図確認の際に、点検に行きづらいルーフドレンがあることが判明した。設備点検歩廊（鋼製床）が屋上を広範囲に覆っており、ダクトが設置されると、ドレンに近づくことができない。

2　個別の具体的措置

・点検歩廊床面に、ルーフドレン専用の点検口を追加設置した。

3　原因・所見

・建築と設備との総合調整洩れ。中小規模事務所等の屋上は、多くの設備機器を狭い範囲に配するために鋼製床で重層活用される例も多く、立体的な検討・調整が洩れがちとなる。

4　再発防止策

・設計段階では、主要設備のレイアウト＋設備基礎（大梁・小梁位置との調整）、ダクト・配管・配線ルート設定、主要メンテナンスルートの設定を行う。
・施工者は、総合図や製作図段階で、床材の割付などの検討をもとにメンテナンスの必要な部分を抽出し、点検口の位置などを詳細に調整するようにしたい。

設備点検歩廊下部にルーフドレンあり	ダクトが設置されると、ルーフドレンに近づけなくなる。	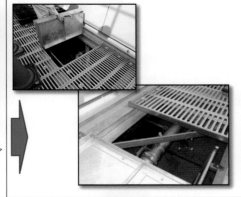
建築工事後	設備配置後	対応：ルーフドレン専用点検口設置

ダメージレベル 5/80 点	影響度		発生頻度		顕在化レベル	
	16 点	極めて重大な影響	5 点	高い頻度で発生	C	極めて気づきにくい
	8 点	重大な影響	3 点	ときどき発生	B	見過ごしがち
	1 点	軽微な影響	1 点	稀に発生	A	容易に気が付く

■ 提言

1. 施工者として欲しい図面の共有

　設計者としては断熱範囲図や防水範囲図を作成しなくても、仕上表や矩計図に記載すれば「積算できる」と考えがちである。一方、施工者としては積算だけでなく、施工準備段階で総合図をまとめ、施工図・製作図を作成するためには、仕上表に記載された仕様がどこまで適用されるかの確認ができる図面が必要となる。その認識のギャップを埋めるためにも、是非下表を参照して図面の作成に取り組んで欲しい（P56、57 参照）。

　なお、下表④のような「一覧性のある図面」の作成は、設計者にとっても設計意図の整理や、思い違いを無くすという利点も得られるはずである。

	図面	告示第 98 号 成果図書	施工者として欲しい内容
①	各階平面詳細図	○	プロット図確認のために、家具・什器の配置があることが望ましい。
②	各所展開図	○	スイッチ類との干渉有無確認のため、壁面設置の家具配置の記載が欲しい。
③	部分詳細図	○	取付下地の検討ができる詳細図。
④	断熱範囲図、等	―	断熱範囲図、防水範囲図、ピット防水一覧表、壁種別図（防火仕様等含む）、ガラス厚案内図等、一覧性のある図面作成が望ましい。
⑤	天井下地詳細図	―	耐震部材の仕様（金物、ブレース等）と、基本レイアウト。
⑥	擁壁等の構造図	―	敷地境界廻りの納まりや、近隣対応の要否検討用、等。

2. 総合図の作成〜関係者の合意形成

　総合図を作成することは、不整合をなくすための必要なプロセスであり、上下階での PS のずれや必要な機能の図面間での記載有無といった比較的大きな不整合から、施工段階でないとわかりにくい梁下の照明器具の納まりや、点検口の開閉方向、竣工後のメンテナンス作業への不整合といったことも防止でき、設計から施工をつなぐツールとして総合図を活用することにより、次の施工図・製作図の作成もスムーズになる。

　総合図は関係者の合意形成のための有効なツールであり、運用段階でのメンテナンスにも活用できる。是非、積極的に作成することを具体化したい。

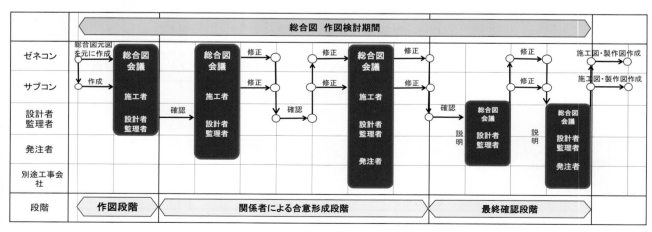

関係者の合意形成までの流れ（総合図作成ガイドライン P21）

3.「もの決め工程表」を活用した取り組み

　ピット検討をはじめ、ASEM各分野が絡む総合図・施工図は膨大な数になるが、いつ、何を準備するかは工程管理上、非常に重要なポイントとなる。

　施工準備段階の初期に施工者は「総合図・施工図リスト」を作成し、工事監理者に提出する。そこには"作成スケジュール""提出スケジュール""承諾スケジュール"等が記載されるが、工事工程との関係を直観点に認識することは簡単ではない。

　そこで活用されるのが「もの決め工程表」である（建設会社によって呼称は異なり、「工務工程表」あるいは「プロモーション・テーブル」と呼ばれることもある）。もの決め工程表は、工事工程と施工図作成スケジュール（総合図元図、プロット図、総合図、施工図・製作図を含む）との関係を1枚の表にまとめて"見える化"したものであり、関係者（発注者・設計者・工事監理者・施工者）の意思決定期限を共有するためのツールである。この表を利用することで、施工図承諾の進捗管理も行うことができる。総合図作成に関するもの決め工程例（下表）は「総合図作成ガイドライン（公益社団法人　日本建築士会連合会　2017年7月発行）」の第3章に概説してあるので、併せてお読みいただきたい。

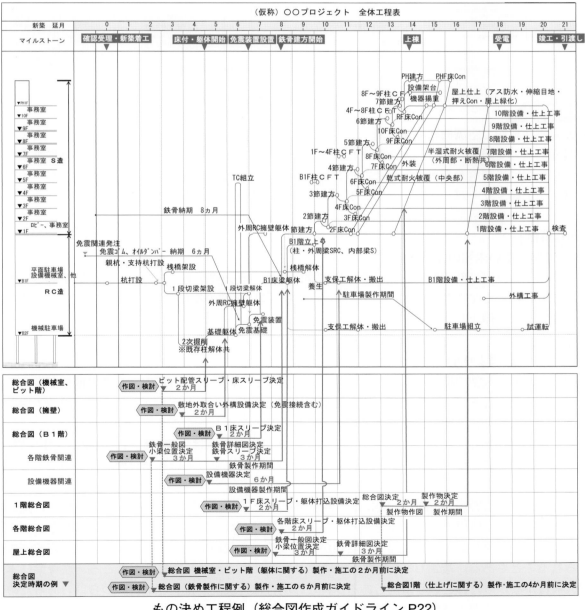

もの決め工程例（総合図作成ガイドライン P22）
※総合図作成ガイドラインでは「総合図作成スケジュールの例」と表記

3.2.6 竣工引渡し・完成図

1. 竣工引渡し

　竣工・引渡しを終え、建物は「運用段階」に移行する。その移行に際し、ここまでのプロセスで積み上げられた図面を「完成図」にまとめて発注者に渡すこととなる。従来は、竣工後 1 〜 2 ヵ月後に渡すことが通例であったが、現在、完成図は、完成建物との照合用図面として使いながら「竣工検査を行う」ことが原則とされているため、完成図の準備は施工段階から始められる必要がある。

　また、完成建物を正しく利用してもらうための「取扱い説明」の準備も早い時期からの準備が必要であり、今後のメンテナンス・修繕に向けた「保全マニュアル・長期修繕計画書」も重要度が増している。

▶竣工引渡し・完成図

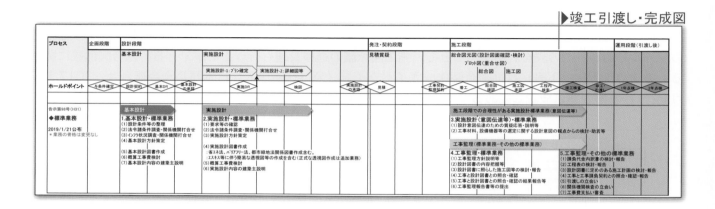

整合課題事例

送電先の完成図誤記で空調機の電源遮断

　空調設備機器の更新を、部分停電を順次行う改修工事として、完成図をもとに工事範囲外に影響がないことを確認し夜間に当該電源を遮断したところ、当該フロアとは異なる階のテナント専用サーバーの空調機が停止し室温が上昇、サーバーが停止した。テナントから営業補償を求められた。

その他の事例

[完成図に記載のない未知の配管・配線]

　改修工事で床スラブに新設配管を設けるために開口を設ける必要があったので、完成図を調べ、配管・配線がないことを確認して工事を始めた。ところが、完成図に記載のない配管・配線があり切断してしまい、建物の機能の一部が停止した。

[扉の大きさが完成図より小さかった]

　ビルのテナントが大型の機器を搬入するため、完成図をもとに検討し所定の大きさの機械が搬入できるとして工事を始めたところ、廊下の天井や搬入扉が完成図と異なり小さかった。そのため、現地で機器の分割作業を行うことになり、工期延長やコスト増を招いたとしてテナントから補償を求められた。

　完成図には記載があるのに建物にはない、あるいはその逆、または、使用材料や機器の仕様が異なる等、完成図と現況建物とに不整合がある事例は皆無ではない。場合によっては建物資産価値の減少として補償を要求される。

　「現況が正」が原則だが、設計図と異なる内容が適正な設計変更行為の結果なのかどうかや、食い違いによって建物の所有者や使用者が不利益を被った場合の補償はだれがするのかという課題は残る。さらに、これらのトラブルが収束しても、完成図への信頼がなくなると、改めて現況を調査したうえで完成図の再作成を求められることもある。竣工して 20 数年後にテナント工事で天井を撤去したところ、鉄骨梁に本来あるべき耐火被覆がなかった、という事例もあるが、この場合に「現況が正」とは言いづらい。あらためて、適正な工事履行と工事監理の必要性が認識される。

整合課題事例 完成図修正洩れによる設備誤操作 事例-84

『完成図の送電先誤記で予定外の空調機の電源が遮断された！』

ダメージレベル●●
顕在化レベル C

用途・構造・規模 ：事務所ビル・S 造

設計段階			施工段階							運用段階	
① 基本 DR	② 実施 DR	③ 検図	④ 見積質疑	⑤ 図面確認	⑥ 重合せ図	⑦ 総合図	⑧ 施工図	⑨ 工程検査	⑩ 竣工検査	⑪ 1 年点検	⑫ 2 年点検
発生時期	A				B				C		

1 発生事象

・空調の更新改修工事において、部分停電をしながらフロア毎に更新を進めていた。
・完成図に基づき、工事範囲外に影響を与えないことを確認し、夜間工事開始前に当該区域の電源を遮断し工事を行ったところ、当該フロアとは異なる階の専用サーバー室用空調機が停止し、室温が上昇しサーバーが停止してしまった。

2 個別の具体的措置

・夜間工事と異なる階での事象であり、工事担当者は異常には気が付かず、翌日テナント社員が出勤してサーバーが止まっていたことが判明し、営業補償を求められた。

3 原因・所見

・完成図作成時の修正ミス。
・電源系統図は改修時に最も活用される図面のひとつであり、誤記があった時の影響も安全性、経済的損失ともに非常に大きいので確実にチェックの上、完成図として納める必要がある。

4 再発防止策

・修正洩れ防止のためにも、施工図活用を勧めたい（P68~P75 参照）。
・完成図の作成責任は施工者にあるが、完成図納品時には十分に確認をする。
・電源系統図は追加されたものも含めて確実にフォローし完成図に織り込む。
空調の課金システムについて、共用と個別の区分の設定ミスやテナント間の区分ミスなどのトラブルも多く、長期間放置されていると金額も非常に大きくなるので併せて注意が必要である。
・設計変更があって追加された機器は分電盤の空ブレーカーの状況によっては想定外のところから配電する可能性もあるので特に注意が必要である。

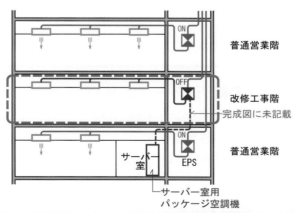

ダメージレベル **24**/80 点	影 響 度		発生頻度		顕在化レベル	
	16 点	極めて重大な影響	5 点	高い頻度で発生	C	極めて気づきにくい
	8 点	重大な影響	3 点	ときどき発生	B	見過ごしがち
	1 点	軽微な影響	1 点	稀に発生	A	容易に気が付く

2. 完成図の作成

1）完成図の作成主体は誰か：施工者が作成するのが基本

　完成図の作成者は、仕様書等に基づき施工者とするのが一般的である。設計図が専ら手書きで行われた時代は、設計図・原図を修正することが通例であった。CADが普及して以降、工事着手時に設計図のデータを施工者に貸与し、この設計図データを元に修正することも多く、設備工事の完成図は調整対象が多岐に渡るため、書き直しとなる例も多い。設備工事の各種平面図は、意匠図の平面図をベースに施工図のCADデータを重ねて作成することが一般的であるため、より多くの手間がかかる。

2）最低限必要な完成図とは何か：必要にして十分なものであること

　完成図について、共通仕様書1.7.2（a）に「工事目的物の完成時の状態を表現したもの」とされている（右頁）。完成図は工事期間中に行われた設計変更等を反映したものでなければならず、設計変更による追加工事や仕様の変更等は工事請負契約の変更にあたることを再認識する必要がある（5.3施工段階の設計変更参照）。

　完成図の目的は、竣工後の建物の維持保全のために活用できるということにある。完成図は、特記がなければ建築工事の場合、右頁に示されるように詳細図は含まれない。設備工事では、主要機械室や便所詳細図（機械工事）等が規定されているが、建築工事同様に詳細図は少ない。そのため、維持保全の情報としては不足が感じられる。

　P73に示した特記仕様書記載の完成図の種類は、共通仕様書と比較しても詳細図等の指定が多いが、多くは施工図や製作図で代用できるものといえる。設計図通りに工事を行った場合は除き、軽微な変更を含め適切な設計変更の結果、完成した建物は設計図と異なる姿や仕様となることは多い。このような場合に、設計図の修正や新規作成とすることは、完成建物と完成図との不整合を生じやすく、前述のようなトラブルを招きかねない。設計図の修正とするか施工図・製作図の利用とするかは、プロジェクトに応じて発注者を含めた工事関係者間で協議を行い合意を得て進めるようにしたい。

コラム

● テナント関連工事の完成図への織り込み〜 A 工事・B 工事・C 工事

事務所ビルや商業施設等で実施される「テナント関連工事」が、新築建物が完成するまでに行われる場合、完成図への織り込み方に注意が必要となる。

テナント関連工事は通例、下記の名称で整理されており、ここでの注意は「B 工事」である。

　　　　A 工事＝本体工事
　　　　B 工事＝テナント工事に関連して行う本体工事
　　　　C 工事＝テナント工事

C 工事「テナント発注・テナント施工」につき、通例本体工事の完成図に織り込むことはないが、B 工事内容を完成図に織り込む場合、所有区分・施工区分・管理区分等を明確に仕分けておく必要がある。部分施工や年次毎施工となる場合は、特に注意が必要となる。

参考

民間（七会）連合協定工事請負契約約款に適合した「工事共通仕様書（2020年（令和2年）版）」7節　完成図等　より抜粋・加工

【建築工事】

1.7.1 完成時の提出図書

・工事完成時の提出図書は、特記による。特記がなければ次による。
　1）完成図
　2）保全に関する資料※
・図書に目録を添付し、発注者及び監理者に提出する。

1.7.2 完成図

・完成図は、工事目的物の完成時の状態を表現したものとし、種類及び記入内容は、特記による。特記がなければ、下表による（電気設備工事、機械設備工事も同様）。

種類	記載内容
配置図及び案内図	敷地及び建築物等の面積表、屋外排水系統図、外構、植栽
各階平面図	室名、室面積、耐震壁
各立面図	外壁仕上げ
断面図	階高、天井高等を表示し、2面以上作成
仕上表	屋外、屋内の仕上げ

【電気設備工事】

種類	記載内容
各階配線図	電灯、動力、電熱、雷保護、発電（太陽光）構内情報通信網、構内交換、情報表示、映像・音響、拡声、誘導支援、テレビ共同受信、監視カメラ、駐車場管制、防犯・入退室管理、自動火災報知、中央監視制御等
機器の仕様	各種
単線接続図	分電盤、制御盤、実験盤、配電盤等
系統図	各種
平面詳細図、配置図	主要機器設置場所のもの
構内配線図	各種
主要機器一覧表	機器名称、製造者名、形式、容量又は出力、数量等
施 工 図	－

【機械設備工事】

屋外配管図
各階平面図及び図示記号
主要機械室平面図及び断面図
便所詳細図
各種系統図
主要機器一覧表（機器名称、記号、製造者名、形状、容量又は出力、数量等）
浄化槽設備、昇降機設備、機械式駐車設備及び医療ガス設備の図
施工図

※各完成図に加え「保全に関する資料（建築物等の利用に関する説明書や官公署届出書類、主要機器の一覧表等）」を"提出図書"と位置付けている。

■ 提言

1.　完成図は「施工図・製作図」を活用する＝完成図に使えるように「施工図・製作図」を作る

　完成図は従来「設計図を修正して作る」ものと捉えられて来た。これは "手描き図面時代" のなごりであり、CAD が一般化した現在では、合理性に欠ける作業とも言えそうである。

　前掲の「工事共通仕様書」の完成図の項には「完成図は、工事目的物の完成時の状態を表現したものとし、種類及び記入内容は、特記による。特記がなければ、下表による」とある。

　当ガイドブックでは「完成図は "施工図・製作図" を活用する」ことを提言したい。更に加えれば、施工図・製作図を「完成図として使えるように作る」という取り組みも提案したい。

　特記仕様書に特段の定めがなければ、設計図の直し忘れによる「完成図と完成建物との食い違い」を防ぐためにも、施工図・製作図をより積極的に活用することを是非推進したい。

　以下に、その他、完成図に関するいくつかのポイントを示すので参考にして欲しい。

① 完成図枚数を過度に増やさない。図面枚数・種類が増えると、現物との「食い違い」増につながり、建物管理に迷惑を掛ける結果になり易い。必要にして十分な情報量を持つ完成図を目指したい。

② 完成図として正式化するものと、参考資料として準備するものとに分けて整理する。建物管理や、将来改修のための技術資料として、その他の施工図・製作図を位置付けておきたい。

③ 設計変更発生時は「当初の設計図＋完成図＋設計変更手続き書類」を合わせて保管しておく。引き渡し後のトラブル防止に有用となる。

④ 完成図作成のプロセスと手続きを工事着手時に関係者で協議・合意しておく。特に、設備工事が集中する工期終盤に、設計変更を受けないように注意する。設計変更手続きが曖昧になりがちで、完成図の質はもちろん、施工品質の低下も招く例が多い。

⑤ 完成検査の照合図書は完成図であることを再認識する。

⑥ 完成図を補完するものとして、工程内検査資料（写真含む）の活用も検討する。

⑦ 存置する仮設工作物（山留め等）や既存躯体等は、施工者が作成する仮設図や調査資料を完成図に加えて、発注者に引き渡す。

2.　完成図に関する特記内容を見直す＝施工図が活用できるようにする

　今回、部会活動で収集した特記仕様書には「完成図は設計図書を完成状態に修正したもの」と記載されている例があった。同様の記載は他にも広く存在すると思われる。

　上記に述べた、より合理的な取り組みのためにも、設計者は施工図を完成図として活用できるよう、特記仕様書の見直し検討を具体化したい。また、そのような記載があった場合、施工者は、施工準備段階で「記載変更」の提案をするようにしたい。

3.　完成検査時に完成図が揃うスケジュールを組立てる

　近年、特記仕様書に「完成図は竣工時に提出すること」と記載されている例が多い。その場合、竣工検査もしくは引き渡し時に、成果品として完成図がなければ「契約不履行」となるため、契約上引渡しができないこととなり、工事費の精算・最終支払いの処理も滞る可能性が高い。民間工事の場合、従来「引渡し後○○ヵ月以内に納品する」と特記仕様書に記載されている例が多くあったが、現在ではより厳格化が求められる。

　その対応として、施工者は、工事着手初期段階で「完成図作成スケジュール」を作成し、発注者・設計者・工事監理者と協議・合意しておくようにしたい（次頁「完成図作成フロー」参照）。

　その際、完成図等作成のための配員計画も忘れないようにしておきたい。

■完成図の扱い：特記仕様書への記載事項の各社比較

	公共建築工事標準仕様書（H31)		A 社	B 社	C 社
提出時期	工事完成時		工事監理者は竣工後速やかに作成し、設計責任者の承認を得たのち2カ月以内に提出する	監理者の指示のもと、竣工時に提出すること	監理者の承認を受ける この場合は時期は監理者の指示による、確認を受けない場合は完成検査までに設計原図を使用して作成する
完成図の定義	工事目的物の完成時の状態を表現したものとし、種類及び記入内容は、特記による。特記がなければ、表1.7.1による。		工事目的物の完成時の状態を表現したもの	完成図は設計図書を完成状態に修正したもの 完成した建物に関する情報を整理記録し、建物の維持管理及び将来の改修、増改築等を行う際に基本情報として活用することを目的とする	
完成図の特記				施工中の変更点を網羅し、完成の姿を正確に表示する 実際の施工に使用した仕上材料の製造者、品名、品番、色番などのデーターは完成図仕上表の備考欄に記載する	完成図、保全に関する資料は受注者が作成する 完成検査済みの状態を記した内容
完成図				設計概要書（建物の概要、敷地及び建物等の面積表。案内図	工事概要書
	配置図及び案内図	敷地及び建築物等の面積表、屋外排水系統図、外構、植栽	標準仕様書による	標準仕様書による	標準仕様書による
	各階平面図	室名,室面積,耐震壁	標準仕様書による	標準仕様書＋防火区画、防煙区画	標準仕様書による
	各立面図	外壁仕上	標準仕様書による	標準仕様書＋打継目時、伸縮目地	標準仕様書による
	断面図	階高、天井高等を表示し、2面以上作成	標準仕様書による	標準仕様書＋標準時盤面、道路、隣地斜線	標準仕様書による
	仕上表	屋外、屋内の仕上	標準仕様書による		標準仕様書による
				特記仕様書（工事概要書を含む）	特記仕様書（構造、設備、電気と共通）
				階段詳細図、平面図詳細図、断面詳細図、展開図、各部詳細図、天井伏図、建具表、建具符号図、外構詳細図、植栽図	平面図詳細図、階段詳細図、断面図詳細図、展開図、各部詳細図、天井伏図、建具符号 図、建具表、外構図、外構詳細図、植栽図
				構造関連詳細図	伏図、軸組図、断面図、基礎伏図、各階伏図、構造詳細図、架構図、詳細図
				設備図は設計図書に準拠して作成	
				防火防煙区画図	
	施工図	構造躯体及びカーテンウォール	監理者の指示による	特記仕様書による。及び監理者の指示するもの	監理者の指示による
	施工計画書	カーテンウォール		特記仕様書による	
				検査記録（発注者、監理者、官庁）すべて	
				工事写真	
				施工報告書、試験報告等	
				会議記録等	議事録等
				タイル先付PCの製作、施工記録、試験、検査の記録、タイル補修貼りの記録	
				各種計算書（設備関連、耐震関連、耐風圧関連等）	
					総合図
図面様式	作成方法及び用紙のサイズは特記による。特記が無ければ、完成図はCADで作成し、用紙はトレーシングペーパー又は普通紙に出力する。寸法、縮尺等は設計図書に準じる。			デジタルデーター	画像データー、CADデーターはCD-R、DV D-R、BD-Rを使用
	提出は原図及びその複写図（2部）とする。		紙A1製本3部 紙A3製本3部 電子媒体DVD-R	原図A1‥‥1部 製本1 A1‥‥2部 製本2 A3‥‥2部 製本3 A1‥‥A4折込‥1部 原図のCADデーター PDFデーター	完成図A3、画像データー、確認申請PDFデーター‥‥1部（監理者へ） 完成図C AD‥‥2部（監理者へ）
	CADデーターの提出は特記による。		発注者の要求による		
	施工図、施工計画書は監督職員の承諾を受けたものを提出する。				

■完成図作成フロー　～工事初期から準備を始める

完成図の準備は工事初期から始め、工事完成前に完了させるスケジュールを具体化したい。

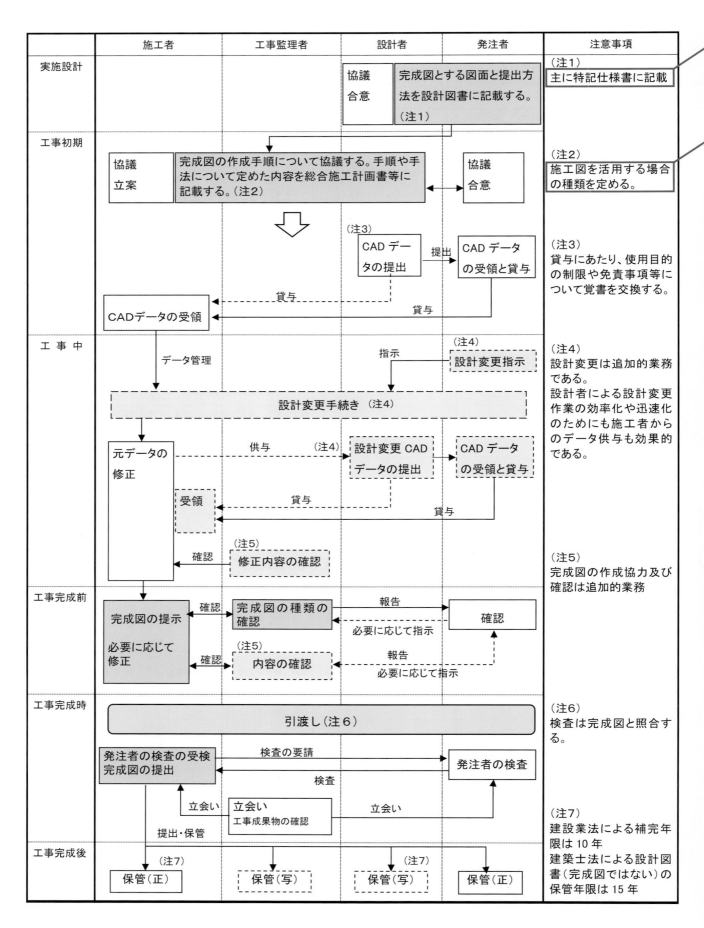

・完成図の内容の設計図書への記載

・施工図活用範囲の決定

コラム

● 取り扱い説明、保全マニュアル、長期修繕計画

（1）取扱い説明と建築物等の利用に関する説明書：正しい建物の利用のために

取扱い説明は、共通仕様書 1.7.3(2) に「保全に関する資料の作成にあたっては、発注者又は監理者と記載事項に関する協議を行い、提出時に、発注者及び監理者に内容の説明を行う」とあるが、発注者及び監理者への説明とは別に、建築物等の保全担当者及び施設入居者に、建築物等を利用する際の基本的な使用方法・注意点などを説明することが重要である。

この取扱い説明は、大規模な建物や医療施設等の場合は建物完成後複数回、数日間に渡って行われることもある。一方、メンテナンスへの影響の大きい内容については設計時点で設計者が、施工段階で顕在化した課題については工事期間中の各種会議・打合せ時に施工者が、発注者に対して十分な説明を行い、段階毎の理解と合意を得ておくことが必要である。その際、記録等のエビデンスを残すことは、無用なトラブルを回避するためにも必ず実施したい。

取扱い説明のポイントは以下の通りである。
1．特殊な操作を必要とするもの
2．特殊な手入れを必要とするもの
3．使用上、保全上特別な注意を必要とするもの
4．専門工事業者への保全管理委託を必要とするもの
5．定期的に状態や機能を点検する必要があるもの
6．経年劣化等により更新、取替えが必要なもの
7．その他、事故、早期の損耗や劣化等を避けるために必要と思われるもの

（2）取扱い説明、保全マニュアル、長期修繕計画

上記のポイントに加え、建物使用開始後のクレームの原因の一つに、設計者が意図した使い方と異なる使われ方がされている場合があるので、「建築物等の利用に関する説明書」の作成にあたっては、この点にも配慮が必要となる（『建築工事監理指針』より）。建物が正しく使用され維持されることは、良質な社会資本の蓄積のために重要である。

更に、最近では発注者が「設計意図を他者へ説明するための説明書」の作成を設計者・監理者に求める場合がある。この場合は、追加的業務として適切に報酬を確保しつつ、設計意図を関係者に正しく伝える良い機会として捉えたい。

（参考）国土交通省ホームページ
　「建築物等の利用に関する説明書作成の手引き（本編）（平成 28 年 12 月改定）」
　http://www.mlit.go.jp/common/001261070.pdf
　「建築物等の利用に関する説明書作成の手引き（防災編）（平成 28 年 12 月改定）」
　http://www.mlit.go.jp/common/001261071.pdf

第 **4** 章

建築生産に内在する整合性に影響する重要な課題

4.1 設計期間〜発注者の要求との関係

4.1.1 設計期間に起因する課題

　設計業務をプロセス通りに進めているにも関わらず、3章までで見てきたような"整合課題"が発生する原因の一つとして、「設計期間が足りない」という声がよく聞かれる。図面を揃えるのが精一杯で、ASEM相互調整や、各部検討・整合調整作業に時間が取れないという声である。

　では、設計期間はどのように決められているのか？

　一般の発注者であれば、設計者に相談して、設計期間と大まかな施工期間を設定するような流れとなるが、経験豊富な発注者や、コンストラクション・マネージャー（CM）等が参画している場合などは、その経験値に基づきスケジュール設定する場合が多い。また開発行為や環境アセスメントなど、特別な事前申請期間に左右される場合もある。

　一方、事業計画や税務・補助金等の関係により、発注者から「この時期までに完成させたい」という要求を受け、全体スケジュールから"建設工期"を差し引いた残りの期間で「設計できないか」と打診される例も多い。

　建築工事の工期については、2016年に一般社団法人 日本建設業連合会から、適正な工期での受注を目指した「建築工事適正工期算定プログラム」が公表され一定の目安が示されたが、設計期間については、一般的に認知された目安が存在しない。告示第98号では設計業務の「工数」が示されており、その工数を担当者数で割って「設計期間に置き換える」こともできそうだが、その案件に何人掛けるのかということ自体が、設計者自身の経営判断に負うことになるため、一般的にそのような設定はされてこなかった。

　実案件では以上のように、個別条件に基づき過去の同規模・同等用途の実績に則り、その案件に必要な法令条件や外部要因を調べた上で「与条件確定から概ね、基本設計○ヵ月、実施設計○ヵ月、確認申請○ヵ月。工期は○ヵ月程度」としてスケジュール表を作成・提示していることが通例と言える。

4.1.2 実案件での設計期間の実態

　実案件での「設計工程の実態」を調べるため、今回の検討部会に参加した建築士事務所から「設計期間実積」を収集した。102案件の事例が集まったが（設計契約時期が2006〜2019年、延面積2,700〜275,000㎡）、広く一般的に扱う建物の規模を考慮し、また、基本設計期間と実施設計期間の区分が一定レベルで判別できた40案件に絞って整理した（設計契約時期が2012〜2018年。延2,700〜20,000㎡。業務施設、教育施設等）。

　下図は、延床面積と設計期間（日数）との関係を示す。左グラフは「基本設計期間（●）」と「実施設計期間（●）」の分布であり、右グラフは「基本＋実施設計期間（●）」の分布を示す。それら各々の分布に近似線を示した。

　延面積10,000㎡に着目して見ると「基本＋実施設計期間」の近似線（緑線）との交点は概ね13ヵ月であり、これを「従来の実案件での"設計期間の一定の目安"」と仮定した。

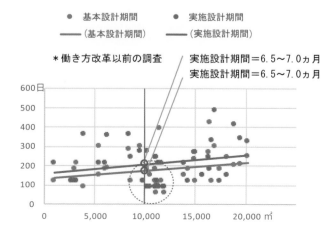

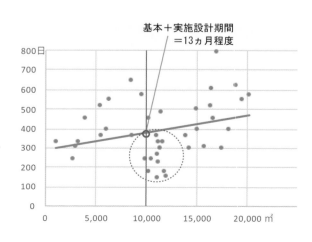

　実案件個々の条件には、ばらつきがあるため断定的な評価はできないが、左グラフには100日（3.3ヵ月）前後の、右グラフには250日（8.2ヵ月）前後の、近似線を下回る集団が認められる。

　今回の調査結果は告示第15号の時期の案件のものであり、企画段階の扱いが不詳ではあるが、総合的に見て「設計期間が足りない」という声の裏付けのひとつと言えそうである。

4.1.3 モデル建物での設計工程の組み立て検証

　一定の目安として仮定した「13ヵ月」を元に、設計工程の組み立て検証を試みた。

　建設工期については、各工事の必要期間を設定し、その積上げによって適正工期を算定していることにならい、設計期間においても、各業務の必要期間を設定し、それを積上げて計算すべきであり、そのようにしている例も多い。このような考えに基づき組み立てた「概略の内訳」は下記の通りである。

- 基本設計期間＝4.5ヵ月：定例会議9回（2回／月）。全体計画、ASEM計画、コスト計画。
- 実施設計期間＝8.5ヵ月：定例会議8回（1回／月）。一般図・詳細図作成、設計概算、確認申請。

詳細図作成（4.5ヵ月）＋概算・確認申請（4.0ヵ月）

＊確認申請と施工者見積期間を並行して行う設定とした。

　この組み立ての詳細を、次頁で具体的な「設計工程表」として提示し、設計者の「働き方改革」との関係を含めて整理したい。

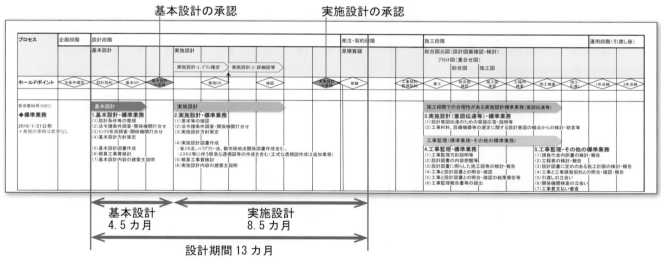

コラム

● 国交省「働き方改革に配慮した建築設計業務委託のためのガイドライン」

2020年3月に「国交省から働き方改革に配慮した建築設計業務委託のためのガイドライン」が出された。その参考の中で設計者に対して調査した結果、「適当と考えられる設計業務履行期間」が右図の通り提示されている。建物の用途、調整項目及び調整のための期間等考慮したうえで、設計期間設定のひとつの目安として参考にされたい。

＊数量積算期間が含まれていることに注意

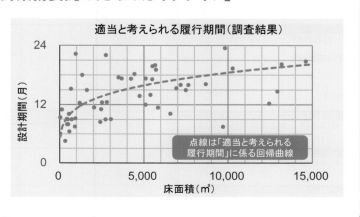

4.1.4　適正な設計期間の確保　〜「働き方改革」の取り組み〜

　前頁のデータは「働き方改革」が叫ばれる以前のものであり、設計者の深夜残業や休日出勤等に負っていた面を否定できない。労働関係法規の強化や厳密な扱いに則り、設計者自身、そうしたことが許されない社会情勢にもなっている。また、整合性確保のための ASEM 調整期間、デザイン・レビュー等、各々のプロセスでさらなる期間が必要となる。

　仮定とした「13ヵ月」の詳細を下図のように組み立てた。これは、与条件等が確実に揃っており、各段階の意思決定がスムーズに進んだ場合に実行可能な組み立てであり、これをベースに、建築士事務所・組織固有の「＋α（働き方改革等のための適正化期間等）」を加える必要がある。次頁の「提言」に記載した内容に基づき、適切な設計期間を設定・確保するよう取り組むことが求められる。

　下図の「設計工程」を実案件でスムーズに進めることには大きな努力を伴うが、是非活用してみて欲しい。

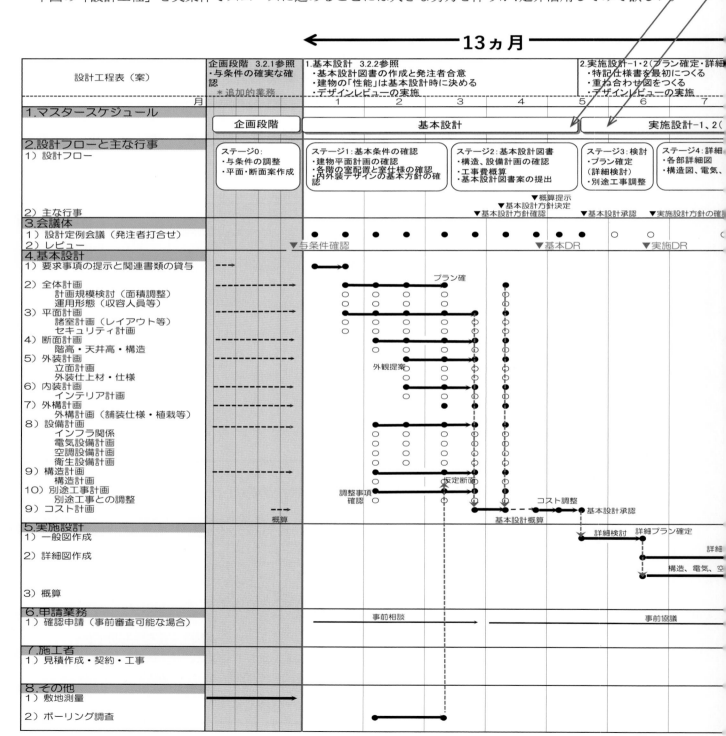

設計作業を大きく"3つの段階"で組み立てた。各ステージの節目での確認が最も重要となる。

1. 基本設計
2. 実施設計 -1・2（プラン確定・詳細図作成）
3. 実施設計 -3（概算、確認申請）＊確認申請期間と施工者見積期間を並行作業として設定。

「＋α」は各設計段階の作業や、承認・合意・調整期間等に割り振りすることとしたい。今回の収集事例は「働き方改革の取り組み」以前のものであり、今後継続的に、案件固有の状況を含んだ広範な設計期間調査を行い、より適正な設計期間の確保の取り組みにつなげて行きたい。

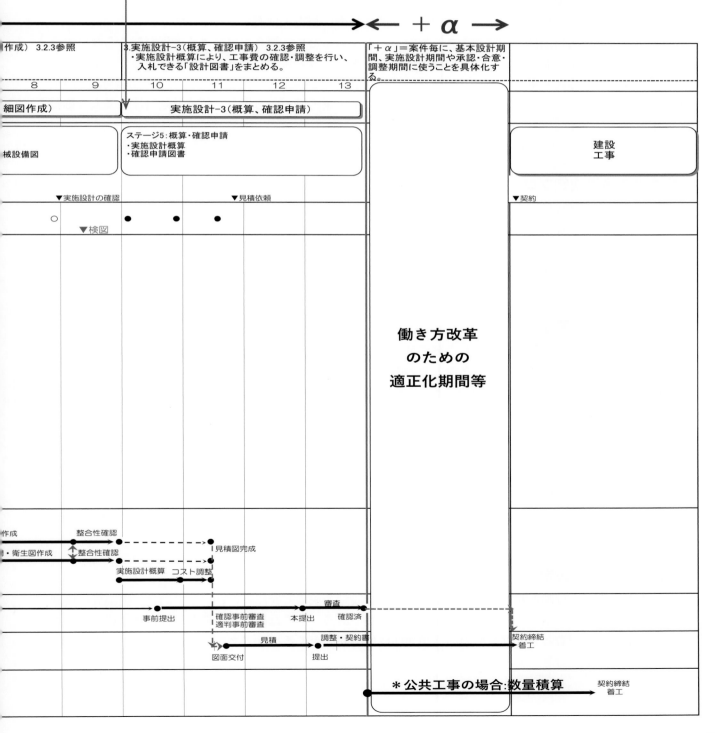

■ 提言

適正な設計工程表を組み立てるために「10 の提言」を示したい。

1　与条件の確実な確認

　基本設計着手前に企画段階の与条件整理が確実に実施され、下記の項目が明確に決まっていることを確認することが前提であり、これらが決まっていない場合、あるいは大きく変更になった場合は一旦「企画段階」に立ち返る必要がある。
- ・事業計画に関する情報（計画規模、建設予算、建設工期（事業スケジュール）など）
- ・敷地に関する情報（敷地の条件・制限、法規制など）

2　申請スケジュールの確実な調査

　建築確認申請の他、各種条例の有無とその必要期間を厳密に調査・把握する必要がある。

　各種申請手続きは各自治体で期間が大きく異なることがあるため、調査不足による遅延が起こらないよう注意する。省エネルギー適合性判定などの事前審査の可否によってスケジュールが大きく変わり、早期の資料準備が必要になることも多い。また、法文に無い行政指導や内規についても慎重な取り扱いが必要となり、早期の官庁確認を励行したい。更に、敷地に埋蔵文化財や土壌汚染がある場合、事業計画自体に多大な影響を及ぼす事項となる。

　これらの調査内容には発注条件に影響を及ぼす事項も数多くあり、発注者の積極的な協力が不可欠となる。

3　発注者の意思決定プロセスの確認

　スケジュール設定時には、まず、発注者の意思決定プロセスを確認することが重要である。

　設計定例会議への参加者に全ての「決定権限」があれば良いが、決定権者が参加しない場合、どのような項目を最終決定権者に確認するのか、どういう頻度で確認できるのか、確認に使う資料はどのようなものが必要か、などを最初に協議・合意し、それを前提としたスケジュール設定を行う。意思決定プロセスによっては設計期間が大きく変わる場合もあり、早期の調整が必要となる。

4　基本設計期間の設定

　基本設計期間は、企画段階で整理された発注者の要望を基本性能に置き換え、図面及び仕様概要を作成して「基本設計図書」にまとめる期間である。その際、コスト条件が厳しいプロジェクトもあり、最後のコスト調整期間を確保しておくことが肝要である。案件の特殊性によっては、基本設計段階早期に概算算出をしておくことも必要となる。

　スムーズな作業開始のために、基本設計開始前に敷地測量図を入手できるよう、発注者に要求しておく必要がある。ボーリング調査（地盤調査）は、ある程度の建物配置が決まった段階で速やかに、発注者に調査依頼し、構造検討に早く反映させる必要がある。周辺ボーリングデータがある場合は発注者と協議し、基本設計開始前の入手を具体化したい。

　また、基本設計終盤にデザイン・レビュー（基本 DR）実施時期を設定し、そのチェックの反映を含めて、基本設計図書提出に支障がないスケジュールにしておくことが重要である。

5　実施設計期間の設定

　建物への要求事項の反映と基本性能設定は、基本設計段階で決めて発注者と合意しておき、実施設計段階は仕様を確定させ、発注用「設計図書」を作成する期間である。そのため、発注者との打合せは意思決定を得るための最小限の回数とし、整合性のある図面作成に時間を充てるべきである。この主旨を、基本設計開始時に発注者と協議・合意しておくようにしたい。

6 実施設計初期に後戻りのない平面図等を確定する……プラン確定

実施設計の初期段階で ASEM 間の取合い詳細を検討し、後戻りのない平面図・立面図・断面図等「プラン確定」させ、その後の段階での詳細図作成及び各分野（ASEM）の作図に進む。プラン確定する段階に、デザイン・レビュー（実施 DR）を設定し、その後の手戻りを避けるようにしたい。

7 実施設計後半に図面調整期間を確保する

整合性確保のためにも、各分野の図面完成後「検図」を含めた調整期間を確保したい。整合性のある図面とするためには各分野の ASEM 調整や検図の期間が重要であり、平面図等確定後の詳細図作成のための一定期間を確保しておく必要がある。特に、構造・電気・機械設備設計担当の必要な作業時間の確保が大きなポイントとなる。

整合作業は設計担当者の責務だが、設計担当者以外の第三者等による検図により、担当者が見落としていた課題が顕在化する例も多い。それらの内容を反映させるための期間も考慮してスケジュール設定することにより、格段に整合性の高い設計図書が完成する。

8 実施設計段階での変更を避ける

実施設計開始以降に与条件、基本性能の変更が生じた場合大きな手戻りとなり、設計期間を圧迫し、不整合の大きな要因となることも多い。作業工数も増えるため、追加設計期間とそのための費用を確保する必要がある。基本設計開始時にその旨を発注者と協議・合意しておき、安易な変更発生の抑制を図ることが重要である。止むを得ず変更対応が生じた場合は、設計期間の延長、設計費用の増額協議を忘れないようにしたい。

9 建築確認申請及び実施設計概算を滞りなく進める

詳細図作成と並行し、建築確認申請の事前協議及び書類作成を行い、申請業務を滞りなく進める。図面完成後、実施設計概算を行い、コスト調整の後に見積用図面の完成となる。設計精度を上げ、整合性を高めるにはこの期間の確保が重要であり、見積質疑を減らし予算乖離のリスクの抑制にも有用となる。

本来ならば、建築確認取得後、工事が可能になった段階で、施工者（応札者）への見積徴収を行うべきであるが、民間工事では「時間の節約」のために確認申請と並行して見積徴収を行う例が多い。

10 「＋α」〜働き方改革のための適正化期間＋その他の調整期間

設計各段階の作業期間の妥当性を十分に吟味し、適正化を図る努力を継続したい。発注者はプロジェクト起案から完成までの期間を「できるだけ短くしたい」と考えがちだが、無理を重ねた作業はどこかに「整合課題」をもたらす。

各章で触れた整合課題の多くが「設計期間不足」に起因しているという声は多く、その結果は作成する「設計図書の不整合」を招き、提供する「建物の品質低下」にもつながる。

以上の提言を参考にして、発注者の理解を得ながらのスケジュール設定に活用願いたい。

なお、公共工事の場合は、「数量積算期間」が必要となることも付記しておく。

4.2 建築特有の「特殊条件」等

4.2.1 建築特有の「特殊条件」"地中"に潜む課題

　建築工事は定められた土地に一品生産で作り上げていくため、プロジェクト個別の特殊な制約条件が課せられていることが多い。設計者は発注者に各種の与条件をヒアリングし、また調査を行い設計に織り込んでいくが、実際には発注者も設計者も見落としがちな条件が施工時に露見しプロジェクトの進行が遅延するといった事例も発生する。

　建築特有の「特殊条件」の代表例は"地中"にあり、どこまで調査するか（できるか）が整合課題を減らすための解法となる。

　以下の事例は法や諸条件に基づき導き出されるべき建築条件と設計図書との不整合とも言え、本章・稿ではいくつかの見落とされやすい事例について実例をもとに示していきたい。

1. 地下既存躯体を活用した新築計画における課題

　右頁の事例では、地下に存置する既存躯体について、「どこまで残すかは法律上の問題が無いように施工者の判断で決定し積算する」ように求めているが、本来行政との協議をしなければ判断できない事項を施工者の裁量により積算することを求めており、そのために発生するリスクを施工者に負わせる、片務的な要素を含んでいる。

　近年、都市部の新築工事の敷地には既存建物があることが通常で、建築プロジェクトの遂行にあたっては既存建物等の解体工事を伴うことが多い。廃棄物の処理及び清掃に関する法律（以下「廃掃法」）の原則は、既存建物は杭も含めすべて解体・撤去した状態で新築にかかることと解釈される。設計者はこの理念をベースに発注者に提言することが望ましいが、実際には法令の精神に則り、合理的に設計上の工夫を行い既存建築物の一部を残す事も多い。以下にその例を挙げる。

（1）既存杭を抜くことによる地盤の不安定化を防ぐため、既存杭と新築杭の位置を調整し既存杭を存置したままでも新築の杭を打設できるように設計する。

（2）既存の地下躯体を残したままで内側に新築地下を納め、既存躯体を山留めとして利用する。

（3）隣接する敷地にある建物の安全を確保するため、既存建物の基礎、地下部分が新築工事の基礎、地下に重ならない部分はそのまま残す。

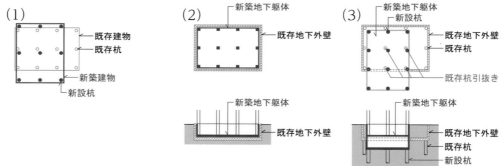

コラム

● 地下既存躯体の法的な扱い

地下既存躯体の取扱いについては各自治体で見解が異なることもあり、案件毎に確認が必要であることに注意を要する。

地下既存躯体が廃棄物に当るかどうかの扱いについては「地下工作物を埋め殺そうとする時点から当該工作物は廃棄物となり法の適用を受ける（※）」という旧厚生省（現・環境省）の回答を根拠に判断されて来たようだが、この疑義照会は平成12年（2000年）に削除されている。そのため、上記のように一律の判断が困難であり、状況に応じた個別協議が必要であることを重ねて注意しておきたい。

※ 昭和57年環産第21号　廃棄物の処理及び清掃に関する法律の疑義について（厚生省環境衛生局）問11。

整合課題事例	既存地下躯体の扱い	事例－9

『既存躯体調査不足による新築計画への影響』

ダメージレベル●●●
顕在化レベル B

用途・構造・規模　：事務所ビル

設計段階			施工段階							運用段階	
① 基本 DR	② 実施 DR	③ 検図	④ 見積質疑	⑤ 図面確認	⑥ 重合せ図	⑦ 総合図	⑧ 施工図	⑨ 工程検査	⑩ 竣工検査	⑪ 1 年点検	⑫ 2 年点検
発生時期	A			B			C				

1　発生事象

・現説図面において、「既存建物の基礎の扱いについて法令上、施工上問題のない範囲を施工者にて設定の上積算を行うこと、なお実際の行政の指導により変動する分は施工費に含むのとする」という記述があった。地中部分の存置躯体に関しては行政により判断が異なるため、見積り段階では具体的な費用が算定できないとして発注者に質疑したが、明確な回答は得られなかった。

2　個別の具体的措置

・施工者にて仮の条件設定の上、積算を行ったが、行政の指導により変更した部分のコストと工期の変動に関しては本工事外であるという但し書きを付けて提出した。

3　原因・所見

・廃棄物の処理及び清掃に関する法律（以降廃掃法）に対する理解不足。
・敷地の存置物に関する責任は、土地所有者（工事発注者）にある事を再認識するよう促したい。

4　再発防止策

・設計者は、既存埋設物の正しい情報を発注者から入手するように努める。
・設計者は、既存躯体がある場合には、廃掃法に基づき計画の内容を行政側と協議し、基本的な方針を発注者と協議したうえで設計図書に盛り込む。
・施工者は、積算の際の条件付けを明確にする。条件が変わったときはコスト、工期とも変動することを明確にする。

現説図面の注記

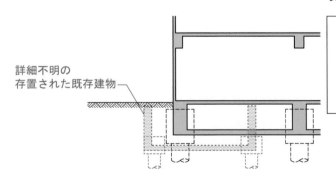

詳細不明の
存置された既存建物

特記仕様書
既存地下の存置部分の解体範囲に関しては、
施工者の新築地下工事の支障にならない範囲、
廃掃法上法違反にならない範囲を施工者にて
設定するものとし、その後の行政指導などで
変更になる分に関しては、一式増減無しとする。

ダメージレベル **48**/80 点	影響度		発生頻度		顕在化レベル	
	16 点	極めて重大な影響	5 点	高い頻度で発生	C	極めて気づきにくい
	8 点	重大な影響	3 点	ときどき発生	B	見過ごしがち
	1 点	軽微な影響	1 点	稀に発生	A	容易に気が付く

2. 地中にある「既存」への増築のリスク

整合課題事例

他の施工者が設置した SMW の状況が確認できないまま増築工事を進めた際のトラブル事例である。

施工を開始したところ、1 期工事の山留が不透水層に到達してない部分があり、2 期の地下工事を行う時に地下水が噴出し当初計画のディープウエルだけでは揚水しきれずに、ディープウエル本数を追加する難工事になった。

💡 **解決のヒント**

地下水位の高い場所での地下工事は山留工法の選定、仕様などの検討に細心の注意が必要とされる。山留めの不具合は周辺の地盤沈下を誘発する等影響が大きく、コスト、工期へのインパクトも大きいので、十分に検討しなければならない。

特に増築工事の場合は、過去の工事の時にどのような山留の仕様であったかや、工事中の状況がどうであったか等の技術情報は重要である。設計者は発注者からの最大限の情報提供を受け、存置されている山留め等の仮設物についても目を配り、それらの既存施工図や施工計画書を増築施工者に提示するようにしたい。併せて、増築工事で必要となる山留めが協議の結果存置される場合は、竣工時に増築施工者から発注者に対してその関係書類を納品するように指示しておきたい。

そのほか、既存工事の情報で有効なものを下記に記するので、参考にされたい。
・杭の施工結果報告書（支持層の変化の状況が地盤調査記録より細かく判断できる）
・山留工事施工計画書
・家屋事前調査報告書（山留の変位などの影響確認ができる）

── コラム ──

● **既存埋設配管のリスク**

工事の際、既存埋設配管を損傷させ大きなトラブルが発生させる事例は多い。トラブルの程度には大小あるが、広域の停電等につながった場合は人命にも関わる恐れがある。そのため、建設工事の関係者等は細心の注意をもって取り組むが、リスクをすべて排除することはできない。

整合課題の視点から見ると「既存埋設配管の種別・位置が実際と違う」ということがこのトラブルの原因である。電気設備、機械設備の完成図にそのルート等が記載されているが、概略のルート図である場合や、記載漏れの例もある。また、建物運用段階で追加設置され、図面化されていない例もあり、そのような場合は事前検討自体が困難となる。

既存埋設配管の情報は、企画段階または基本設計段階で発注者から提示されるものであるが、設計者はその情報を細心の注意をもって設計に反映する必要がある。また、施工者は契約図書として受領した設計図書等に基づき必要な調査・確認を行い、懸念がある部分については試掘を行うことも求められる。

地中にある既存埋設配管は、大きなリスクであることを再認識し、それぞれの責任を明確にしつつ、注意して取り組む対象として捉えておきたい。

整合課題事例 ▶ 既存山留取合い不備　　　　事例－10

『既存増築工事で耐圧盤から水が！過去の施工状況が不明』

ダメージレベル●●
顕在化レベル C

用途・構造・規模　：学校・RC 造

設計段階			施工段階							運用段階	
① 基本 DR	② 実施 DR	③ 検図	④ 見積質疑	⑤ 図面確認	⑥ 重合せ図	⑦ 総合図	⑧ 施工図	⑨ 工程検査	⑩ 竣工検査	⑪ 1 年点検	⑫ 2 年点検
発生時期	A			B					C		

■1　発生事象

・他社が施工した 1 期工事に持続する 2 期工事施工時のトラブル。地下水位が高い敷地であったため止水性のある SMW 山留壁での施工計画を立案した。
・1 期工事も SMW であったが掘削深さの資料がなく詳細不明であったにもかかわらず、不透水層に到達しているものと仮定して施工計画を立案してしまった。
・地下耐圧盤施工時に当初計画したディープウェルでは地下水位を下げきれず、耐圧盤の施工がストップしてしまった（1 期工事の SMW が一部不透水層に到達していなかったものと思われた）。

■2　個別の具体的措置

・ディープウェルを追加設置し、地下水位を下げて施工を継続した。
・増築取合部に計画されていたサンクンガーデンの底盤が水圧を受け、浮き上がる恐れが判明したため、構造補強などの提案を行った。
・竣工後も維持管理上、排水を継続することになり、その旨発注者に申し送りした。

■3　原因・所見

・既存建物の施工データは可能な限り増築計画に反映されるべきだが、施工者が交代した場合は基本的施工条件が伝わらない場合も多い。既存建物の施工者に協力を求めることは困難だが、発注者や設計者の保有している施工計画書などを最大限求めることが重要である。

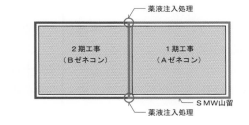

■4　再発防止策

・発注者は、既存建物の施工に関する資料（山留計画、排水計画、地盤調査等）を可能な限り増築施工者に提示する。
・施工者は、建物完成時の資料として、山留や排水に関する施工情報をできるだけ発注者に提出する。

※ SMW…ソイルセメント連続壁

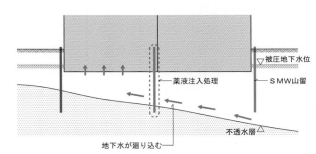

ダメージレベル **16**/80 点	影 響 度		発生頻度		顕在化レベル	
	16 点	極めて重大な影響	5 点	高い頻度で発生	C	極めて気づきにくい
	8 点	重大な影響	3 点	ときどき発生	B	見過ごしがち
	1 点	軽微な影響	1 点	稀に発生	A	容易に気が付く

3.　地中に関するその他のトラブル

地中に関する存置物に関して発生しがちなトラブルを以下に記すので参考にしてほしい。

	部位	事例	解決のヒント
1	数次にわたる増改築	2世代前の存置躯体が障害になる。	可能な限り情報を収集する。
2	既存杭	既存完成図と現地が食い違い、既存杭を避けて設定した新築杭が既存杭に干渉してしまう。	干渉する既存杭を引き抜くか、設計変更で杭の配置を変更する。（設計変更には時間と費用が発生する）
3	既存杭	部分的な孔壁崩壊などで既存杭が設計図書よりも大きく打設されており、図面上は干渉しない予定が実際には干渉してしまう。	干渉する既存杭を部分的に解体するか、設計変更で杭の配置を変更する。
4	既存躯体の完成図	実際の位置・寸法が、フカシや施工誤差などにより異なり、山留の施工に支障が出る。	すみやかに発注者と連携し行動する。
5	敷地境界の擁壁基礎	基礎が隣地に越境している。	すみやかに発注者と連携し行動する。
6	既存山留	既存山留の仕様の資料がなく解体のための機械、工程の見直しが発生する。	既存施工時の資料を極力収集する。入手できない場合は、試し掘りなどを行い調査する。

💡 解決のヒント

・地下存置物がある場合等、設計者は行政と協議し、また発注者に説明を行い、発注者の了解を受けた旨、存置した範囲を記録に残しておくことが望ましいが、事前にそのような調査ができない場合は解体構法、工期、費用については本工事の積算とは別に協議する必要がある。またそのための検討期間は全体のプロジェクトの中で見込んでおく必要がある。

・地中存置物等に関する不確定な工事は請負金額に含まれない事を発注者も良く理解しておくことが重要である。
地中障害物については発注者の事業リスクであり、設計者、施工者はその旨をよく理解し、発注者に伝え、適切な処置をとるように助言すること、またその検討のためには別途、費用と時間がかかることを発注者に説明する事が求められる。当該の土地に埋設物を存置したまま事業を継続することにより発生するリスクは発注者が負うリスクである事を再認識しておきたい。

・地下に関する問題は不確定要素が多い為、設計時に可能な限り情報を収集することが望ましい。

・既存建物がある場合は、地質調査がやりにくく、以前の古いデータを用いたり、近隣のボーリングデータを参考にする事も多く正確性に欠ける場合があるが、既存建物の中でも階高によっては地質調査を行うことは可能なので実施検討する（ボーリング調査後の孔内の止水処理には注意する）。
施工者は現行の設計のシステムの中では地下の支持地盤の状況に関しては完璧な調査の上の施工は困難であることを充分に理解して国土交通省から出された杭工時におけるガイドライン（2016年3月4日発行　基礎ぐい工事における工事監理ガイドライン）を設計者・監理者とともに充分に理解し確実に施工する。

[**既存杭との干渉対応等の課題例**]

　設計者は新築計画を進める際、事前調査結果に基づき既存杭を「引抜くか、残すか」という判断を行い設計図書にまとめるが、地中存置物の実態は施工を始めないと分からない場合も多い。

・**既存杭引抜きとした際の不具合例**

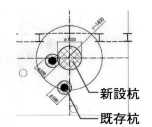
新設杭
既存杭

　：新設杭（既製コンクリート杭）芯から 1,400mm 以内にある既存杭（鋼管杭）を引き抜く計画として施工を進めたが、新設杭用の削孔ドリルが既存杭引抜き部に向かって横滑りしてしまい、再施工することになった。埋戻し土を周辺地盤と完全合致させることは不可能に近く、新設杭位置設定の際に既存杭との離隔確保に注意したい。

　＊既存杭との離隔については、概ね 1 m程度確保することが望ましいとされている。

・**既存杭残存とする際の不具合例**

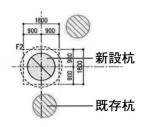
新設杭
既存杭

　：新設杭（場所打ちコンクリート拡底杭）と既存杭（既製コンクリート杭）とが干渉しないよう一定の離隔を確保して計画されたが、既存地下躯体の解体及び、それに伴う既存杭頭部撤去の際に地盤が乱され、新設杭施工の際に孔壁崩壊を起こしてしまった。再施工でも同様なリスクがあったため、増し杭を設置することとした（設計変更）。

　＊設計図書には、「既存杭位置を調査し、干渉する場合は既存杭を撤去すること。既存杭の撤去孔は貧調合モルタルにて埋め戻すこと」とあったが、追加費用清算とする事前合意が必要である。

コラム

● ボーリング調査の目安

杭の支持層への未達という大きな品質不具合は現在でも発生している。

地中の情報不足は致命的であり、適切なボーリング調査は極めて重要である。

ボーリング調査の数量は「建築基礎設計のための地盤調査計画指針（日本建築学会　2009 年）」に、建築面積が 10,000㎡規模の建物の調査の目安として、以下が示されている。

　A．地層構成に変化のない場合＝ 5 〜 10 本

　B．地層が変化していると想定される場合＝ 10 〜 20 本

● 土壌汚染によるトラブル事例等

工場跡地での建設計画の際、発注者からの与条件として「汚染物質が埋設処理されている」示されたため、その条件に基づき「建物位置設定、基礎設計、等」を行い、必要な汚染土処理と、法令手続きを終え着工した。ところが、根切り工事の段階で、与条件と大きく異なる位置にも汚染物質があることが分かり、その処理のために工期が 1 年以上遅延してしまった。

費用負担は発注者主体であったが、工事遅延に伴う施工者負担も生じ、設計・監理者も工期延長に伴い、損害が生じた。

企画段階の条件確認と、地歴等の事前調査が極めて重要であることを示す事例であり、十分注意して計画するようにしたい。

なお、その他の事例として、既存の「松杭」や「防空壕の穴」などが地中に隠れていることもある。実際に工事にかからなければ発見できないことが多いが、古地図や昔の航空写真等で「推測」できる場合もある。これら、地中埋設物に対する責任は「発注者（土地所有者）」にあるが、建築の専門家としての「善管注意義務（善良な管理者としての注意義務）」もあることを注意しておきたい。

4.2.2　既存建物他との取合調整

　既存建物への増築・改修計画では、更地に作る新築案件にはないポイントがある。法規上の課題や既存建物運営上の課題等に、特に注意して取り組みたい。

整合課題事例

既存増築計画　使いながら作る「スクラップ＆ビルド」

　病院の増築の工事の設計図で現状の状態と完成形の姿しか表現されておらず、どのような手順で盛替えていくかの計画がされていなかった。施工費用は切廻しの回数、方法によって大きく変わるため、この資料だけでは正確な積算ができない。また、稼働ゾーンの切り替え等、発注者の細かい要求を聞いて整理しなければ安全な計画が立案できない。

　十分な確認がないまま契約・着工した後、発注者から様々な施工条件が求められ、仮間仕切りの遮音性や仕様、細分化された施工ステップなど、大幅なコスト増、工期の延長が発生し発注者との協議が難航した。

　また現状のインフラ情報が不足しており、現地調査を行うと積算時の盛替計画に比べ、回数、幹線の総延長が大幅に増大した。

💡 解決のヒント

　病院や工場のような設備的にも複雑な建物の増改築は多くのリスクをはらんでいる。設計図作成時点ですべてを正確に把握し整合を取ることは困難ではあるが、以下の情報は設計条件として整理しておきたい。

・スクラップ＆ビルド案件の場合、各フェーズの状況を示すステップ図（段階的手順を示す図）をつくり、発注者とすり合わせを行い図面化しておく。

・電気・ガス・給排水などのインフラの供給元、経路、容量などを事前に、発注者とすり合わせを行い明確にしておく。

・その他、以下に施工段階の問題が増改築の設計自体に影響するような注意点を挙げておくので、参考にして欲しい。
　：各ステップごとの施設利用者の安全性、動線、避難経路を検討し消防等の確認をとる（工事中の消防計画届を求められる場合がある）。また、仮使用が必要な場合は、あらかじめ行政協議が必要となる。
　：仮間仕切りの仕様は遮音性、耐水性、防火性、強度などを十分に検討して決定する。
　：工事用電源は、既存電源系統と極力別の系統から受電する（工事用電源からの地絡事故防止）。
　：溶接による迷走電流やノイズが稼働中の医療機械等に悪影響を与える可能性があるため、極力現場溶接を使わない構造計画、納まりを検討する。

┌ コラム ┐

● 既存建物調査　「どこまで詳しく調べられるか」

増築計画等における既存建物調査は「どこまで詳しく調べられるか」に尽きる。詳しくはP88で紹介した「解決のヒント」によるが、古い建物では「図面通り作られていない」ものもあり得ることに、また、竣工以降の「記録に無い増改築」の有無に留意したい。電気・ガス・給排水などのインフラは図面化されていない例も多い。特に、使用中の建物では、内部に入っての調査に制約を受けるので、より慎重な調査が必要となる。

整合課題事例	スクラップ＆ビルド手順の不備	事例－5

『建設順序が表現されていない設計図による トラブル』

ダメージレベル●●●
顕在化レベル B

用途・構造・規模　：病院

	設計段階				施工段階						運用段階	
	① 基本 DR	② 実施 DR	③ 検図	④ 見積質疑	⑤ 図面確認	⑥ 重合せ図	⑦ 総合図	⑧ 施工図	⑨ 工程検査	⑩ 竣工検査	⑪ 1 年点検	⑫ 2 年点検
発生時期		A				B				C		

1　発生事象

・病院の増改築は機能を止める事が出来ないため、一度に施工することは困難である。特に既存と取り合う部分については、機能を残しながら切り廻していくため、手順、施工条件によってコスト、工期ともに大きく変動する。

・設計図書では、現況図と完成形しか提示されていなかったため施工者が施工手順を推定しながら積算し契約したが、実際の工事段階になって想定より複雑な手順や時間外での作業を求められたため、コスト、工期ともに大きく変動し、追加変更工事の交渉が難航した。

2　個別の具体的措置

・実際の発注者の細かい要求や条件を織り込み、計画を再度やり直し施工を行った。

3　原因・所見

・既存建物を使いながらの増改築計画にも関わらず、ステップごとの計画図が未作成であった。

4　再発防止策

・既存建物の解体と新築を段階的に進めていく増改築計画では、ステップごとの図面作成は必須である。既存の機能や外構のインフラを生かしながら、どのように新しい機能に切替えていくかという計画は、コストや工期に大きく関係するので、基本設計段階で発注者との確実な合意が必要である。

・施工段階においては、より詳細な現地調査を行い、設計図の不確定な部分を協議しながら、慎重に工事を行う。

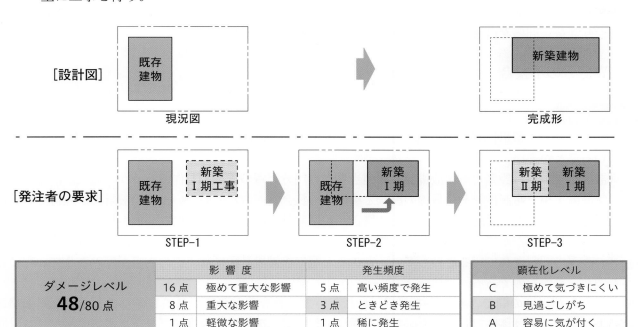

		影響度		発生頻度		顕在化レベル	
ダメージレベル **48**/80 点	16 点	極めて重大な影響	5 点	高い頻度で発生	C	極めて気づきにくい
	8 点	重大な影響	3 点	ときどき発生	B	見過ごしがち
	1 点	軽微な影響	1 点	稀に発生	A	容易に気が付く

4.3 専門施工会社・専門メーカーとの関係

　建築の高度化、複雑化、大型化にともない、非常に専門性の高い専門施工会社・専門メーカー（以下「専門施工会社等」）の技術力を活用していく場面が増えてきている。

　この稿で取り上げる専門施工会社等を、設計段階から関わる、代表的・一般的な次の５つとした。

　・専門設備会社（設備サブコン）
　・鉄骨ファブリケーター
　・プレキャストコンクリート（PC）メーカー
　・金属系カーテンウォール（CW）・サッシメーカー
　・昇降機メーカー等

　以下の稿でその各々の整合課題事例を紹介し、それぞれの解決のヒントを提示したいが、その前提に、「設計段階で解決すべき課題」と「施工段階での検討が合理的な課題」とがあることに注意する必要がある。その基本となるイメージは下記の様に捉えておくと理解がし易い。

　　設計段階で解決すべき課題　　　　：**数十 cm 単位レベルでの納まり**
　　施工段階での検討が合理的な課題：**数 cm ～ 数 mm 単位レベルでの納まり**

4.3.1 設備サブコンから見た課題

　専門設備会社（以下「設備サブコン」）から見た設計図に関する「なかなか無くならない」問題点について整理する。

　設備設計にまつわる不整合課題は、次頁以降に記載されているように様々な事例があり、ユニット等の建築設備や機械設備・電気設備等の工事区分の不整合、シャフト・天井内の納まりの問題について、以降不整合の具体的事例として紹介する。

　「設備機器・ダクト・配管・ケーブルラック・配線類の納まりの問題」は施工中の問題にとどまらず、仕上げ寸法を優先するあまり無理に納めてしまい、竣工後にメンテナンスしづらい等のトラブルやクレームという問題に発展する例もある。これは、発注者にとっては資産価値を下げることにもつながる。これらの背景も理解した上で、設計段階での整合確認を実施することにより、根本的な問題を残したままで発注され、施工者が受注後に問題を再検討し解決するような事態を避けるようにしたい。

1）工事区分の不整合

▶ **整合課題事例**

　竣工設備段階で、設計図書を元に総合図・施工図の作成を開始し、その過程の中でさまざまな「不整合」が見つかることが多い。

　設備設計図では機械設備と電気設備等、各担当者が専門分野毎の設計図を作成するが、機械設備工事に必要な電気設備工事（電源供給や信号線の配線工事等）の整合性が取れていないままの設計図が発行されることが散見される。また、意匠設計図の変更や修正が設備設計図に反映されていない例も見られる。

　機械設備には必要だが工事区分として「電気設備工事」となるものが、機械設備設計図には「別途電気工事」等の表現で記載されていることも多い。ところが電気設備設計図には、その内容が反映されていないという事例が右頁のものである。

　それぞれの担当者の間で、お互いの確認がされないまま設計図が発行されてしまうことが主な原因である。結果として、抜け落ちてしまった必要な設備は、現場着工後の機械設備サブコンと電気設備サブコン同士のすり合わせ時点で判明することが多く、どちらかの設備工事に追加費用が発生することになってしまう。

| 整合課題事例 | WCリモコン配線未整理 | 事例－20 |

『機械設備の電源は記載漏れになりやすい (1)』

ダメージレベル●●
顕在化レベル B

用途・構造・規模　：病院・SRC+RC 造

設計段階			施工段階				運用段階				
① 基本 DR	② 実施 DR	③ 検図	④ 見積質疑	⑤ 図面確認	⑥ 重合せ図	⑦ 総合図	⑧ 施工図	⑨ 工程検査	⑩ 竣工検査	⑪ 1 年点検	⑫ 2 年点検
発生時期	A			B					C		

1　発生事象

・着工後、設計図の工事区分の確認をすると、下記の不整合が見つかった。
　① 機械設備設計図の消火設備特記事項に「電気工事」と記載された通信工事が、電気設備設計図に記載されていない。
　② 衛生器具の型番はリモコン配線が必要な型番だが、機械設備・電気設備設計図を見てもリモコン配線の記載がない。

2　個別の具体的措置

・監理者・工事関係者が協議し、消火設備に関わるものは「電気設備」とし、洗浄用リモコン配線は「機械設備」として工事区分を見直した。

3　原因・所見

・設計段階における機械設備と電気設備担当者間での情報共有、調整不足が原因と考えられる。特に衛生器具洗浄用リモコン配線などの細かい部分は、見落としがちなので注意が必要である。

4　再発防止策

・検図段階で設計図書の工事区分間の不整合がないか確認を行う。また、機械設備図に電気設備設計図の図面番号「E－○○図参照」などと記載することである程度防ぐことはできる。
・トイレ廻りの工事区分は関連する工種が多く、不整合が生じることを念頭に置いて、プロジェクトごとに確認するようにする。
・施工者は、特にトイレのまわりの工事区分が複雑であることを認識し、詳細に事前確認するようにしたい。

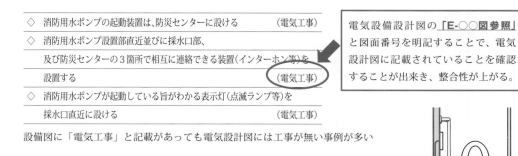

◇　消防用水ポンプの起動装置は、防災センターに設ける　　　　　　（電気工事）
◇　消防用水ポンプ設置部直近並びに採水口部、
　　及び防災センターの3箇所で相互に連絡できる装置（インターホン等）を
　　設置する　　　　　　　　　　　　　　　　　　　　　　　　　　（電気工事）
◇　消防用水ポンプが起動している旨がわかる表示灯（点滅ランプ等）を
　　採水口直近に設ける　　　　　　　　　　　　　　　　　　　　　（電気工事）

設備図に「電気工事」と記載があっても電気設計図には工事が無い事例が多い

電気設備設計図の「E-○○図参照」と図面番号を明記することで、電気設計図に記載されていることを確認することが出来き、整合性が上がる。

リモコン配線

ダメージレベル **24**/80点	影　響　度		発生頻度		顕在化レベル	
	16点	極めて重大な影響	5点	高い頻度で発生	C	極めて気づきにくい
	8点	重大な影響	3点	ときどき発生	B	見過ごしがち
	1点	軽微な影響	1点	稀に発生	A	容易に気が付く

2）シャフト・天井内の不整合

以下の事例のように、意匠図や構造図に基づき各設備の検討の際に、シャフトや天井内の配管・ダクトや電気ラック・幹線等設備類が物量的や意匠的に納まらないという問題が多く発生し、「なかなか無くならない設備・建築の不整合問題」として存在する。

この不整合を解決するために、設備サブコン同士の「取り合い検討」からはじまり、シャフトの大きさや壁の位置変更、天井高さの変更、梁の位置や大きさ・レベル等構造的な変更、鉄骨梁の耐火被覆を耐火塗装に変更し少しでも納まり寸法をかせぐ検討、メインダクトや配管及び幹線ルートの大幅な変更、配管・ダクト類の系統統合等、大掛かりな検討・提案・調整を行いシャフトや天井内へ納める例も多い。特に系統統合などの変更案は設計変更を伴うことも多く、各設備サブコンにとっては時間的にも検討業務の労力にとっても非常に大きな問題となっている。

さらに変更の提示をするためには、説明のためにまずは納まっていない平面図や断面図をまとめ、変更後の設備図や建築計画の変更案の作成等を行い、発注者・設計者・監理者・施工者（ゼネコン）への提示を行うこととなる。

説明に伴い関係者の理解と同意を得るまで検討が繰り返され、変更決定まで数か月にわたることも多く、設備サブコンが本来やらなければならない施工管理業務との兼ね合いを含め非常に大きな負担になっている。

中には変更が施工工程の進捗に間に合わず、結果的に非常に無理をした納まりになるケースもあるが、竣工後の保守保全のしにくさやトラブル原因に繋がるため注意が必要である。

その他の事例

［シャフトの納まりと床貫通部補強の問題・・・設計変更・ルート変更（事例－57）］

・ひとつの PS 内に衛生配管設計図、空調配管設計図、換気ダクト設計図の 3 枚の図面にそれぞれ配管やダクトが示されており、更に鉄筋の開口補強筋も入るため、一枚に重ね合わせると全ての要素を納める事が不可能となり、ダクトの一部を別のシャフトの一部に移動して納めた事例であり、その解決に計 3 ヶ月を要した。

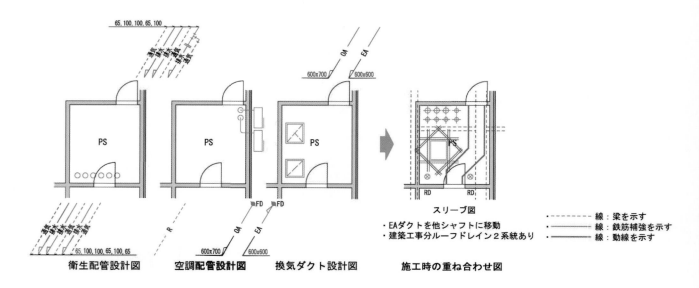

［シャフト内設備同士の干渉・・・設計変更でシャフトレイアウトの見直し（事例－58）］

・この事例シャフト内で設備が納まりきらない例である。特に排煙ダクトは寸法が大きいため、注意が必要である。

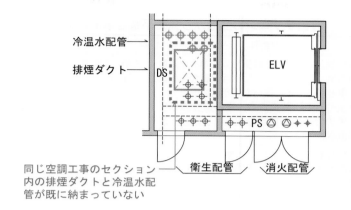

［廊下の天井高さと設備の干渉・・・天井高さの変更（事例－51）］

・シャフトと並んで問題が起きるのは、天井内の設備の納まりである。特に廊下は、狭い幅の中に各種設備が集中して、天井が納まらなくなる例が多い。

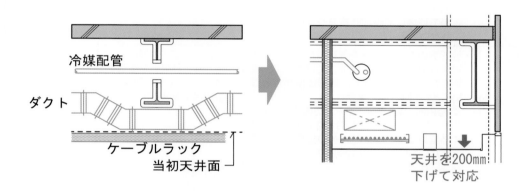

［天井内の衛生設備主配管とバスダクトの干渉・・・計画自体の大幅変更（事例－52）］

・施工図作成に先立ち、設計図情報で重ね合わせを行い、各設備の納まりを確認しながら調整をしていた。サイズの大きいダクトや勾配を優先する衛生設備主配管等を納め、さらにバスダクトの見直しまで行ったが、天井ふところ内にすべてを納めるスペースを確保できなかった。

再三にわたる関係者による納まり検討の結果、別棟にサブ変電所を増設し、大幅な設計変更を行うこととなった。

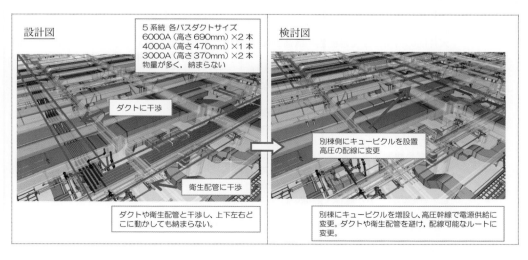

3) その他の設備サブコンから見た不整合事例

稿の冒頭で述べた「なかなか無くならない＝よくある事例」を、前頁での紹介事例も含めて「6つの事例表」にまとめた。代表的な事例として、具体的なプロジェクトでのチェックに活用して欲しい。

設備サブコンの立場から見た不整合事例の多い項目

	不整合	具体例	解決のヒント	巻末事例
1	工事区分の不整合	・機械設備設計図では「電気設備工事」と記載があるが、電気工事設計図には記載がない。 ・本工事と別途工事の区分が不明瞭。 ：計量や計測、防災接点、電動建具連動接点等の分界点や接点の取り出しの区分が明示されていない。	・単に「別途電気工事」という記載だけでなく、「E-〇〇図参照」等具体的に記載する。 ・工事区分図等、図で例を示す等客観的に理解できるようにしておく。	事例-20 -22 -39
2	設計図の情報不足	・特記仕様書に「文字」で仕様や対象範囲などは指示されているが、平面図・系統図には記載がない。 ・平面図と系統図が一致しない。	・具体的に設計平面図・系統図に記載し、特記仕様書だけの設計表現はしない。 ・施工者は不明確な部分の質疑を適切な時期に行う。	
		・設計図に情報が欠落している事例 ：主配管以外にも必要な補助・付帯配管類の記載がない。 ：発注者の要求水準書が反映されていない。	・一般図（平面図）で表現しきれない場合は、詳細図を作成する。 ・要求水準の内容を発注者へ確認する。	
		・特記仕様書指示の追加 ：平面図を元に施工を進めたが、着工後に細かな性能・仕様の指示が出たため、改めて現場にて設計計算をやらなければならない事例	・設計の追加業務か施工者の追加業務かを明確にし、追加費用が発生することを設計者（監理者）が発注者に申し入れる。	事例-6
3	設計時の検討不足	・機器表の能力で機器を選定したが、種々検討を進め施工図等を作成していく中で、機器性能が不足するなど、機器仕様が合わないことが判明する不整合。 ：送風機の静圧不足、給水圧力の不足、メーカー指定の施工仕様に合わない系統設定等 ：外壁ガラリチャンバーへの接続部、高層ビルにおける押出排煙制御方法等	・設計計算書を整備し、施工者が受注後確認できる設計根拠を提示する。 ・意匠担当者と詳細の打合せや確認を行い設計段階で解決しておく。	事例-17 -18 -19 -44
4	他工種との不整合	・建築設計図と電気設計図との不整合	・設計段階で調整を密に行う（設計図書発行前に再度取り合い部分を確認する）。	事例-15 -27
		・電気工事区分（防排煙設備、セキュリティ設備、防犯設備など）と建具との不整合	・同上	事例-21
		・機器の電気仕様（電圧、容量、INVなど）が不整合	・同上	事例-14
5	別途工事との不整合	・別途工事との取合いにおいて、別途工事側が要求する仕様と設計仕様が合っていない。	・設計段階で別途工事の資料、仕様書等を入手し設計図へ記載する。 ・設計図発行までに情報が入手できないものについては明確にし、契約に含めない。	事例-23
6	納まりの不整合	・物理的・物量的に納まらない。 ：シャフトが狭くて納まらない、シャフト床面に梁がある。 ：天井内の物量が多く意匠的・構造的に納まらない。 ：他設備や天井下地と干渉して、天井内機器類のフィルターなどの交換が出来ない（抜き差しスペースの不足）。 ：天井内の設備の密度が高すぎて、機器類や設備類の天井点検口が取り付けられない・取り付けた位置から点検できない。 ：機械室や機器設置スペースの大きさや高さが不足し、機器周囲のメンテナンススペースが確保できない。メインダクトや配管・幹線のルートが確保できない。	・シャフトなどの主設備ルートは具体的な納まり図を作成する。 ・シャフトや機械室からの主設備の展開部分、主要機械室、廊下などの主設備ルート、設備密度の高い天井内等設計段階で重ね合わせ図を作成し納まりを確認する（納まることを確認した上で図面発行する）。	事例-11 -12 -26 -30 -31 -37 -50 -51 -52 -53 -54 -57 -58 -59 -60 -61 -66 -71 -74 -78

解決のヒント

・設計者は、事前に調整された設計図を発行するため、設計図作成段階から工事区分表や図面への記載方法等の調整や整合性の確認、作図ルールの標準化を行うことが必要である。
　単純に「別途工事」「(〇〇工事)」と記載するのではなく、「E-〇〇図参照」などと具体的な図面名称を記載することで、各図面を確認することができ整合性は向上する。

・設備の種類や物量は建物用途によって大きく異なる。基本設計段階で必要な設備が無理なく納まるよう建物計画に反映させる必要がある。特に仕様・用途によっては十分な広さの設備機械室・電気室や天井内スペースの確保をすることは、設備担当として非常に重要な要素となっている。

・建物として必要な設備の機能や物量を把握することで階高・構造・規模を踏まえた設計図となるよう設備担当が早い段階から参画する必要がある。

・建物竣工後時にはほとんど目に触れることの無い設備類も保守保全が必要なものが多く、また設備の変更・更新のためのスペースを確保することは重要な設計要素である。施工図としてシャフトや天井内に設備類が納まったとしても、厳しい納まりは竣工後の風量不足・能力不足や排水障害等、様々なトラブルに直結するリスクが高く、将来の品質トラブルを防止するためにも無理な設備の納まりは避けるべきである（下図参照）。

・シャフトスペース・天井高さは意匠性や発注者の意向等、様々な要因で設備担当者の意に反して設備スペースが犠牲になることも少なくないが、設備担当者は設備システムに見合ったスペースを検討して設計を行い、設備の機能として重要・主要部分は意匠担当者や発注者にも十分な説明を行い、必要なスペースを確保することが必要である。

・設計者は単純な納まりだけでなく、機械室・電気室・シャフト・主ダクトや主配管・幹線ルートや設備密度の高い部分は設計時点で重ね合わせ図を作成し、日常の保守保全、将来の設備増設・改造・更新をするためのスペースの確保も踏まえ、早い段階から設備の納まりに関する問題を申し入れる必要がある。

・施工者にとって、納まり問題を解決するために設計変更をしなければならないほどの不整合は、解決するための時間や労力は大変大きなものであり、大きな負担となっている。この問題の解決には、設計段階で情報の重ね合わせを行い、解決しておくことが重要である。

［更新対応不備事例等］
無理に納めたために将来更新等が困難であることが、工程内検査・竣工検査で顕在化した事例

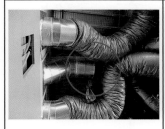
将来ダクト接続予定部正面に実装ダクトが配されており、追加設置が困難。

架台が干渉してストレーナーが引き出せない。

天井内換気設備機器位置と点検口位置とが不整合（メンテナンス困難）。

好事例
点検口裏面に配管等の用途・方向を表示。

■ 提言

1. フロアごとのシャフト平面の重ね合わせ確認

　メイン配管や主ダクト・電気幹線等、サイズの大きいものは、平面的に無理な経路や展開をすると、排水障害、抵抗の増加などを招き、結果として竣工後のトラブルの原因になることも多い。そのため縦シャフトは上下階で平面的にずれのないように計画することが重要である。

2. 機械室から廊下廻り・設備納まり重ね合わせ確認

　主機械室・主電気室は建物の心臓部であり、ここから拡がる設備幹線（機械設備、電気設備）の重ね合わせ確認は、意匠担当者が主導して基本設計段階の早い時期に行っておきたい。この確認は平面的な重ね合わせだけでなく、断面的な確認も重要となる。

　3章・3.2.2「基本設計段階」で挙げた事例（事例－50）はこの課題の具体例につき、参照願いたい。

3. 設備用鉄骨スリーブの早期総合図作成

　鉄骨構造建物増加に伴い、設備の鉄骨スリーブが改めて重要視されている。鉄骨工事の図面作成は施工準備段階から開始されるため、設備用スリーブの位置・サイズ・数量などの情報も早期に必要となる。設備担当は平行して、鉄骨スリーブのための主要設備ルートの検討と他設備との取り合いを総合図に則って検討する必要がある。

　この検討をおろそかにすると、鉄骨発注に間に合わないことが発生してしまうこともあるので十分注意したい。

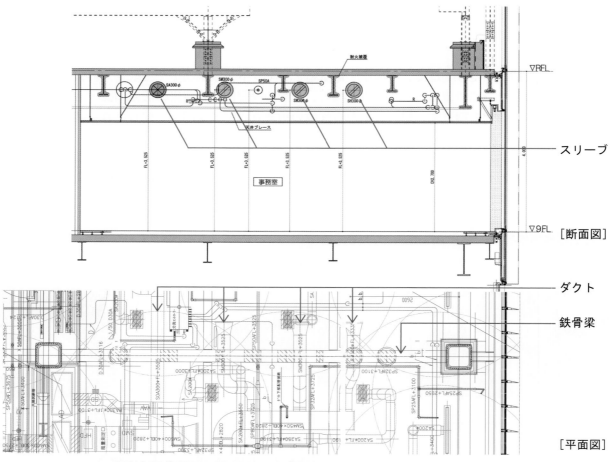

事務室天井断面・総合図の例（総合図作成ガイドライン P36、37）

・梁貫通孔の位置制限例　※貫通部補強有無にも注意

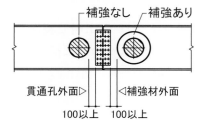

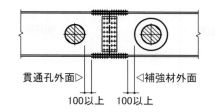

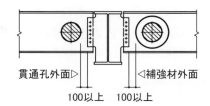

補強なし　補強あり

貫通孔外面▷　◁補強材外面　　　貫通孔外面▷　◁補強材外面　　　貫通孔外面▷　◁補強材外面

100以上　100以上　　　　　　　100以上　100以上　　　　　　　100以上　100以上

┌ コラム

● メーカー設計協力についての注意

設備・電気機器メーカーの設計協力について電気設備設計及び機械設備設計図書の中で、より専門性の高い分野では、設計図書作成段階でメーカーによる設計協力を依頼する場合が多い。設計図書への織り込みに際し、不整合を誘発している例も多いので注意したい。
主なメーカー設計協力の項目は下記の通りとなる。

- ・消火設備
- ・浄化槽、ディスポーザー設備
- ・受変電設備
- ・避雷設備
- ・弱電関連設備（情報・通信、自火報、テレビ共聴、放送、ITV, ナースコール他）
- ・特殊ガス設備

- ・監視制御（空調監視・電力監視設備を含む）
- ・機器詳細図
- ・蓄電・発電装置

- ・医療機器関係

これらの設計図書作成に当たっては、専門的な知識が必要であり、メーカーの協力が必要不可欠であるが、メーカーごとに異なるシステムを採用しているものも多く、発注者の指定がある場合を除き、「特定メーカーでしか対応できない仕様」を極力排除した設計図書とすることが必要である。
また、こうした設計図に記載されている工事区分（建築工事、空調設備工事、衛生設備工事。電気設備工事）についての調整は十分に行い、不整合のないように注意したい。

● ユニット工事の工事区分におけるトラブル事例

施工合理化や省力化のために「ユニット化された建材・機器等」を扱う例は、非常に多くなって来た。各種メーカーの取り組みも日進月歩であり、ユニットバスひとつ取っても「組立て方や工事区分」が相当に様変わりしている。それら、メーカー主体のユニット製品について、設計者が設計図書作成時に把握できる範囲は限られており、設計図書における工事区分の整理には苦慮する例も多い。
上記のユニットバスは通常「建築工事」に区分されるが、それに取り付く「給水・給湯・排水管、天井換気乾燥機、照明器具」が建築工事とされながら、配管接続やシーリング、換気乾燥機へのダクト工事、各機器への電気配線工事はそれぞれ、機械設備工事、電気設備工事に区分されることが多く、システムキッチンや洗面ユニットも同様である。
工事区分に関する設計図書への記載整理はますます複雑化しており、設計業務の範囲整理と合せて、トラブルにならないよう十分注意したい。

4.3.2. 鉄骨ファブリケーターと関連した課題

　鉄骨造の建物は、その主体構造部材が鉄骨ファブリケーター（以下「鉄骨ファブ」）の工場で製作され、建設現場に運び込まれて組み立てられるという特性から、様々な課題が浮かび上がってくる。更に、構成部材の種類も多岐にわたることから整合調整対象も広く、不整合等の課題が多く見られる。

整合課題事例

PC カーテンウォール取付ファスナーと鉄骨ジョイント干渉事例（右頁）

　外装取付け用ファスナーの鉄骨梁への固定位置と鉄骨梁自体のジョイント位置とが干渉し、ファスナー位置の変更につながった事例であり、発生頻度も比較的高い。PC 版割り付けの変更が必要となる場合もあるため、より慎重な確認が必要となる。

その他の事例

［押出成形セメント板（ECP）外壁が許容スパンを超えており、中間耐風梁の追加が必要となった事例］

　階高が高い部分で縦張り ECP の長さが許容スパンを超え、鉄骨製作図検討段階で、設計図書に無い「中間梁」の追加設置が必要であることが分かった。鉄骨柱への取付け用プレートを追加することとなり、製作費増につながった（事例−35−1）。

［外装パネル取付け下地についての A 図・S 図の扱いの違いで、鉄骨図への反映を見落とした事例］

　外装パネル固定下地が意匠図（矩計図）に記載されていたが、構造図に記載又は注記が無く、施工者から構造図のみを渡された鉄骨ファブの全域に亘る見積落ちにつながった（事例−35−2）。

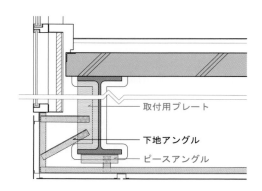

　設計図への下地記載については「どこまで描くべきか」という課題があり、以下のようなケースがある。
　　　　　・1 次・2 次下地部材とも、意匠図・構造図に記載が無い
　　　　　・意匠図に記載はあるが、メンバー等が不明
　　　　　・意匠図・構造図に各々記載があるが、メンバー等が不整合
　外装下地は鉄骨工事と外装工事との境界にあり、積算時にも曖昧になり易い。鉄骨工事の積算は通常、鉄骨ファブが担当するが、上記のような例があるので注意したい部分である。

解決のヒント
　・意匠図に記載があり、かつ、構造図に明確な仕様記載が必要なもの。
　　　　　：床段差、床端部処理の方法　　　：PCa 外壁や乾式外装パネル等の下地・耐風梁、等
　　　　　：屋上目隠し壁の下地、等　　　　：重量設備機器の架台、等
　・意匠図に記載があれば施工者として一定の判断ができるもの（特殊な納まりを除く）。
　　　　　：シャッター下地　　　　　　　　：軒天井下地　　　　　：キャットウォーク下地
　　　　　：間仕切り下地　　　　　　　　　：スライディングウォールの天井内吊り下地、等

| 整合課題事例 | PCファスナーと鉄骨ジョイント干渉 | 事例-33 |

『外壁PC版ファスナーと鉄骨ジョイントの干渉』

ダメージレベル●●●
顕在化レベル C

用途・構造・規模　：事務所ビル・S造

設計段階			施工段階							運用段階	
①	②	③	④	⑤	⑥	⑦	⑧	⑨	⑩	⑪	⑫
基本 DR	実施 DR	検図	見積質疑	図面確認	重合せ図	総合図	施工図	工程検査	竣工検査	1年点検	2年点検
発生時期	A			B				C			

1　発生事象

・PC 版のファスナーを鉄骨図に記載しようとしたところ、鉄骨接合部のスプライスプレートとPC 版ファスナーが干渉して納まらないことが分かった。

2　個別の具体的措置

・ファスナーの位置を調整し、スプライスプレートとの干渉を避けた。

3　原因・所見

・実施設計段階の整合確認洩れ。PC 版の場合は、重量も重く、ファスナーや鉄骨の補強も大掛りになるため、鉄骨接合部のスプライスプレート等との干渉は実施設計段階で解消しておきたい。

4　再発防止策

・設計段階の PC 版の割付計画において、ファスナーの配置はコストや鉄骨との整合、施工性に大きく関わるが、設計者が全体にわたって詳細調整を行うことは、ハードルが高い。設計段階では、標準部分で基本的整合を確保し、施工準備段階初期に PC メーカーが参画して各部調整を行うようにしたい。

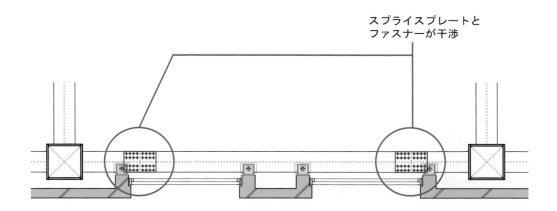

スプライスプレートと
ファスナーが干渉

ダメージレベル **40**/80 点	影 響 度		発生頻度		顕在化レベル	
	16点	極めて重大な影響	5点	高い頻度で発生	C	極めて気づきにくい
	8点	重大な影響	3点	ときどき発生	B	見過ごしがち
	1点	軽微な影響	1点	稀に発生	A	容易に気が付く

[設備配管位置が鉄骨スリーブ不適位置にあり、再調整が必要になった事例]

電気設備・空調設備設計図で調整が図られていないスリーブ記載がある構造図が鉄骨ファブに配布され工作図の準備をしていたが、施工者による総合図確認の際にスリーブ位置の不適が分かり、位置変更やスリーブ追加につながった。本来、設計段階での重ね合わせ確認で解決すべき課題であるが、調整未了のまま設計図書化される例もあり、早期の総合図作成で手戻り防止を図りたい（4.3.1「設備サブコンから見た課題」P98 参照）。

[OA フロア範囲拡大による「製作済み鉄骨梁」からのデッキプレート嵩上げ材取り外し事例]

鉄骨製作後に発注者からの変更要請が確認され、OA フロア範囲が拡大された。そのため、鉄骨梁に固定されていたデッキプレートの嵩上げ材を一部取り外すことになり、既に製品ヤードに保管されていた梁を工場内に戻し、嵩上げ材の取り外し作業を行う必要が生じ、追加費用が嵩んだ。変更要請に対する設計変更連絡書が作成されていなかったことが、この是正につながったことも注記したい（5.3「施工段階の“設計変更”」提言 P128 参照）。

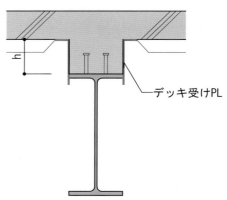

本社ビル：書庫スペース（直床）
↓
貸事務所：執務スペース化（OAフロア）

デッキ受けPL

コラム

● 運べない鉄骨計画
道路状況により運べない部材が設計図に記載されている例がある。
・道路法及び道路交通法、保安基準。但し緩和規程あり
　：幅 2.5m、高さ 3.8m、長さ 12m　※特殊車両通行許可　最大幅 3m
・搬入道路の幅、前面道路の幅により使用できるトラック、トレーラー種別が変わるため、慎重な事前調査が必要
・ロング梁（通例長さ 13m まで）のジョイントの仕様、位置を明記する
・仕口長さには運搬上の制約がある。1 方向の場合　2.5m　十字の場合　1.5m
・柱の長さ制限≒13m

● 知っておいたほうが良い鉄骨の納まり
ダイヤフラム間隔の最小値
　　　内ダイヤフラムの場合　100 mm以上　　　外ダイヤフラムの場合　150 mm以上

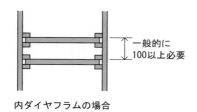
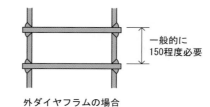

内ダイヤフラムの場合　　　外ダイヤフラムの場合

3. 鉄骨の「もの決め」

鉄骨の「もの決め」の継続的課題は「関わる部材の種類と要素の多さ」である。

鉄骨部材の製作のためには、柱・梁の構造体本体に加え、ベースプレートやハイテンションボルト等の部材だけでなく、関係部材として設備用スリーブ、床デッキ、外・内装下地や階段、免・制振ダンパーの準備が必要となる。更に、運搬・施工用の仮設金物等の取付けが必要であり、これらの全てが「工作図作成」までに確定しなければ鉄骨製作に取り掛かることができない。

この多くの部材と、その準備・調整に関わる関係者の多さが「整合課題」の発生につながる。IT化の取り組み等により継続的改善が図られてはいるが、鉄骨造案件の短期間での「もの決め」がこの課題解決を厳しくしている。

下図は一般的な鉄骨発注の「もの決め工程表」について、クリティカルパスとなる "1節部分の図面作成" に着目して簡略化したものである。

着工6ヵ月目から鉄骨建て方を始めるためには、その8ヵ月前に「ロール手配」をする必要があることが分かる。これは着工3ヵ月前に当たり、それ以上の施工準備期間が求められることとなる。また、近年の国内での材料納期は概ね以下の通りであり、この期間が大きく短縮することは考えにくい。

- 鋼板　　　　　　2.5 〜 3.0 ヶ月
- コラム、鋼管　　4.0 ヵ月
- H形鋼　　　　　3.0 ヵ月（JIS）、4.0 ヵ月（外法一定）、4.0 〜 4.5 ヵ月（ビルド H）
- ハイテンションボルト（HTB）
　　　　　　　　2.5 〜 4.0 ヵ月（通常 1.5 ヵ月。2019 年需要逼迫時は 6.0 〜 8.0 ヵ月）

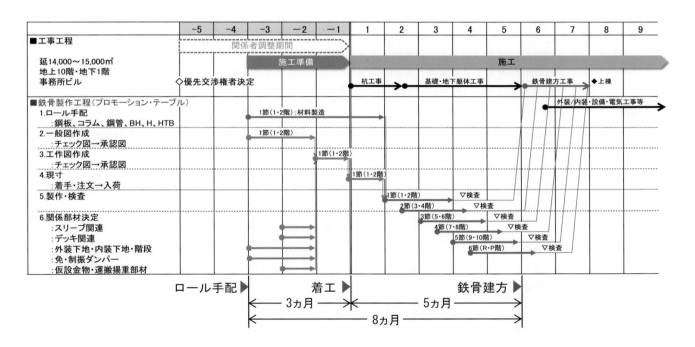

この工程表は「地下がある」例であるが、地下工事のない案件では注文書・請書等による先行「ロール手配」等の個別の工夫が必要となることに注意が必要となる。

先に挙げた整合課題はこの「もの決め」に関わる具体例であり、総合的な部材確定がされないと鉄骨製作ができないということを再認識しておきたい。施工図承諾の段階で「外装材の割付けが決まらないのでこの部分は "保留" にする」ことや「テナント対応のためここを "変更" する」という事態が発生すると、鉄骨ファブはその準備と段取り替えに奔走し、それによりミスや手戻りにつながり、品質低下につながりかねないことを改めて認識しておきたい。

4.3.3 プレキャストコンクリートメーカーと関連した課題

　設計の段階から、プレキャストコンクリート（PC）メーカー（以下「PCメーカー」）の協力を得て、設計図に「PC納まり詳細図」を織り込む例がある。高層建築では多用されている資材であることから、実施例も多い。しかし、設計初期段階で、基本性能や割付けについての調整をしておかないと、思わぬ不整合をもたらすことがある。

整合課題事例

　ファスナー施工が困難であり、矩計図のままでは止水性能を確実に確保するための PC 版ジョイント交差部裏面十字シールが施工できない恐れがあった。PC 版の割り付けの見直しなど大きな変更に繋がり、意匠的にも影響が大きい対応となった。

💡 **解決のヒント**

　PC 版の基本知識（裏側の施工性、運搬の限界、ジョイントの仕様など）を踏まえたうえで割り付けなど行わないと施工検討時に大きな手戻りになってしまうため、矩計者は最低限のルールを理解する必要がある。また従前、PC メーカーの主力商品は外壁 PC 版であったが、近年、施工合理化・省力化のため、構造体に係る部材（柱、大梁、跳ね出し部材等「構造 PC」）の製作も多い。

　鉄骨同様、PC 版部材、特に構造 PC の「間違い」は致命的であり、設計者・監理者、施工者、メーカー間における設計図書の共通理解はますます重要になってきている。

　以下に解決のヒントをまとめた。

	構造ＰＣ	解決のヒント
1	基本計画	・割り付け位置（ジョイント場所、方法）を明記する。 ・合理的に運搬できる寸法・重量を理解する（原則は 2.5 × 6 m以下。それ以上は個別検討）。 ・出来るだけ寸法は統一し型枠の製作数を減らす。
2	仕様	・コンクリートは工場によって認定されている仕様が限られている（特に高強度コンクリート）。
3	詳細図	・跳ね出し庇、バルコニー、パラペットなどの断面形状（断面図）を明記する。また断面寸法は極力統一し型枠の共通化を目指す。 ・上記部分は意匠図と構造図で食い違うことが多いので整合性に注意する。 ・打込金物については性能・意匠上精度を要求されるものと、仮設使用等、要求精度が低いものを使い分ける。
	外壁ＰＣ版	解決のヒント
1	基本計画	・運搬可能な寸法・重量を理解する（外壁の場合は W=2.5 m）斜め台を使うと W=3.6 mまでは、コストアップを容認すれば運べるが、コーナーの折り返しがつくと運搬不可能。 ・ＰＣの基本性能（水密、耐震、基本仕上、基本割り付け）を初めに決定する。
2	仕様	・コンクリートの仕様を明確にする（普通コンクリート or 軽量コンクリート）。 　＊軽量コンクリートの場合、塗装面の膨れなどの不具合が発生しやすいので注意。 ・止水納まりがオープンジョイントかフィルドジョイントかを明記する。 ・石、タイルなど仕上げが途中で変更になると、割り付けにまで影響するので早期に仕上げ材を確定したい。
3	詳細図	・外壁は板厚を指示する（コンクリート厚と仕上げ厚との関係を明示）。 ・裏側のクロス部分のシールが打てない場合は割り付けの再見直しになってしまう（裏側の鉄骨詳細情報が不足がちで施工上の問題が顕在化しにくい）。 ・ＰＣ版同士の不具合に比べ異種取合い（ＡＣＷなど）部に問題が起きやすいので十分にすり合わせを行う。異種取合い面のＰＣ版側をフラットにしたほうが問題が起きにくい。

整合課題事例　　　PCジョイント位置の不備　　　　　　　　事例－34

『PC 版裏側の十字シールが打てない。外壁割り付にまで影響が！』

ダメージレベル ●●●
顕在化レベル B

用途・構造・規模　：事務所ビル・S 造

設計段階			施工段階							運用段階	
①	②	③	④	⑤	⑥	⑦	⑧	⑨	⑩	⑪	⑫
基本 DR	実施 DR	検図	見積質疑	図面確認	重合せ図	総合図	施工図	工程検査	竣工検査	1 年点検	2 年点検
発生時期　　　A			B				C				

1　発生事象

・外壁 PC 版の水平ジョイントの位置について、矩計図のままでは裏側交差部の十字シールが施工困難であることが分かった。

2　個別の具体的措置

・裏側のシールが出来る位置に水平ジョイントを変更し、全面的にパネルの割り付けを見直した。

3　原因・所見

・実施設計段階の調整洩れ。PC 版の割り付けは施工性・品質確認上、構造体との関係を含めた制約が大きい。設計者は早期に PC メーカーと技術的な検討を行い、実現可能な納まり・割り付けを行う必要があった。

　※ PC 業界団体では、オープンジョイント、フィルドジョイントとも裏側十字シールを推奨している。

・PC 版や鉄骨は運送上の制約が多い（P100~P105 参照）。

4　再発防止策

・PC 版をどのように分割し、割付けるかという検討は、立面デザインの問題だけでなく、目地部の施工性や、敷地への搬入、クレーンの揚重などの施工条件に大きく関連する。設計時の専門家（場合によっては PC メーカー）への確認が重要である。

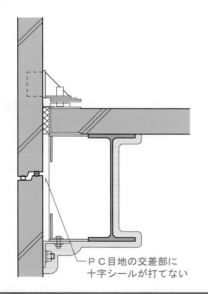

ＰＣ目地の交差部に十字シールが打てない

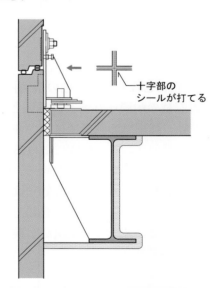

十字部のシールが打てる

ダメージレベル **48**/80 点	影響 度		発生頻度		顕在化レベル	
	16 点	極めて重大な影響	5 点	高い頻度で発生	C	極めて気づきにくい
	8 点	重大な影響	3 点	ときどき発生	B	見過ごしがち
	1 点	軽微な影響	1 点	稀に発生	A	容易に気が付く

4.3.4　金属系カーテンウォール・サッシメーカーと関連した課題

　高度な技術を必要とする金属カーテンウォール（CW）については、サッシメーカーが製品の詳細システムを設計し、製造しており、これらの高度な技術に則り、建築物の外装設計に織り込む必要がある。

　特に気候対応や意匠の多様性等、外装に求められる要求性能は年々高くなり、それらに対応する知見の増加と技術の進歩等により益々高度化している。そのため、整合性に関する固有の問題点が発生する場合があるので注意が必要である。

　これらの問題は、専門性が高いために、外観意匠を性能よりも優先してしまったり、性能はメーカー任せとなったりすることに起因する。

整合課題事例

外装関連の各種図面と性能要求事項を示す特記仕様書等が不整合となった事例（右頁）
- ・特記仕様書記載の結露性能と詳細図が不整合（特記仕様書の結露要求性能が高く、断熱サッシあるいは部屋内側の枠へのカバーを設け空気層による対応が必要であったが、詳細図はそうなっていなかった）。

　外装に関わる設計図書等の主な課題
- ・特記仕様書（※主な性能要求事項）
- ・外装仕上表
- ・立面図
- ・断面図
- ・矩計図
- ・外装詳細図（ディテールを含む）
  - ※ 耐風圧性能、耐震性能、層間変位追従性、水密性能、気密性能（排水機構の考え方）耐火性能、断熱性能（設備計画と合致要）、結露対応等
  特に「外装詳細図」と「特記仕様書」の整合課題が発生するケースが散見されており、コストコントロールと連携した早期の性能規定の設定等、設計の進め方を再認識する必要がある。

その他の事例

［特記仕様書等と不整合となりがちな他の事例］
- ・特記仕様書記載の耐風圧性能と詳細図との不整合。特記仕様書では耐風圧の風速再現期間が 150 年となっており、詳細図の断面ではその性能を満たしていなかった。
- ・特記仕様書記載のユニットCWにおけるスパンドレル部分の仕様と詳細図との不整合。スパンドレルのバックボード部で密閉化するために、耐火パネルと金属パネルとの複合パネルであり、且つシール納まりとする記載があったが、詳細図は耐火ボードのみ（枠へ差し込み）の詳細図であった。
- ・免震建物であるにもかかわらず、層間変形追従性能規定が耐震建物の前提となっており過剰スペックで設計されていた。メーカーが決定し検討が始まってから免震建物に対応した仕様に変更指示がなされ、かなりの手戻りとなった。
- ・物件の秘匿性から寒冷地であるということが設計協力メーカーに伝達されておらず、寒冷地対策が反映されていなかった。
- ・ガラス種別図とサッシ詳細図が不整合であり、溝にガラスが入らない例があった。

| 整合課題事例 | 特記仕様書と詳細図の不整合（断熱） | 事例－41 |

『結露性能規定の不整合によるカーテンウォールの大幅な見直し』

ダメージレベル●●●
顕在化レベル B

用途・構造・規模　：事務所ビル・S 造

設計段階			施工段階						運用段階	
① 基本 DR	② 実施 DR	③ 検図	④ 見積質疑	⑤ 図面確認	⑥ 重合せ図	⑦ 総合図	⑧ 施工図	⑨ 工程検査	⑩ 竣工検査	⑪ 1 年点検	⑫ 2 年点検
発生時期	A			B					C	

❶ 発生事象

・特記仕様書の結露防止要求性能「外気－ 10℃、風速 5m/s、室内 25℃・相対湿度 50％で、内部側サッシ枠に結露を発生しない」が詳細図の仕様と整合していなかった。
・工事請負契約後、図面検討時に設計図書に基づき結露の検討を行ったところ、特記仕様書の性能が確保できないことが判明した。

❷ 個別の具体的措置

・メーカー検討を含めた再調整に時間を要し、大幅な工程遅延となった。

❸ 原因・所見

・基本設計段階で基本性能を押さえていなかった。
実施設計段階においてメーカーと事前検討する際に、各種性能をまとめ提示していなかった。

❹ 再発防止策

・設計者は、実施設計段階において、特記仕様書やメーカー詳細図は別々に作図を進めることが多いが、図面間の不整合を防ぐためには、基本設計段階で基本性能を確定させ、特記仕様書に盛り込み、それをもとに詳細図の作成を進めるようにしたい。

実施設計時の詳細図　　　　特記仕様書の性能を確保するよう見直した仕様

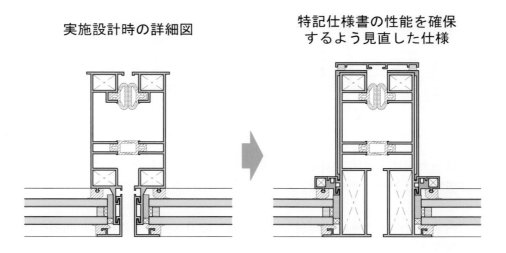

ダメージレベル **48**/80 点	影　響　度		発　生　頻　度		顕在化レベル	
	16 点	極めて重大な影響	5 点	高い頻度で発生	C	極めて気づきにくい
	8 点	重大な影響	3 点	ときどき発生	B	見過ごしがち
	1 点	軽微な影響	1 点	稀に発生	A	容易に気が付く

[意匠性のみを優先し、特記仕様書の性能を満たせない他事例のサッシ図(低層用)をそのまま引用してしまっていた事例（事例－40)]

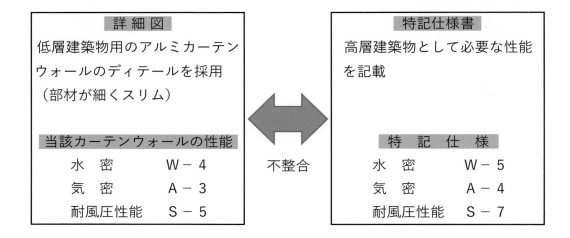

詳　細　図
低層建築物用のアルミカーテンウォールのディテールを採用（部材が細くスリム）

当該カーテンウォールの性能

水　密　　　W－4
気　密　　　A－3
耐風圧性能　S－5

不整合

特記仕様書
高層建築物として必要な性能を記載

特　記　仕　様

水　密　　　W－5
気　密　　　A－4
耐風圧性能　S－7

[アルミサッシという特殊性による問題（事例－42)]

　　アルミサッシは1方向の連続性を持った「押出しの型材」による構成であり、型材には各メーカーがあらかじめラインナップしている型材（既成型材）と、その物件の性能や意匠に合わせて製作する型材（オーダー型材）が存在する。設計者はこの違いをよく認識して設計図書に織り込む必要がある。

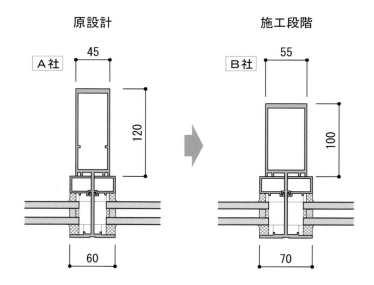

原設計　　　　　　　　　　　　施工段階

[同様な課題事例]

・等圧計算は各メーカーにより想定条件が違う場合がある。協力したA社の条件設定が甘く、採用されたB社の条件設定では部材寸法（断面）が大きくなってしまった。

・膳板額縁等の内装材との間の絶縁処理材について設計協力メーカーに指示し図面化されたが、記載が不明であり、選定された別メーカーは見込んでおらず増額要求となった。

・メーカー特定となることを避けてアウトラインのみの図面としている場合で基本要求条件が明確化されていない場合は、型材の基本的な納まりが曖昧なために廉価で見積もられて、後で追加となる可能性がある。

💡解決のヒント

設計各フェイズ及び工事段階における注意点を以下にリスト形式でまとめたので参考にして欲しい。

		解決のヒント
1	基本設計	① コスト上、外装ＣＷ配分ターゲットを概ね定め、主な基本性能要求事項を定める。 ②①に応じて、いわゆる既成型を使用したセミオーダーとするか、特注型を使用したフルオーダーとするかを検討する。 ③①に応じてノックダウン方式かユニット方式とするかを検討する（これは外装仮設足場の有無等に関連するので重要なポイントである）。 ④ 各種性能規定値のレベルを決定する（耐風圧の再現期間の設定や設備基本設計と連動した熱的性能等）。 ⑤ 縦横部材の基本的な割り付けを決定する（基本的な内部モジュールとの整合等）。
2	実施設計	① 上記基本設計時に決定したことを踏まえて、詳細検討を始める前に、※基本性能要求事項として最終的は特記仕様書となるべき内容を決定の上、詳細設計に入る。この基本性能要求事項を纏めずに、形状検討等を先行すると、設計中に手戻りが生じる可能性がある。極端な場合は特記仕様書と詳細図が不整合となってしまい見積あるいは工事段階において手戻りが発生する場合がある。 ② 構造体や外装同士、内装及び設備との異種取り合いについて以下の基本を纏める。 ・構造体と外装ファスナーの基本納まりとイレギュラーな納まり ・外装異種部材間の水密・気密機構 ・外装異種部材との目地割付（PCCW、ECP、ALC、GRC、各種金属、タイルや石目地も含む） ・内装額縁膳板等（ブラインドＢＯＸ含） ・吸排気ガラリ～チャンバーＢＯＸ～設備 ・ダクト接合納まり等 ※基本性能要求事項例 ・耐風圧性能 ・耐震性能 ・層間変位追従性能（鉛直相対変位含む） ・水密性能 ・気密性能（排水機構の考え方） ・耐火性能 ・耐温度差性能 ・遮音性能 ・断熱性能（設備計画と合致要） ・耐久性能 ・結露対応 ・表面処理（色合い含む） ・ガラス交換（内嵌め、外嵌め、両方） ・押縁等の脱着部材の脱落対策 ・清掃対応（ゴンドラガイド等の有無） ・音対策（風切り音、軋み音等） ・熱安定性 ・シール方式（ガスケット等） ・勘合方式（等圧設計の有無） ・構造上の設計に用いる応力 ・実物大試験などの各種試験の明示

4.3.5　昇降機メーカー等と関連した課題

　昇降機（エレベーター、エスカレーター等）等に関しては、製品設計自体は専門の昇降機メーカー等（以下「機械メーカー」）によって行われる。建築の設計者はその情報をもとに建築躯体の中に種々の機械を内蔵させていくが、機械の詳細はメーカーごとに設計されているため、設計図書に不整合を誘発させやすい。

［エレベーター扉引込部と梁端部拡幅フランジの干渉（事例－62）］

　意匠担当者と構造担当者で昇降路の基本的な有効必要寸法は共有されていたが、梁端部のフランジ拡幅部分と扉引込み部の干渉が見落とされていた例である。

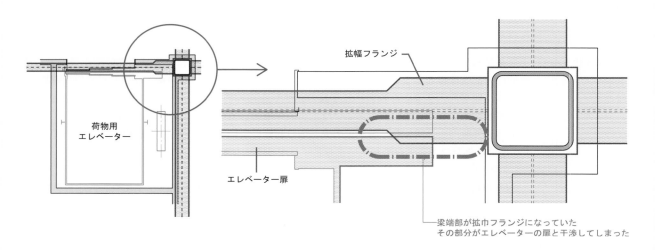

拡幅フランジ

荷物用
エレベーター

エレベーター扉

梁端部が拡巾フランジになっていた
その部分がエレベーターの扉と干渉してしまった

　オーバーヘッド寸法やピット深さ寸法は法令で決められており最小値が決められているが、それ以外の必要な寸法は機械メーカーごとに異なるので注意が必要である。

💡 **解決のヒント**

　昇降機と構造体、設備の干渉、不整合はよく発生する事例である。

　機械メーカーごとに必要なピットや昇降路の大きさなどが異なることから、機械メーカーが決定していない設計時は、各種寸法の最大値を採用して設計せざるを得ない。設計者間の情報共有の問題や、機械メーカー決定後に詳細検討を行う中で、細かい不整合が発生する場合もある。

　また発注者の要望で機械メーカーが設計当初から決まっている場合は、設計を進めやすいが、何らかの事情でその後、メーカー変更が発生した場合は、大きな設計変更につながってしまう場合がある。その場合の設計期間、設計費用は発注者に求めていくことが必要である

［エレベーターシャフトとフーチングの干渉例］

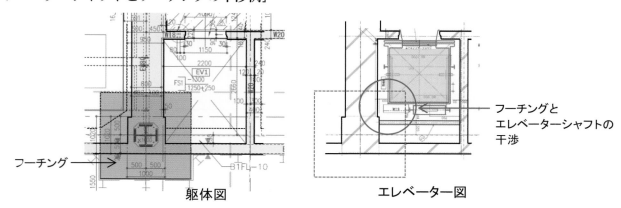

フーチング

フーチングと
エレベーターシャフトの
干渉

躯体図　　　　　　　エレベーター図

以下に昇降機等に関する注意ポイントを紹介する。

		注意点や解決のヒント
1	エレベーター	意匠図と構造図間で梁のサイズ、位置が整合しておらず、必要なブラケットやピースが取り付かない。
2		メーカーが提供した昇降機の情報に誤った加筆、変更がされていて実際の製作に支障が生じる。
3		ピットの深さが確保できていない、またフーチングの一部がピット内に出るなどの不整合がある（P110 下図）。
4		上階が S 造で地下が RC・SRC 造の場合は構造寸法が変わるので特に注意が必要。
5	エスカレーター	比較的トラブルは少ないが、特殊な仕上げを採用する場合は責任分界点を明確にする。
6	共通	メーカーの製作図がそのまま設計図書になっていることが散見される（その場合、メーカーにとっては別途工事だったものが、設計図でも別途と記載されている）。

コラム

● 機械式駐車装置の課題

機械式駐車装置は都市部の建築計画（事務所、複合施設、集合住宅、等）で多用され、その計画においては、設置される機械と建築計画との詳細調整が必要となる。主要な形式は概ね次の通りであり、建物用途により、採用される形式に違いがある。

　　A. タワーパーキング（独立型、建物組込み式）
　　B. 多段式パーキング（単純上下式、横行昇降式）
　　C. 水平循環式・走行台車式等

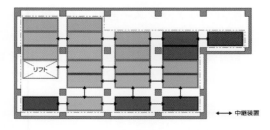
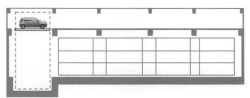

主要メーカー毎の独自性と特徴の違いがあるため、設計者が建築計画（主に躯体計画）を検討する際は、発注者からの指定が無い限りは、昇降機同様、複数社の製品に対応できるような準備が必要となる。これは、将来の機器更新に備えるという側面も持ち、上記の A.B. の形式については一定範囲での汎用性がある。

一方、「C. 水平循環式・走行台車式等（右図）」は、通常、建築地下躯体に格納される形式であり、建築の基本設計の内容を左右し、採用する形式によって地下躯体の寸法（広さ、深さ、スパン）が大きく変わってしまう。そのため、設計者は基本設計の段階で、メーカー・製品検討を行い、収容台数や出庫時間の違いに加え、地下躯体寸法に伴う工事費の概算比較検討をした上で発注者協議を行い「決定」を得なければ、設計作業を継続できない。設計スケジュール設定に関わる駐車場形式であることに注意しておきたい。

水平循環式　レイアウトとイメージ
図：IHI 運搬機械株式会社提供（一部追記）

111

4.4 用語の課題

　建築で使われる用語は極めて多様であり、歴史も長く、生活に密着したものや地域性に根差したものも多い。それらの建築用語については、多くの著書があるのでそちらを参照して欲しいが、ここでは、用語の定義の錯誤が「整合課題」につながった例を提示し、同様なリスクを生まないための注意喚起として紹介しておきたい。

1.「免震クリアランス」の用語定義の取り違えトラブル

　今回収集された事例に、複数の「免震建物」の例があったが、左図は設計図書に書かれた「複数の免震クリアランス値」の関係者による用語定義錯誤がトラブルにつながった例である。

整合課題事例

　免震建物の各部納まりは、動かない「下部構造（地盤側）」と動く「上部構造」との各部クリアランス確保が最重要な管理点である。しかし、実案件での「クリアランス不足」による手直しや、トラブル事例は多い。

　この整合課題事例（右頁）は、その中の「用語の定義」を間違えてトラブルになった事例である。間違えた部分が設備配管の納まりであったために大事には至らなかったが、施工会社の負担による是正となった。1983年から全国で既に5,000棟を超え、毎年多くの新築免震建物が作られ、既存建物の免震改修が行われている状況を考慮すると、注目しておきたい例である。

　原因・所見は右ページの通りであるが、「免震クリアランスの定義」は以下の通りである。

　　設計クリアランス…設計者が、地震時の応答変位や応答値のばらつきなどに加え様々な要因を考慮して、建物の竣工時に確保すべき値として設定したもの
　　最小クリアランス…建物の免震性能を維持するために必要な最小限のクリアランスで許容できる残留変位などを考慮した維持管理における管理値

「免震構造施工標準」2017
　　編集：一般社団法人日本免震構造協会
　　発行：一般財団法人経済調査会

「免震建物の維持管理基準」2018
　　発行：一般社団法人日本免震構造協会

※ 2017年までは下記3つの定義があったので注意されたい。
1) 施工クリアランス…設計クリアランス＋施工誤差
2) 設計クリアランス
3) 最小クリアランス

　他にも、建築で使われる「用語」には、言い慣わされていながらも、発言者・受け取り手が間違えやすいものが多数みられる。以下に、よく「思い違いされる」例を複数挙げるので、是非参考にしていただき、錯誤による不整合トラブル防止に役立てて欲しい。

整合課題事例	免震クリアランス定義の誤認	事例－83

『免震建物における「設計クリアランス」と「最小クリアランス」の取違い』

ダメージレベル●●
顕在化レベル C

用途・構造・規模：集合住宅・RC 造

	設計段階				施工段階						運用段階	
	①	②	③	④	⑤	⑥	⑦	⑧	⑨	⑩	⑪	⑫
	基本 DR	実施 DR	検図	見積質疑	図面確認	重合せ図	総合図	施工図	工程検査	竣工検査	1 年点検	2 年点検
発生時期	A			B				C				

１　発生事象

・竣工後 1 年目の定期点検時（免震建物維持管理計画に基づく）に、免震検査会社により「竣工時のクリアランス不足」を指摘された。設備配管等が、設計クリアランスを下回る「最小クリアランス」で施工されており、竣工検査時の検査結果に疑義が生じた。

２　個別の具体的措置

・設計クリアランスを確保すべく、配管形状とフランジ位置の変更を施工者負担で行った。

３　原因・所見

・免震クリアランスの定義は 2 種類あるが、施工検査時に最小クリアランスの意味を取り違え、最小クリアランスを満足していれば大丈夫と判断してしまった。また、特記仕様書の記載も不明確であった。

４　再発防止策

・設計者は、免震クリアランスの定義の再確認と、間違えにくい特記仕様書記載の工夫を行う。
・施工者は、主要部の施工検討図を作成し、工事監理者の承諾を得る。
・竣工検査の際、免震検査会社による全箇所検査を受け、公式なエビデンスを残すようにしたい。

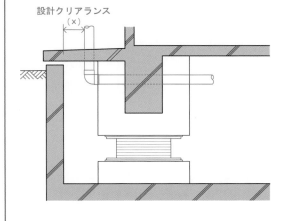

設計クリアランス

免震建物におけるクリアランスの種別

設計クリアランス…設計者が、地震時の応答変位や応答値のばらつきなどに加え様々な要因*を考慮して、建物の竣工時に確保すべき値として設定したもの。

最小クリアランス…建物の免震性能を維持するために必要な最小限のクリアランスで許容できる残留変位などを考慮した維持管理における管理費

＊クリアランスに影響する要因（例）
　温度伸縮、乾燥伸縮、施工誤差、残留変位

出典：（一社）日本免震構造協会　免震建物の維持管理基準－ 2018 より

ダメージレベル **24**/80 点	影 響 度		発生頻度	
	16 点	極めて重大な影響	5 点	高い頻度で発生
	8 点	重大な影響	3 点	ときどき発生
	1 点	軽微な影響	1 点	稀に発生

顕在化レベル	
C	極めて気づきにくい
B	見過ごしがち
A	容易に気が付く

2.「外装止水」　二重止水。どっちがどっち？

　建物の外装について、漏水防止のために「二重に止水」する方法が多用されている。

　止水原理として「フィルドジョイント」と「オープンジョイント」とに二分されるが、細分化した各々の呼称には定義が不明確なものもあり、業界毎・組織毎・個人毎に異なった「呼び方」をしているものも多く、各々の思い違いがあるままで打ち合わせが進められ、結果として不整合に繋がる例がある。

　下図はともに「二重に止水（ダブルシール）」されたフィルドジョイントであるが、構成が全く異なるにも関わらず部材の名称には類似した部分が複数ある。

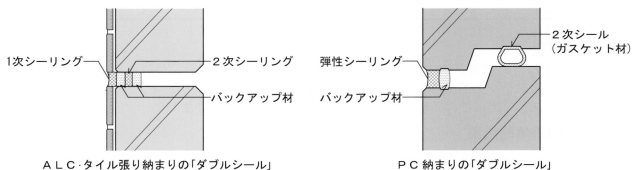

ＡＬＣ・タイル張り納まりの「ダブルシール」　　　　　ＰＣ納まりの「ダブルシール」

　左図には「2 次シーリング」とあり、右図では「2 次シール」と書かれている。この違いは何かを理解せず使われている例がある。

　「2 次シーリング」と「2 次シール」については、ともに外側から見れば「奥に」設置される水密・気密材料であり、通例、以下のように仕分けられている。

- ・シールする　　同種又は異種材料から構成されている各種部材間からの水の浸入や、空気の通過を防止するために、目地に適切な材料を施すこと。
- ・シーリング材　不定形の状態で用い、目地の適切な面に接着させることによってシールする材料。

　また、外壁から浸入しようとする水をブロックする段階を指して、外側を「1 次シール」、内側を「2 次シール」と定義している。なお、施工手順からすれば、先に施工する「奥の材料」を”1 次“と呼び、あとで施工する「手前の材料」を”2 次“と呼ぶ設計者や施工者も居るので、注意が必要となる。

　公共建築工事標準仕様書での定義は無いが、日本建築学会「外壁接合部の水密設計及び施工に関する技術指針・解説（2008 年・第二版）」には以下の様に整理されている。

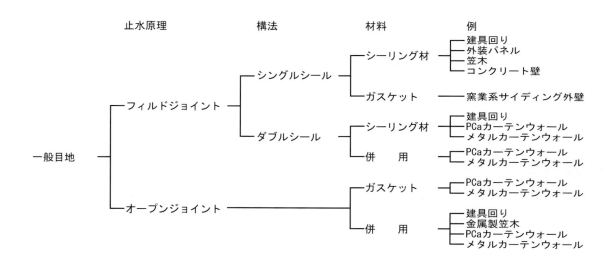

3.「その他の用語」間違え易い用語はたくさんある

今回の取り組みの中で、同様な「用語の課題」は他にも多数確認された。公的な定義が明確なものと、そうではないものとを含めて以下、例示する。

	用語	思い違いされる事例と注意点	公的な定義や一般的な用例
1	BM と KBM BM の地図記号 = ⦿	BM はベンチマーク、KBM は仮ベンチマークを示す。公的な基準の BM に対して KBM は案件固有の設定。平均地盤面や道路斜線の基点は KBM のみで設定できるが、冠水リスク検討等を念頭に、BM とのレベル関係をあらかじめ確認しておきたい。	BM は測量法に定められた水準点であり、国道際等に全国で 17,000 箇所設置され、定期的に校正されている。「日本水準原点」は国会前庭にあり、2011 年時点では T.P. + 24.3908 m の高さにある（大地震の際に修正される）。
2	T.P. と A.P. T.P. 0.0m Y.P. 0.0m A.P. 0.0m	T.P. は東京ペイル、A.P. は荒川ペイルを示す。敷地レベルを表す重要ポイントであるが、正しく理解されていない場合がある。Y.P. は江戸川ペイルのこと。なお「ペイル」はオランダ語で水準面のこと。	T.P. は標高の基準であり、東京湾平均海面を示す。明治期に、A.P.（霊岸島量水標 = 東京都中央区新川）+ 1.1344 m を T.P. ± 0 と設定された。
3	FL と SL	FL はフロアレベル、SL はスラブレベルを示す。 床仕上げ材が厚い場合や 2 重床の場合では思い違いをする例は少ないが、厚さ 2mm 程度の床材の扱いについては、事前に関係者で確認しておく必要がある。	建基法上 FL は「床高さ」と「天井高さ」の基準となる（「軒高」は SL）。 一方、SL は構造計画や施工計画の基準となり梁下寸法にも関わるため、建築計画上 FL と SL の関係は早期に確定させておく必要がある。
4	真北と磁北と方眼北	日影規制検討時に真北と磁北を取り違えると建物ボリューム検討の大きな手戻りとなる。 更に、真太陽時と日本標準時（JST）の思い違いにも注意しておきたい。日影規制の「12 時」は真太陽時であり、東京では JST11 時 40 分となる。	真北は子午線上の北（北極点の方向）であり、日影規制は「真北」に基づく。 磁北は関東地方では概ね 7° 西にずれるが、北海道では 8 ～ 10°、沖縄では 5° となる。これは地磁気の影響による偏角であり、国土地理院 HP で確認できる。 方眼北は球体である地球を平面化する際の偏差であるため地図の左右で反転する。
5	ペアガラス構成 （複層ガラス）	異厚（10 + A + 8）や異種（網入 + 透明）構成の際、外側ガラスと内側ガラスの使い分けについて思い違いをすることがある。	風圧力検討や、熱割れ検討時にガラス構成を事前に確認しておく必要がある。 また、金属膜を施すガラスの場合、清掃時の剥離トラブル例もあるので注意したい。
6	弾性と 微弾性吹付タイル	外装吹付タイル仕様で「弾性」や「微弾性」の指定がされる場合があるが、定義不明確なまま呼称され、躯体のひび割れが顕在化した際にトラブルとなる例がある。	弾性吹付タイルは「防水形複層塗材」等、気温 20℃での伸び率 120% 以上の製品を示す（JIS6909）。微弾性吹付タイルは単層塗材製品で、50 ～ 100% の伸び率を持つ製品の通称として使われている。
7	1 次ファスナーと 2 次ファスナー	カーテンウォール（CW）取り付けファスナーや石張り外装取り付け金物の区分を示す。固定する金物と、可変性を持たせる金物があるので注意したい。	シーリングとは逆に、躯体に近い方から「1 次、2 次・・」と呼称する。また、CW 等の側に付くファスナーをブラケットと呼ぶ場合もある。

これらは一例であり、建築には地域性を含めて非常に多くの「用語」がある。双方の思い込みによる「（各々の）常識」が、大きな不整合に繋がるので、関係者間のやり取りの際に懸念を感じた場合は、図面や資料による確認を行うことを励行したい。

基本的な用語は本来「設計段階」での整理が必要だが、" 思い違い " は施工準備段階での打合せで顕在化することも多く、個々の「施工図承諾」までにはすべてを解決しておきたい。

第 **5** 章

設計変更に伴う整合課題

5.1 設計段階の「設計変更」

5.1.1 設計段階における「設計変更」とは

　企画段階（基本計画）で各条件について与条件確認を実施しても、事業計画など企画段階では確定していなかった要件が、徐々に明確化され、設計への追加的要素として影響を与えることがある。

　また、各段階の設計を適切に実施した場合でも、諸々の外的要因によって与条件の変更が生じ、設計図書に修正が生じるケースも見受けられる。事例としては、発注者より提示された予算に変更が生じた場合（事例－1）や、設計中に発注者要望による追加や変更が生じた場合（事例－3）などがある。

5.1.2 設計段階における「設計変更」の課題

整合課題事例

　発注者予算に合致させるために VE・CD 検討として外装ガラス仕様を変更したが、それに見合う空調設計がされていなかった事例である（右頁）。意匠担当者がガラス仕様を変えた際に、設備担当者への伝達・調整が洩れたためである。

　計画が進行することに伴う事業内容の変化や、新たな条件が生じる等の様々な設計変更要因が生じる例が多い。このような事象に対応するため、設計者は一定範囲の変更に備えておく必要がある。

　設計者が、計画に影響を及ぼす変化についてあらかじめ想定し準備しておけるか否かで、変更対応の作業量は大きく変わる。また、その対応の仕方によっては大きなトラブルを招くこともある。

　計画に影響を及ぼす変更の要因を、不可抗力と言えるものも含めて下記に例示した。

① 発注者の都合による要望の変更や追加
（予算、スケジュール、規模や面積など与条件等の変更）
② 企画・設計段階での「未確定の要素」について調整の結果生じた与条件などの変更
③ 企画・設計開始以降に発生した法規や条例等の改正や追加
④ 関係官公署による行政指導
⑤ 敷地や環境に関わる新たな条件の発生（近隣の反対や埋蔵物の発見など）
⑥ 工事資材の不足や価格の乱高下、工法や製品の問題発生に伴う計画の変更　等

　設計段階における変更は、設計チーム内を横断した検討や設計作業を要する場合が多い。事例にも示したような概算工事費の算出後の変更は、短い時間の中で行わざるを得ず、十分な検討を行えないことが多い。そのため、図面上の不整合を発生させる可能性が高い。さらに減額対策にばかり目が行き、意匠・構造・設備担当者間の情報共有が疎かになる等、ASEM 間でのコミュニケーション不足による不整合も発生しやすい。

　設計図書の整合を保つためには、これらを速やかに、かつ、的確に解決する必要があり、発注者・設計者など関係者間の協力が必須である。

コラム

●「VE・CD」

VE（Value　Engineering）及び、CD（Cost　Down）という別々の概念を示すが、発注者の要求事項（工事費等を含む）を満たすための提案であり、本書では厳密な区別は付けず、総称として「VE・CD」と呼ぶこととする。

整合課題事例	ガラスVE時の設備調整洩れ	事例−38

『外装ガラスで VE 提案したが、逆に空調がコストアップに！』

ダメージレベル●●●
顕在化レベル A

用途・構造・規模 ：事務所ビル・S 造

設計段階			施工段階							運用段階	
① 基本 DR	② 実施 DR	③ 検図	④ 見積質疑	⑤ 図面確認	⑥ 重合せ図	⑦ 総合図	⑧ 施工図	⑨ 工程検査	⑩ 竣工検査	⑪ 1 年点検	⑫ 2 年点検
発生時期 A			B				C				

1 発生事象

・検図段階で図面をチェックしていた検図担当者が、エントランス部分の外装ガラスの断熱性能が他に比べ不足していることに気づき、空調能力等総合的に再検討したところ、空調容量が不足していることが判明した。

2 個別の具体的措置

・増加した熱負荷を処理するために、空調機及びダクトサイズの変更等を行うこととした。

3 原因・所見

・意匠担当者は、基本設計初期段階で決定していたガラスの断熱仕様を減額のために変更した。その際、断熱性能が下がっているにもかかわらず、設備担当者にその情報が共有されていなかった（設計時の調整不足）。

4 再発防止策

・コスト削減だけにとらわれて、建物全体としての性能確認を失念しないようにする必要がある。
・コスト削減を目的とした設計変更を行う際には、設計担当者は ASEM 全体のバランスを常に視野に入れて取組み、各段階のデザイン・レビュー（DR）等でもフォローする必要がある。

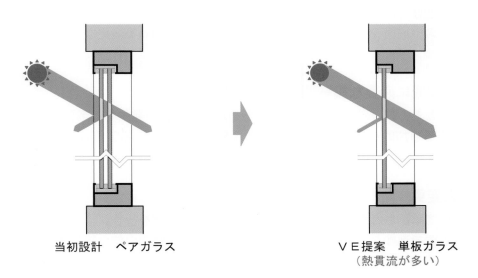

当初設計　ペアガラス

VE提案　単板ガラス
（熱貫流が多い）

ダメージレベル **48**/80 点	影 響 度		発生頻度		顕在化レベル	
	16 点	極めて重大な影響	5 点	高い頻度で発生	C	極めて気づきにくい
	8 点	重大な影響	3 点	ときどき発生	B	見過ごしがち
	1 点	軽微な影響	1 点	稀に発生	A	容易に気が付く

5.1.3　設計段階における「設計変更」を進める手続きについて

設計変更が生じた場合、下記のような手順で進めることとなる。
- ・変更内容の確認
- ・変更概略案などの作成
- ・変更概略案の作成に必要な設計期間と設計料の提示
- ・実施の可否と変更作業

各フェーズの概要と留意すべきポイントは以下の通りである。

1）変更内容の確認

発注者と共に変更内容の確認を確実に実施することは、その後の検討や作図作業をスムーズに実行し、遅延や手戻り、不整合を防ぐ上で大変重要である。
- ・発注者起因の変更であれば、指示書や議事録などで確認する。
- ・行政指導や近隣など発注者以外の関係者が起因の場合は、関連する議事録や報告書などを発注者と相互に確認する。
- ・口頭やメールなどによる変更を示唆する指示は、齟齬が生じないように変更内容を示す文書に置き換え、相互に確認する。

確認については、発注者からの指示書などエビデンスを残す必要がある。また、議事録や課題管理表（右頁）などを用いて、設計業務の流れの中で、エビデンス残す方法もある。例えば、課題管理表は変更内容の確認だけでなく、変更起因や検討の進捗状況も共有することができる。概要を示すスケッチや図などの補足資料があるとより齟齬を生じにくい。

2）変更概略案などの作成

変更内容について、設計チーム内での情報共有を行い、影響度などの確認を行う。変更内容が仕様や性能へ大きく影響を与えるか否かの判断が重要である。

影響が大きい場合、DR を再度実施するなど、組織内の第三者性をもった人格によるチェックを行うことで不整合が生じる可能性を低減することができる。例えば、事例で示した外装や屋根、躯体又は設備システムへ影響を与えるものや設備システム自体の変更、各申請業務に関わる変更などは変更レビューを実施するようにしたい。

3）変更概略案の作成に必要な設計期間と設計料の提示

変更概略案の提示とともに、概算工事費の増減や設計の変更に伴い発生する業務（告示第 98 号（別添四他）の標準業務に付随する追加的な業務（十二　設計の変更に伴い発生する業務））についても提示し、作業時間や業務報酬を確保する。

4）実施の可否と変更作業

変更概略案について承認されたら、遅滞なく設計図書の変更作業を行う。

発注者と課題管理表で進捗などを定期的に確認することで、分野間の整合確認状況もチェックすることができ、洩れ落ちを防ぐことができる。

また、変更作業の完了についても発注者へ報告を実施し記録することで、エビデンス化を行う。

■ 提言

1. 設計変更に対する変更レビュー（DR）

基本 DR・実施 DR に加えて「設計変更に対する DR」の実施を励行したい。

外部要因による「設計変更」は往々にして通常の DR 実施後に発生し、組織的判断を経ないで次のステップに入る例も多く、それが不整合やトラブルに繋がりかねないリスクになる。特に「検図」後に発生する変更は重大である。以下の確認ポイントを参照いただき、是非取り組んで欲しい。

・設計変更の背景となる要因に対して、変更仕様が適切な対策となっているか。
・設計変更によって、元の設計あるいは関連する部分に与える影響について、検証が実施されているか。
・設計変更内容が正しく ASEM に通知され、正しく確認行為が実施されているか。

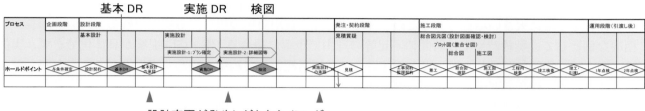

2. 課題管理表

変更履歴の見える化を図るため一覧表化し、設計担当としての管理を行うとともに、関係者への伝達手段としても活用したい。その際、一斉伝達のプラットフォームとして、クラウド活用も具体化したい。

課題No	区分	種類	起案日付	起案者	課題・要望	状況・対策・改善案	対応者	対応状況	決定期限	完了日	備考
1	共通	省エネ	2020/●/●	発注者	太陽光など補助金制度の活用について検討してください。	2020年●●市募集の補助金ついて一覧を作成 適用可否について、●/●発注提示 本事業に該当する補助事業がない旨を確認済	設計者/●●	完了	2020/●/●	2020/●/●	2019年に募集条件が変更
2	建築	地盤	2020/●/●	設計者	地盤調査・測量調査など資料をいただきたい。	●/●発注予定→●/●発注完了 ●/●調査報告書速報版提示 ●/●調査報告書発行	発注者/○○	完了	2020/●/●	2020/●/●	
3	建築	設計	2020/●/●	設計者	1階／大型機器搬入口の寸法 サイズ決定に必要な想定している搬入機器の最大寸法を教えてください。		発注者/○○	調整中	2020/●/●		
4	建築	駐車場	2020/●/●	設計者	日常的に使用する搬入用車輌のサイズをお知らせください。	4トン車程度とします。 全長8440mm 全幅2240mm 全高2440mm重量7.95t	発注者/○○	完了	2020/●/●	2020/●/●	
5	建築	法令関係	2020/●/●	発注者	建物位置を南東にどこまで寄せることが可能か検討してください。	斜線制限、日影について確認した日影図面を提示済	設計者/▲▲	完了	2020/●/●	2020/●/●	
6	機械	設計	2020/●/●	発注者	エントランスホールが●●㎡増、天井高さ＋●mとなった場合の空調方式や機器室面積など検討してください。		設計者/○○	検討中	2020/●/●		
7	電気	負荷容量	2020/●/●	発注者	事務室のOA負荷は、最大人員と常用率から算出して提示してください。		設計者/△△	検討中	2020/●/●		
8	電気機械	管理	2021/●/●	設計者	中央監視盤の位置含め、建物管理の方法を確認させてください。		発注者/△△	調整中	2020/●/●		
9											
10											
11											

（例） ●●新築工事PJ 課題管理表

発注者A社　更新日(青字):2020/●/●
設計B社　更新日(赤字):2020/●/●

対応中
完了

該当する分野や部位を記入
発注者、設計者など関係者社名を記

・課題や変更事項を簡潔に記載。
・事項ごとにナンバリングし、発生日や起因者などを記載。
・主体的に対応する ASEM（意匠・構造・電気・機械など）を明確にする。
・発注者に対し、設計条件の確定を促すためにも活用したい。
・検討に必要な期間や決定時期など目標を想定でもよいので記載する。
・工事費の増減が発生する場合は、変更に伴う概算工事費（設計費含む）を記載する欄を設ける場合もある。

5.2 工事契約段階の「設計変更」

5.2.1 契約までの交渉の実態

　民間工事の入札においては、見積用設計図書に基づき複数の応札者が個々に積算を行い、原価を積み上げ、個々の利益や調達状況等種々の要素を総合的に判断し、価格を決めて見積書を提出する。発注者は、最安値もしくは最も合理的な価格を提示した応札者と請負契約を結ぶことになる。

　しかし現実にはそのように順調に「決定」する例ばかりではなく、多くの場合、何度も VE・CD 提案を伴う工事費の交渉が行われ、そのたびに発注者の査定・評価作業に設計者が協力することとなる。VE・CD 提案は応札者から行われる場合も、また発注者指示として設計者が検討する場合もあるが、そのために掛かる費用等はこれまで、発注者から支払われて来なかった例も多い。応札者による VE・CD 提案は受注を目指す営業努力という面もあるが、計画変更を念頭に置いた抜本的な提案がされる例もあり、その作業に掛かる経費が非常に大きい場合もあるため、受注した際の費用負担の扱いにも課題が残る。

　極端な例として、契約時点では時間の不足等の理由で予算に見合う VE・CD 提案が具体化できず、実体が無いまま「○○円の減額」を発注者と受注者との共通目標として約束を交わす事例もあるようだが、着工後のトラブルや不整合の要因となるため厳に慎みたい。

　この段階での設計変更作業は極めて短い期間で行われるため、設計図書不整合の大きな要因につながる恐れが高いことは、今回の取り組みの中で多く議論になったポイントである。

5.2.2 VE・CD の設計図書への反映

　このように協議・合意された VE・CD 提案内容はリスト化され、当初の見積用設計図書と合せて「契約図書」として扱うこともできるが、そのままの状態で施工準備を始めると、リストと図面との突き合わせを伴う施工検討や総合図作成を行うことになる。その作業は、VE・CD 提案自体のコスト再検証を伴う場合もあり、施工準備段階で重要な整合確認作業の障害になる恐れもある。

　事実、VE・CD 提案の詳細検討の結果、当該部分でのコスト低減はあるものの、関係する別の箇所でのコストアップになり、合意した工事費縮減が実現できない場合も多い。関係者の検討不足に責任を問うこともできようが、上記のように短期間での作業を強いられたことよる検討洩れである面も否定できない。

[地下階高圧縮によるコスト減が、設備工事コスト増を招いた事例]

　VE・CD 提案として地下階高を減らし、掘削土量や構造体数量の圧縮を狙ったが、階高減により主機械室の大型設備機器及び配管・ダクト等がうまく納まらず、設備工事コスト増が生じ、予定した工事費縮減を実現できず、工程遅延まで招いてしまった。

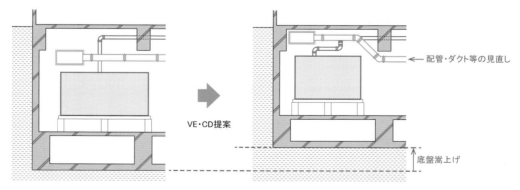

　このようなトラブルを防ぐためには、合意した VE・CD の内容の図面化と設計図書への反映を具体化したい。特に上記事例のように、地下工事に関わる部分の具体的な設計変更作業と設計図作成に基づく設計図書への反映は工程上優先度が高く、施工準備に掛かる前に終えておきたい事項である。

■ 提言

1. 変更レビューの実施

大きな変更については、第三者性を持つ人格による変更レビューを行いたい。

工事契約段階での VE・CD 提案は短期間での検討となる場合が多く、設計担当者の思い込みにつながる例もある。各要求事項や、基本性能を満たした提案であるかどうかを冷静に見直す必要がある。

2. VE・CD 提案に掛かる費用と期間の確保

VE・CD 提案に掛かる業務報酬と作業期間を確実に確保したい。

工事費の縮減は発注者の利益であり、それを実現するための業務費用負担は"受益者負担"であることを再認識する必要がある。応札者の提示価格が予算に合わず、発注者指示に基づく設計 VE・CD 提案に加え、応札者から提示された VE・CD 提案に関わる業務は、告示第 98 号では「設計の変更に伴い発生する業務」「工事施工者が提案する代替案（VE 提案等）の検討及び評価」として、追加的業務と明記されている。設計図書に対する応札額が発注者予算に達しない場合の VE・CD 提案活動は発注者のための取組であり、応札者として設計検討が必要となるような提案に掛かる費用と期間の確保も同様に扱うべきであることも併せて提言したい。

3. VE・CD 案具体化の際の、役割分担と責任の明確化

建築確認の変更申請を伴うような VE・CD 提案には「設計業務」が必要となり、設計責任を念頭にした役割分担と責任の明確化が求められる。

特に、施工会社の提案による構造 VE・CD の具体化においては、その設計業務を実施した施工会社に属する（又は委託を受けた）構造担当者名と設計範囲等を、確認申請書の設計者欄に明記し責任を分担する必要がある。具体的な記載書面を下記のように紹介するので、参照願いたい。

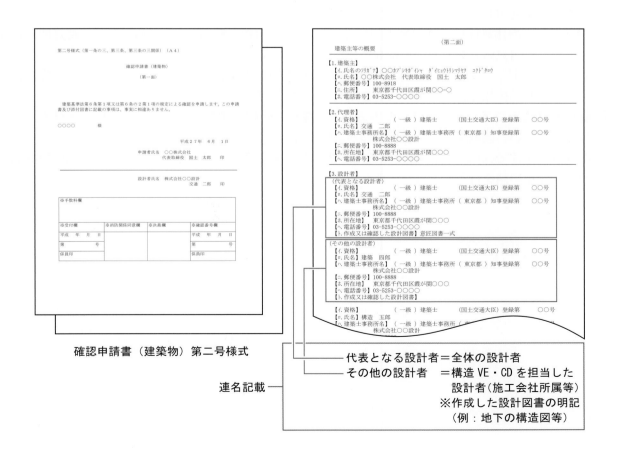

確認申請書（建築物）第二号様式

連名記載

代表となる設計者＝全体の設計者
その他の設計者 ＝構造 VE・CD を担当した設計者（施工会社所属等）
※作成した設計図書の明記
（例：地下の構造図等）

5.3 施工段階の「設計変更」

5.3.1 施工段階における設計変更の課題

　施工段階においても、発注者要望の変化等「外部要因の変化」や、設計者・施工者等による「内部での見直し等の要因」で設計変更が必要となる場合が多くある。しかしながら、これら施工段階の設計変更はすべて「契約の変更」であり、変更の決定権限は発注者のみにあることを再確認しておきたい。

　変更提案自体は発注者だけでなく、設計者・監理者及び施工者からも起案できるが、工事費・工期の変更を含めて最終決定は発注者の判断を必要とする。トラブル回避のためにも、その手続きには「書面主義の徹底」が求められ、書面を伴わない設計変更はその後のトラブルにつながる例も多い。

　工事期間早期での変更であれば、検討時間・対応時間とも一定の余裕が確保できるが、工期終盤の場合、設計者及び施工者の連携検討や変更処理に必要な時間が確保できない例も多い。変更対象によっては部材や製品の製作期間が逼迫し、事前検討不足や発注トラブルを招く場合もあるのでより慎重な対応で臨むよう注意したい。施工者にとっては、変更の受け入れが工期延長を伴うかどうかの見極めも非常に重要になる。

整合課題事例

　発注者の要望に基づき管理用扉を増設したが、消防設備（スプリンクラー）の検討が不足し、消防検査指摘を受け是正対応した事例である（右頁）。設計段階の変更であれば、設備担当者や電気担当者のチェックにより、このようなミスが起きることは稀だが、施工段階での設計変更においては、検討期間が短い中で意匠担当者だけの判断で進めてしまい、このような例を招くことがある。

その他の事例

[法令関係の確認不備事例]

① グレードの高い室で、間仕切追加の設計変更が必要となったが、無窓階での排煙免除条件を失念して難燃材を使用してしまい、内装是正をすることになった。

② 施工者からの建具仕様変更提案の際に「同等品」との説明を受け一旦了解したが、認定関係書類を見落とし、再見直しをすることになった。

③ 廊下排煙窓廻りの納まり寸法調整の際、開口面積を確保できれば良いと誤認しサッシ製作準備を進めたが、有効排煙面積が不足することが分かり再製作が必要となった。

④ 緑化関係条例に基づく案件で、遊歩道形状を変更した際、植栽計画の「高木・中木・低木比率」を変えてしまい、条例手続きの変更申請が必要となった。

⑤ 開発許可案件で、詳細検討の結果敷地内の排水経路を変更したが、許可条件との整合性確認を失念し、改めて変更申請を行うことになってしまった。

| 整合課題事例 | 建具追加時の設備対応洩れ | 事例－67 |

『建具追加時に消火設備の検討を忘れ検査で指摘される』

ダメージレベル●●●
顕在化レベル C

用途・構造・規模：病院・S＋RC造

設計段階			施工段階				運用段階		
①基本DR	②実施DR	③検図	④見積質疑	⑤図面確認	⑥重合せ図	⑦総合図	⑧施工図	⑨工程検査	⑩竣工検査	⑪1年点検	⑫2年点検
発生時期 A			B				C				

1　発生事象

・竣工が近い状況下で、発注者から廊下に間仕切パネルを設置し、前室を設けて欲しいとの要望があった。
　意匠担当者は、防煙区画（機械排煙）を変更する事はできないと判断し、パネル上部をオープンとし防煙区画を一体化することで問題ないと判断し、パネルの追加設置を指示した。
　排煙上は問題なかったが、スプリンクラーや感知器等の消防設備が未対応だったため完了検査時に消防から指摘を受けた。

2　個別の具体的措置

・消防からの指摘に従い天井を一部解体し、スプリンクラー及び感知器の増設を行った。

3　原因・所見

・意匠担当者は排煙設備に対する影響は考慮したが、その他の設備に対する考えに及んでいなかった。竣工前という時期でもあり、単独の判断で対応した事が要因となった。

4　再発防止策

・建具の追加や壁の移動などは、建築側の対応が主体と思われがちだが、区画の変更に関わるものや天井に関わる部位は必ず、設備の変更有無の確認が必要である。意匠担当者が主体となりASEM間での情報共有が重要となる。
・大きな設計変更においては、変更レビューを実施するようにしたい。
・施工者は、変更指示を書面で求め設備担当者と情報を共有し問題の早期発見に努める。

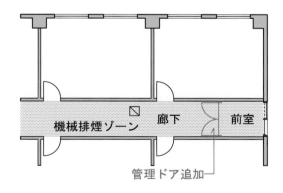
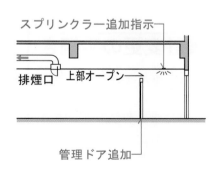

ダメージレベル 40/80点	影響度		発生頻度		顕在化レベル	
	16点	極めて重大な影響	5点	高い頻度で発生	C	極めて気づきにくい
	8点	重大な影響	3点	ときどき発生	B	見過ごしがち
	1点	軽微な影響	1点	稀に発生	A	容易に気が付く

[施工時期に関わる課題：工期終盤のトラブル事例]

① 商業施設の工期終盤で入居テナントが変わり、内部階段の設置を求められた。急ぎ設計変更手続きを行い、打設済みの床スラブを解体し鉄骨階段を新設することになったが、揚重機の制約による部材の小割り化が必要となり工程遅延が懸念された。

② 小割りテナントを想定した事務所ビルにつき耐火間仕切による防火区画としていたが、入居テナントから「大部屋化」の要望を受け、区画部の間仕切を撤去し防火シャッターに替えることとなった。変更決定時点で大型シャッター搬入ができる現場状況ではなかったため、複数の小型シャッターの組合せ設置で対応する必要が生じ工程遅延が懸念された。

③ 研究施設内に配する実験装置の詳細が決まらないまま本体工事が進行したが、工期終盤で機器仕様が決定した際「排気能力アップ」が必要となった。そのため、ダクト寸法や排気ファン容量等の全面見直しが必要となり電気設備を含めた大規模な納まり調整が生じ、工期延長を申し入れることとなった。

5.3.2. 設計変更の起因

施工段階の設計変更起因は下記の様に整理することができる。

1）発注者要望による変更
- ：与条件変更
- ：テナント要望による変更
- ：メンテナンス性の見直しによる変更

2）設計提案による変更、監理者からの変更依頼
- ：新技術の採用提案や、使い勝手・耐久性向上提案としての見直し
- ：設計図書内の不整合顕在化等への対応

3）法令改正や諸官庁指導等による変更
- ：安全に関わる改正等に対して、竣工時に適法状態にしたような例
  （2011年・東日本大震災後の耐震天井化への対応等）
- ：施工中に「WELL認証」等を獲得できるように見直ししたいというような例
- ：官庁等の中間検査での指導による変更（消防指導等）

4）施工者提案による変更
- ：施工合理性改善や、VE・CD提案としての変更
- ：工事中に発見された、図面に記載のない地中障害物等への対応

5.3.3. 設計変更の手続き

設計変更の起案から発注者合意を含めた手続きは概ね下記の通りである（右頁「設計変更処理フロー図（例）」参照）。

(1) 関係者協議による設計変更内容の確認
(2) 設計者による概略設計変更案の作成
(3) 施工者に対する設計変更連絡書の発行及び、工程検討・概算見積の依頼
(4) 施工者から設計者への概算工事費等の報告
(5) 発注者と設計者による設計変更採否の協議
(6) 発注者による設計変更の承認
(7) 設計者による設計変更指示書の作成と発行
(8) 設計者による定例会議等における内訳金額等の報告と、一元管理表への記入
(9) 施工者による設計変更指示書に基づく施工

　左記のような手続きを踏まない設計変更は「契約の変更」としてのエビデンスを担保することが難しい。各起案内容を受けて、発注者を含めた関係者協議に基づき変更が決定するまでには多くの時間を要することを理解しておく必要がある。

　また、変更設計図の作成は「追加的業務（告示第 98 号）」であり、その費用負担や、作業期間の確保は発注者の責任であることを再確認しておきたい。追加費用の多寡や、工事期間の延長可否による変更実施の是非判断を伴うことにも十分注意しておきたい。

設計変更処理のフロー図（例）

（赤囲みは書類作成の主体者を示す）

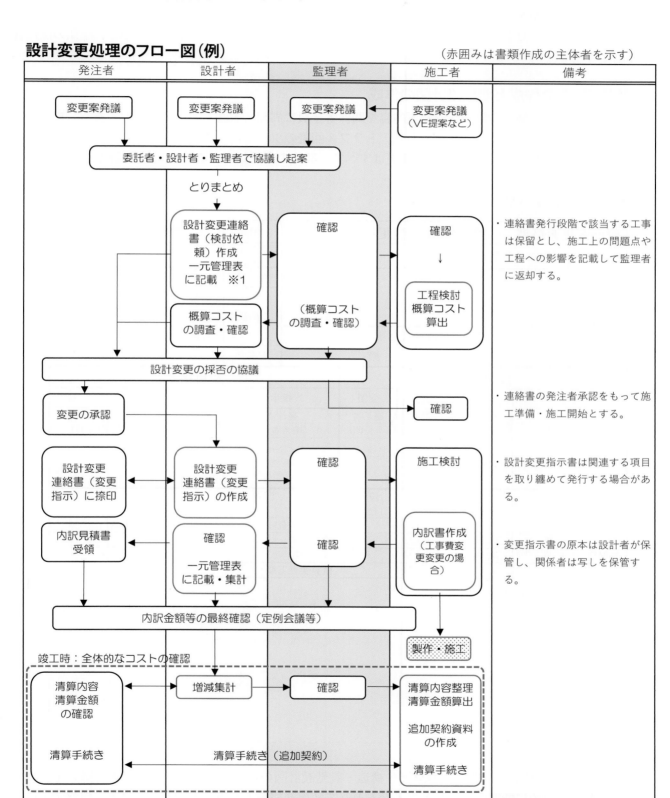

■ 提言

　１章で説明した様に、2020年４月から民法が改正され、契約通りに施工されないと「契約不適合」となる。設計変更手続は「契約の変更」を文書で明確化する手続きであることから、無用なトラブルを回避する重要なプロセスであることを改めて再確認したい。

　従来はあったかもしれない、施工しながら設計する様な行為が「重大な契約違反」となりかねないことに改めて注意する必要がある。

　上記の前提の元で、設計変更を行う場合はその内容の徹底した文書管理が必須となるので、早期の関係者合意が必要である。

1. 変更連絡書の作成と変更設計図の作成

　設計変更連絡書は、施工段階の設計変更内容を関係者全員に周知・徹底するためのものである。また、発注者を含めた関係者合意のエビデンスであり、トラブル回避のツールとなる。

　5.3.1で述べたように、施工段階の設計変更はすべて「契約の変更」であることを十分認識して臨みたい。

設計変更連絡書（例）

設計変更連絡書　　検討依頼　　変更指示				種別	設計変更・その他		
工事名	(仮称)○○新築工事			変更指示書番号			
件　名				発行日	年　　月　　日		
				工事種別	□建築　　□構造　　□電気 □空調　　□衛生　　□昇降機 □外構　　□その他		
宛　先	○○建設株式会社 (所長)　　○○　　殿			起案日	年　　月　　日		
検討依頼				**変更指示**			
指示	確認	確認	受領	指示	承認	承認	受領
発注者 (担当者印)	監理者 (担当者印)	設計者 (担当者印)	施工者 (所長印)	発注者 (担当者印)	監理者 (監理者印)	設計者 (設計者印)	施工者 (所長印)
(　.　)	(　.　)	(　.　)	(　.　)	(　.　)	(　.　)	(　.　)	(　.　)

起　因	□委託者　　　　　□設計・監理者　　　□施工者 □行政指導　　　　□その他(　　　)				
工事費への影響	□なし	□あり	概算工事金額　　　　　円	本体出来高	％
設計費への影響	□なし	□あり	概算金額　　　　　　　円		
監理費への影響	□なし	□あり	概算金額　　　　　　　円		
工期への影響	□なし	□あり	概算変更工期　　　　日	進捗月数	／

＜変更理由＞

＜変更概要＞

　ASEM整合確認に基づき、関連する意匠・構造・設備設計図の作成が必要である。変更以降の不整合トラブルを回避するために情報を共有するアイテムとして変更連絡書と変更設計図が、発注者・設計者・施工者に常に配布されている状況が重要である。

２．設計変更のレビュー

　変更内容によっては、思いがけない「要求事項との齟齬」や「不整合」が生じる場合がある。現場がスタートすると、案件担当者単独の判断で"もの決め"が進むケースも多い。すべての変更をレビューすることは困難ではあるが、要求事項に関わる様な、主要な変更事項についての「変更レビュー」は、是非、励行するようにしたい。

３．一元管理表の作成

　個々の設計変更の合意と周知・徹底と同時に「一元管理表」にて当該案件全体の設計変更に関わる工事費の増減を把握し共有することが必要である。

　また、施工中での手続きにつき、意思決定の遅れが工期への影響をもたらす。変更連絡書と合わせ、一元管理表を活用して関係者の合意を促すようにしたい。

一元管理表（例）

■○○ビル新築工事　　　設計変更項目　管理表								
※赤文字は今回追記事項　グレー網かけは解決済事項　　　　　　　　　　　　　　　　　　2019/○/○								
No	連絡書番号	変更内容	増減	起因	工事費用	決定期限	決定日	備考
－	－							
23	意011	西側X5通り外壁面に搬入用SD及びバルコニー追加	増（追加）	○○商事	5,270,000	2019/6/2	2019/5/20	
24	意012	1階東面エントランス廻り外壁、ALパネルt30をリブ付ECP板に変更	減（VE）	設計	▲ 1,550,000	2019/7/5		
25	構025	発注者工事搬入設備変更、荷重見直しによる1階スラブ補強追加	増（追加）	○○商事	800,000	2019/8/20		
26								
		合計金額						

＊変更項目ごとに金額、決定期限を明示し、工事全体として予算の増減を管理し発注者との合意を図ることを目的とする。

129

第**6**章

発注者・設計者・施工者を繋ぐ〜課題解決のための具体策

6 合意品質に関する課題

　2017年12月、日本建築士会連合会では、実務レベルでの検討会を始めるにあたり、整合性の課題がどの段階でのものなのか明確にし、どの段階で手を打つべきかを意識する目的で、意見交換懇談会を行った。下表の問題意識はその懇談会で出た意見をまとめたものだが、「設計図の精度が低い」や「設計されていないレベルのものがある」などの意見は、1994年に本会から刊行された「設計と施工を結ぶ」に記載されているものとほぼ同様の内容である。当時から四半世紀経っているが、その間長期に亘る低成長時代、リーマンショックなどもあり、時代背景として課題解決の必要性が喫緊の問題とはならなかった。

　また、実務レベル検討会で出された具体策の中に「必要図面リストの確定」「作図ルールの明確化」「基本設計図書の発注者承認」「見積質疑の絞り込み」などが挙げられているが、これらの意味するところは同書にも記載されている、発注者のニーズとしての「要求品質」をモノとしての「施工品質」として正しく作り込む為の「合意品質のトライアングル」を阻害する、何らかの要因があることを示唆している（右頁）。

意見交換懇談会での問題意識	検討部会で抽出された課題・具体策
【1】設計段階 ・設計図の精度が低いものがある ・設計意図反映不足、設計されていないレベルの図面がある ・発注者からの要求が非常に多い。発注者内での齟齬もある ・設計期間が短い、確定できない（発注者の意識の問題含む）	・必要図面リスト ・設計内容決定フロー ・設計標準期間（必要な設計期間の確保） ・契約内容の明確化（よりドライな姿勢） ・作図ルール-1（作図範囲） ・基本設計図書の客先承認 ・段階毎整合化ルール＝不整合のレベル・重ね図 ・図書の優先順位の明確化（ASEM間） ・作図ルール-2（2重記載排除、下地の扱い） ・メンテナンス計画
【2】発注・契約段階 ・設計図が文書化している（図面ではなく） ・趣旨を読み解けない設計図がある ・2次部材が織り込まれていない例がある	・見積質疑の絞込み（質疑回答手法の例示）・設計内容決定フロー ・PDF資料のルール化（CADデータ変換の可能性） ・概算見積のガイドライン＊内訳記載の扱い ・標準契約約款の見直し ・国交省「営繕工事・・関係者間調整円滑化」の周知
【3】施工段階 ・役割分担の擦り合せがされないまま仕事がスタートしている ・もの決めが遅い（実施設計図を施工者が描いている感覚） ・施工段階でこそ検討効率が高い工種がある（CW等）	・設計主旨説明会＊説明内容ガイド ・未決事項の明確化 ・総合図作成ガイドラインの周知 ・もの決め工程表（プロモーションテーブル）の活用 ・定例ルール（招集者等） ・設計変更ルール

意見交換会と実務レベル検討会での意見

　第3章から第5章に記載された整合課題事例から、この「合意品質のトライアングル」の阻害要因を分析すると概ね右頁下図のようなものが挙げられる。

　そして、この阻害要因に対する解決の具体策を検討するため、トライアングルにおける発注者と設計者を結ぶ線を、設計段階、設計者と施工者を結ぶ線を施工段階、施工者と発注者を結ぶ線を運用段階と置き換え、各段階における図面作成プロセスに基づく業務フローを告示第98号に規定された各段階の業務内容を基に整理した。

　P134、135図の各段階に記載されている業務項目は、段階ごとに整理確認されていれば、問題なく業務全体を遂行できるフローである。この中に合意品質のトライアングルの阻害要因があるとすれば、右頁図を見ても判るように各業務内容の正確性、次工程への情報伝達の方法にあると言える。

● 1994 年当時の「合意品質のための提言」

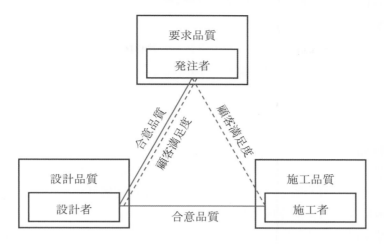

合意品質のトライアングル（1994 年「設計と施工を結ぶ」で提言された図）

● 現在の「合意品質に関する課題」

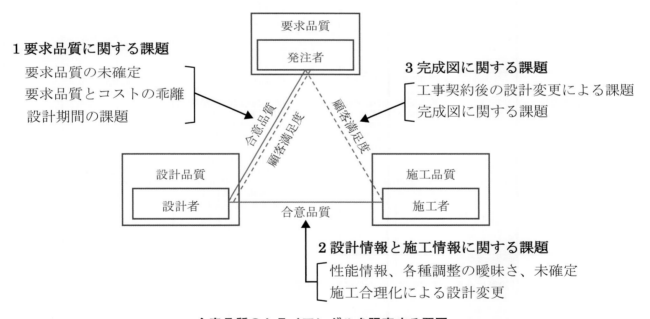

1 要求品質に関する課題
　要求品質の未確定
　要求品質とコストの乖離
　設計期間の課題

3 完成図に関する課題
　工事契約後の設計変更による課題
　完成図に関する課題

2 設計情報と施工情報に関する課題
　性能情報、各種調整の曖昧さ、未確定
　施工合理化による設計変更

合意品質のトライアングルを阻害する要因

┌─ コラム ─────────────────────────

● 設計と施工を結ぶ　1994 年　　「合意品質」

「設計と施工を結ぶ（1994 年）」は日本建築士会連合会にて「新しい建築生産に対応した品質情報伝達の提案」としてまとめられたものであり、品質情報をいかに関係者間で共有し合意するかということに力点を置いている。

各段階において発注者から設計者に、設計者から施工者に伝達され、施工者から発注者に提供される建築物の品質に込められる「要求品質・設計品質・施工品質」の連続性と同一性を示す概念として「合意品質」を提言している。

6.1 要求品質に関する課題への具体策

1. 要求品質に関する業務内容の正確性

　下図にホールドポイントとして記載されている各段階のデザイン・レビュー（DR）は、その段階における業務内容の正しさを第三者性をもって審査するものである。ここで重要になるのは、審査項目に洩れがないかという事と、その審査基準である。

　以下に各段階における審査項目と審査基準について課題が生じないための具体策を紹介する。

1）企画段階での与条件確定

　企画段階で実施する業務は下図にあるように、告示第98号では追加的業務として記載されているが、実態としては企画段階から設計者が携わることが多く、与条件確定の正確性はその後の業務に多大な影響を与えるため、その正確性を確認する具体策を例示している。

　P136図は企画段階、基本設計段階で確認しなければならない要求品質と、それに対応する設計条件を設定する「要求品質整理シート」の例である。該当事項を標準化し、洩れのない審査とすることが望ましい。また、この企画段階で整理確認すべき条件にある項目（P29参照）を基本設計以降のデザイン・レビュー(DR)における審査基準として明記し、設計条件の設定基準と目標値を定めておきたい。

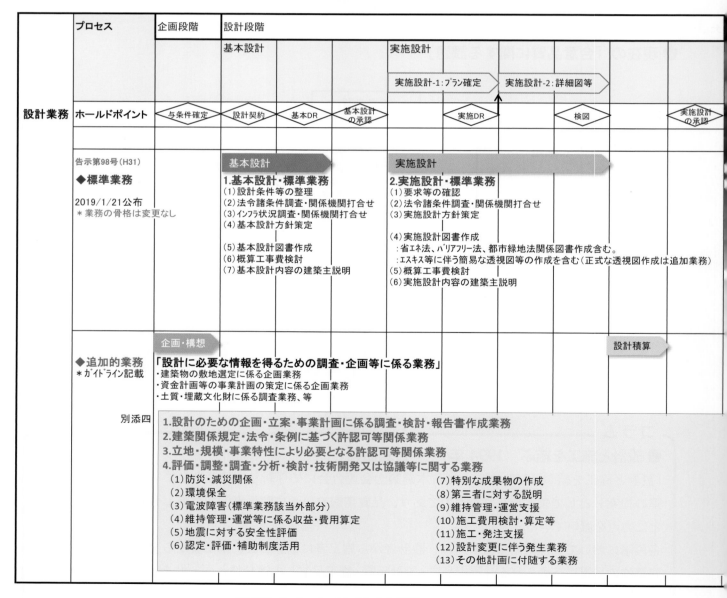

図面作成プロセスに基づく業務フロー

　ここに示した確認すべき要求品質の未確定は、後工程で重大な不整合につながる可能性がある。例えば建設予算を曖昧にした場合、積算時に予算を大幅に超過し、減額のために大規模な設計変更を余儀なくされた事例は実際に多く見られる。また全体スケジュールの設定で適正な設計期間が確保できなかった場合、実施設計図書の食い違い、表記不足を免れえないことは前述したとおりである。企画段階で、先ずやるべきことは「適正な建設予算と建設工期を設定すること」である。

2）基本設計段階におけるデザイン・レビュー（DR）

　基本設計段階の DR は、企画段階で確定した与条件を基に設定した設計条件を反映した計画図、設計性能が、その設計条件に合致したものか否かを第三者性を持って審査するものである。更に基本設計段階で、ある程度の建築、構造、電気設備、機械設備（ASEM）の整合が取れていないと実施設計で変更せざるを得なくなるため、概略の整合性に関しても審査する。また、次頁にあるように設計担当者が可能な限り設計条件を定量化すべく、共通事項のツールを標準化し、洩れを防ぐべきである。P137 の図は「性能設定整理シート」として敷地条件、自然条件、地盤条件、居住性、持続性など、定量化すべき条件をまとめたものである。

2. 要求品質に関する次工程への情報伝達

　企画段階での「要求品質整理シート（下図）」や、基本設計段階で基本 DR の審査を経て、発注者の合意を得た設計条件や、合意された資料は次工程への情報伝達資料として纏めることが重要である。

　特に基本設計段階で発注者と合意された資料は基本設計図書としてまとめ、合意品質として発注者の受領印等をもらうことが望ましい。後工程で与条件が変更になった場合のエビデンスになる他、運用段階で発注者側の施設担当者が変わった場合の引継ぎ資料としても有効である。

要求品質	設計条件
① 建設意図、事業性に関する顧客要求品質 ・建設意図、事業性・建物内容(概要・規模)・建物のイメージ・全体スケジュール ・全体事業費・制約条件(敷地条件、自然条件、地盤条件、インフラ等) ・運用・維持管理・その他(BCP設定、省エネルギー目標、生態系保全目標等)	
② 用途、建物特性に応じた要求品質 ・建物基本構成・配置計画・必要スペースと平面構成・基本動線 ・拡張性・フレキシビリティ・管理・メンテナンス方法・空間構成統一感、創造性等)・安全性(耐震性能、防災・防犯、ユニバーサルデザイン) ・居住性(作業環境、居住環境等)・信頼性(フェイルセーフ、冗長性) ・耐久性・維持管理コスト・眺望と景観(プライバシー、セキュリティーも含む)・周辺環境条件との調和	設計条件は可能な限り定量化することが望ましい。その際数値化した条件の基準として、公的な基準(公共建築工事標準仕様書、JASS,JIS 等)を採用する。 定量化できない項目については図面やパース、CG によって発注者の承諾を得る。これらの設計条件は基本設計終了時に基本設計図書としてまとめ、発注者の受領印をもらうことが望ましい。
③ 法令・規制要求品質 ・単体規定の他、開発行為、景観協議、大臣認定等の個別条件	
④ 設計者が必要と判断した要求品質 ・環境保全、地球環境に関する目標(CASBEE,LEED等) ・建築、構造、電気、設備の概略の整合性 ・その他個別に判断した要求品質	

要求品質整理シートの例

6.2　設計情報と施工情報に関する課題への具体策

1. 設計情報に関する業務内容の正確性

　設計情報に関する業務内容の正確性は実施設計段階の DR で確認する。実施設計では、基本設計段階で確定した設計性能を特記仕様書に盛込み、その性能を担保しながら基本設計で決定した平面図、立面図、断面図等を元に、建具表、詳細図等を作成する。そのため、実施設計段階の DR は基本設計で設定した設計条件が、実施設計図書に反映されているか否か確認することが重要であり、審査資料として発注者と合意した「基本設計図書」や設計条件が設定された「性能設定整理シート（右頁）」等の帳票、公共建築工事標準仕様書等の公的標準類、建築士事務所が独自に整備している技術標準等を用意し、その内容に適合しているか否かを審査するのが、一般的な DR である。整合課題の不具合事例として例示されたように、特記仕様書に記載されている性能が詳細図と合致しない事例は、特にカーテンウォール等の建具や外装材の強度、熱貫流率等の性能において発生しがちである。

　しかし、告示第 98 号にも記されているように、実施設計は適正な見積りができ、的確な工事ができる成果図書を作るための業務であるにも拘らず、現状は、第 3 章にあるように見積質疑が膨大な数に上り、施工者からは「施工者として欲しい図面がない例が多い」といった苦情がでている。

　実施設計段階の DR は発注者と設計者を結ぶ合意品質の確定には有効であるが、設計者と施工者を結ぶ合意品質には、情報伝達の方法と合わせて検討する必要がある。

2. 設計情報と施工情報に関する次工程への情報伝達

　告示第98号別添に「建築士が行う設計や工事監理の標準業務」として、「設計意図伝達の為の質疑応答、説明等」が、施工段階での合理性がある実施設計標準業務として位置づけられている。しかしこの業務の具体的方法については各設計者に委ねられている。

　また同じく実施設計の標準業務として、「実施設計方針策定」がある。この業務は実施設計業務として技術的な検討、予算との整合の検討を行い、工事に必要な情報として、どの図面をどのように表現するかを策定するものであるが、専門工事業者等の技術の発達、高度化によって設計者には表現しきれない内容も多い。

　これに対し過去に様々な提言がされてきたが、実際にはいくつかの課題があった。本書では設計情報と施工情報に関する次工程への情報伝達の具体的方法と課題について次頁に紹介する。

性能	項目	設計与条件		設計性能・仕様設定
安全性 (災害)	地盤・土地 地震 風 雨 雪 雷	地下水位 地盤沈下 緩い粘性土層 緩い砂層 地形特殊性 地滑りリスク 過去の出水 地中障害・土壌汚染 遺跡・埋蔵文化財など 付近の活断層状況 地震地域係数 地盤種別 設計震度指定 最大瞬間風速 主風向 地形 海岸・河川からの距離 周辺の超高層建物 最大降雨量・計測場所 過去の雹[ひょう]害 最深積雪量・計測場所 多雪区域等 雷の発生傾向 想定誘導雷数	設計条件への反映の有無 反映する場合の設定値を 記入　　　▶	実施設計に転記、反映すべき数値 公共建築工事標準仕様書、建築設備耐震設計施工指針等からグレード等を記入
省エネ	外装 空調・給湯 照明	省エネルギー基準の地域区分 結露防止要求 在室人員・室定員 外気量 冷房設定温度 暖房設定温度 照度 コンセント容量　　▶		
居住性	音 振動	室間遮音性能 室内暗騒音レベル 床衝撃音レベル 室内振動性能　　▶		
持続性	長寿命 塩害 維持管理	計画上の供用期間 海からの距離等 外壁清掃 設備管理方式　　▶		
地域性	防虫等 気候 電波・磁気 外部振動 外部騒音	害虫、鼠害、鳥害リスク 最高、最低気温、湿度 発生源の距離 迷走電流 伝播路障害 航空障害 外部からの特殊振動 外部からの特殊騒音 騒音規制　　▶		

1）総合図による情報伝達

　総合図については2017年に本会から刊行された「総合図作成ガイドライン」にその位置づけ、作成フロー等が詳しく紹介されているので、本書では詳しく触れないが、第3章でも書かれているように、総合図の作成は施工者が行うため、不整合の多くが総合図作成時点で顕在化する。施工者からは「設計の食い違い、表記不足を施工者に検討させるのはおかしいのではないか」という意見もあるが、総合図作成の際、課題がある場合に設計者が問題解決に参画することによって、不整合や未確定事項の情報伝達は確実に行われ、手戻りが発生しない早期の検討や解決が可能となる。

　「総合図作成ガイドライン」には総合図作成における前提条件として、設計図書が整合の取れたものであることが基本であるとし、「民間建設工事の適正な品質を確保するための指針」等によっても「整合性を図ることが明記されている」と記載されている。しかしながら、実際には全体スケジュールの中で設計期間が圧縮される方向にあり、設計の食い違い、表記不足を解消するための時間が確保できないのが現実である。特に近年、全産業において働き方改革や担い手確保が提唱される中、設計者にとっても以前のように長時間労働やマンパワーをかけることが困難になってきている。また、施工者に於いても時間外労働の上限規制や、技能労働者の減少による労務単価の急騰等により、建設工期を圧縮することは難しい。しかしながら、総合図は情報伝達の手段として大変有効であり、これを一般的に推奨するため、以下の具体策を提案する。

（1）設計初期段階で、工程表の中に発注者と合意するための整合調整期間を明記

　第4章で述べたように、各設計段階で意匠担当者が構造、設備と十分な調整を行わないと次工程以降での整合性の確保が難しくなる。これらの整合調整期間は、設計初期段階から見込まなければ確保することは難しい。実施設計終了時の整合調整期間については、実務レベル検討会によると、一般的な建築で1ヶ月程度の期間があれば、ほぼ整合調整は可能と思われる。各段階での整合調整期間は工程表の中に明記し発注者と合意しておくことが望ましい。

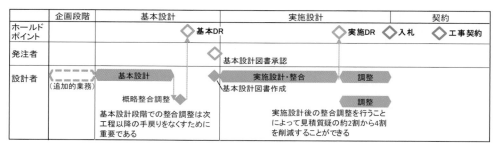

整合調整期間をとった全体スケジュール

（2）基本DR時点で、建築、構造、電気設備、機械設備の概略の整合を確保し、審査対象とする

　ASEM間の整合は、企画段階から念頭に置くべきである。特に基本設計終了時の整合調整は、次工程以降で不整合による設計変更が発生しないために重要である。仮に整合調整未了のまま実施設計を終了してしまうと、階高や構造躯体を変更する事もできず、意図しない下がり天井を作らざるを得なかった事例は数多い。

　前述したが、P136の「要求品質整理シート」に示すように「設計者が必要と判断した要求品質」として、ASEM間の整合調整を挙げ、DRの審査対象とすることが望ましい。このとき審査する概略の整合調整とは下図に示すような主要構造部と設備・電気メインルートの整合調整である。

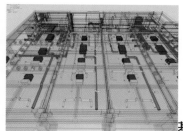

基本設計段階

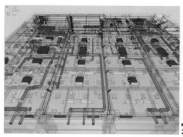

3Dを活用した
整合調整

実施設計段階

（3）納まりの標準化、標準ライブラリーの整備

　第3章で記載した、施工者が欲しい図面の中で部分詳細図に関しては標準化できるものが多数あり、ライブラリーとして整備し実施設計図に添付することによって、表記不足に関してはある程度解消することができる。建築士事務所で作成していない場合は、市販の詳細図集を活用したい（下図）。

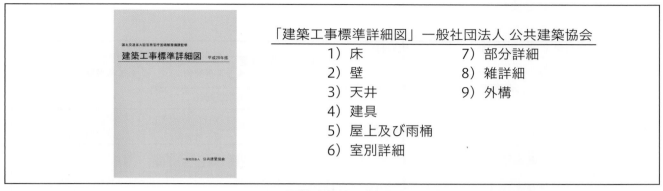

「建築工事標準詳細図」一般社団法人 公共建築協会
1）床	7）部分詳細
2）壁	8）雑詳細
3）天井	9）外構
4）建具	
5）屋上及び雨桶	
6）室別詳細	

標準詳細図の例

2）関係者調整期間による情報伝達

　2018年3月に国交省から「営繕工事で施工段階の生産性向上に向けた施工段階における関係者間調整の円滑化について」が発表された。この中で国交省は、「必要に応じて工事受注者等が工事着手前に関係者間調整の準備をすることができるよう、契約の締結から工事着手までの期間を確保する余裕期間制度を更に積極的に活用すること」として地方支分部局に通知している。ここで言う関係者とは、発注者、設計者、工事監理者、工事受注者、施設管理者等の多様な関係者を指しており、工事受注者は余裕期間の中で、関係者間調整の準備を「工事受注者の判断で工事着手前に実施可能」としている（下図）。

　この円滑化のフローに則れば、工事受注者は余裕期間にサブコン、メーカー等の協力業者と契約し、資材や建設労働者を確保するとともに、関係者間調整の期間を設けることにより、発注者、設計者、工事受注者等が合意した、施工情報を取り込んだ総合図、主要な施工図、製作図を早期に完成させ、全体の業務量の削減、適正な品質、コスト、工期の作り込みも可能となる。

　この取組みが公共工事だけでなく一般的に適用されれば、これらのメリットは民間工事でも享受可能であると思われる。

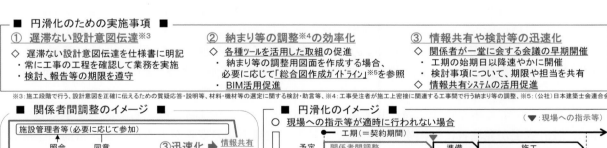

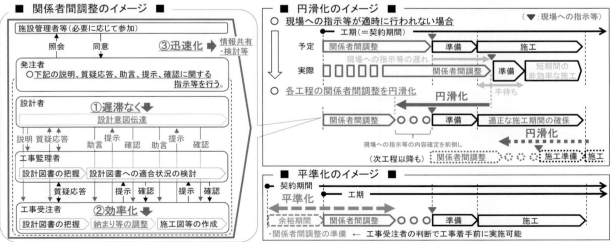

「営繕工事の生産性向上に向けた施工段階における関係者間調整の円滑化」出展：国土交通省 HP

　民間工事での「関係者調整期間」による情報伝達が実現した場合の業務フローを下図に示す。

　民間工事では発注者が早期事業開始を望むため、「関係者調整期間」を設けるには、発注者の利益でもあるメリットを理解してもらう必要がある。また、この業務は、P139にあるように、設計者が工事受注者に助言をする等、設計者としては告示第98号別添四に記された追加的業務を含む為、経費についての社会的コンセンサスも得る必要がある。

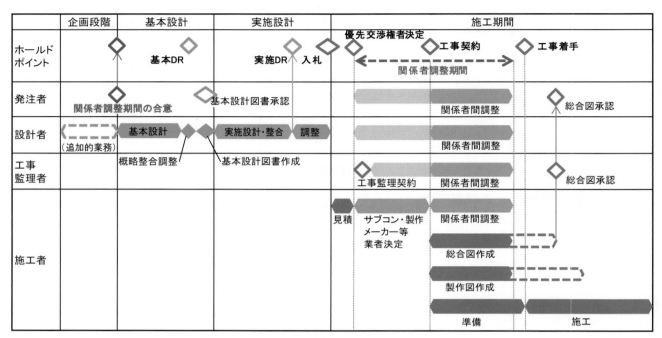

民間工事での業務フロー案

3）もの決め工程表による情報伝達

　整合課題に関して、「設計変更」が重要な原因であることは、第5章で述べた通りである。この内、設計段階の設計変更の原因として大きな割合を占めるのは、発注者による与条件の変更であるが、その中で、整合課題として最も影響が大きいものは、実施設計図書に基づく概算見積と建設予算の乖離である。近年、設計者による概算見積に比べ、施工者による見積が高止まりしている。そのため、設計者・施工者共、当初の予算に合わせるべく時間がない中VE・CDのための設計変更を行うが、その結果整合性に課題のある実施設計図書が施工者に発行されることになる。この状況を回避する事ができないのであれば、何が未調整で、何が決まっていないのかを明らかにして施工者と打合せを行い、部材等発注時期から逆算していつまでに決めるかを予め決めておく事が情報伝達として重要である。その際、発注者には、もの決めを早くしてもらうと同時に、設計変更が発注者に起因する場合は、コスト、建設工期の変動があることを、事前に了解しておいてもらうことが重要である。

　この、予め決めておく事を「見える化」するための「もの決め工程表」を着工時、若しくは設計変更が生じた時に作成し、関係者で合意しておくことが望ましい（右頁）。

　また、カーテンウォールの詳細やその下地鉄骨など、施工時に決めることが合理的なものについても、もの決め工程表は設計者と施工者間の情報伝達として有効である。

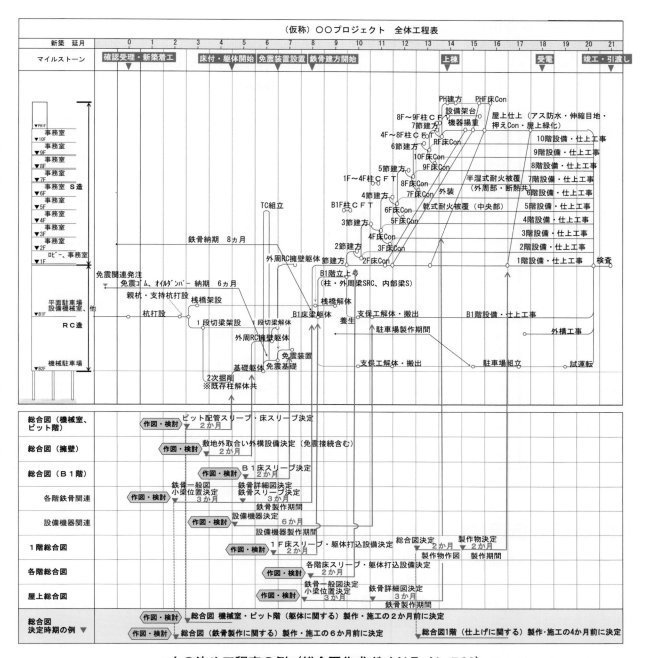

もの決め工程表の例（総合図作成ガイドライン P22）

4）設計説明会による情報伝達

　設計者から施工者への情報伝達として、図面上に表現しにくい事項を引継シートとして整備し設計説明会に活用することが望ましい。下図の各項目は、施工上重点品質管理項目となり得る項目であり、図面上には表れにくい項目がリスト化されている。また保留未決事項も項目として整理している。

伝達事項	伝達内容（できる限り数値化して伝達）
発注者、建物ニーズ	・比較する建物例・環境調和・デザイン性・美観・色調.・耐久性・機能・性能・安全性・使い勝手・メンテナンス性 ・ランニングコスト・既存の不具合・具体的要求品質
設計のコンセプト	・意匠・構造・電気設備・給排水衛生設備・空調換気設備・外構
設計のポイント説明	・法的な基準、制約・確認申請時の指示事項・標準仕様書にない要求・新工法、新製品の採用 ・過去のクレーム解消・指定業者・メーカー・支給品
品質、性能	・特別な瑕疵担保責任・特別な品質保証
保証条件	・特別な性能保証・住宅瑕疵担保責任・住宅性能表示の有無・アフターサービス基準
工期工程のニーズ	・マイルストーン　（開店、開業、引越、テナント入居、生産開始、仮使用開始など）・工期延滞時の条件 ・節目工程（販売、内覧会、融資審査、テナント工事開始、別途・直営工事開始、試運転開始など）
施工条件	・敷地及び立地条件・諸官庁との協議事項・近隣状況及び協議事項・作業時間の制約・既存部分への配慮
コスト条件	・別途及び直営業者との条件・別途工事の補足説明
今後の課題	・保留事項と今後の対応・技術的な検討事項

引継シートの記載事項

6.3　品質の伝達に関する課題への具体策

　施工者から発注者への品質の伝達において、本書では2つの課題を挙げている。
　1つは工事契約後の発注者の追加要望や、VE・CDによる設計変更で生じる課題で、もう1つは完成図に関する課題である。それぞれ第5章、第3章で詳しく述べられているのでここでは詳述しないが、以下に簡潔に示しておく。

1.　工事契約後の設計変更で生じる課題～変更内容を記録し、合意を得る

　工事契約後若しくは施工中の設計変更は、決定、施工時期までの時間が非常に短い場合が多く、また、工事費、工期について発注者との合意が取れないまま工事を進めざるを得ない場合もある。このような状況では発注者の求める品質が得られないことが多く、品質の未達成から竣工後クレームになる場合がある。そのため、工事契約後に設計変更が生じたときは、第5章で述べたように発注者、設計者、施工者が、一元管理表や、もの決め工程表により、コストと工期を共有して、協議を行うことが重要である。

2.　完成図に関する課題～より間違いのない完成図を提供する

　第3章で述べたように竣工・引渡し段階において、完成図と竣工建物とが異なることによってトラブルが生じている。完成図の作成主体や内容は告示第98号や四会連合協定建築設計・監理等業務委託契約約款、建築工事標準仕様書に記載があり、本書では作成主体は施工者を基本とし、作成内容については工事共通仕様書記載の「完成図」を元に、施工図・製作図の完成図化を特記仕様書に明示し、建物の完成検査や維持保全に活用できるものとすることを提言している。
　但し、2020年4月、改正民法施行後の完成図の取扱については注目する必要があり、より整合性が求められるであろうことに注意しておきたい。

●「合意品質に関する課題」への具体策

具体策-1

```
１．要求品質に関する業務の正確性
　　1）企画段階での与条件確定
　　2）基本設計段階におけるDR
２．要求品質に関する次工程への情報伝達
```

具体策-3

```
１．変更内容を記録し、合意を得る
２．より間違いのない完成図を提供する
```

1 要求品質に関する課題

　要求品質の未確定
　要求品質とコストの乖離
　設計期間の課題

3 完成図に関する課題

　工事契約後の設計変更による課題
　完成図に関する課題

要求品質 / 発注者

合意品質　顧客満足度　顧客満足度

設計品質 / 設計者　　合意品質　　施工品質 / 施工者

2 設計情報と施工情報に関する課題

　性能情報、各種調整の曖昧さ、未確定
　施工情報による設計変更

具体策-2

```
１．設計情報に関する業務内容の正確性
２．設計情報と施工情報に関する次工程への情報伝達
　　1）総合図による情報伝達
　　2）関係者調整期間による情報伝達
　　3）もの決め工程表による情報伝達
　　4）設計説明会による情報伝達
```

第7章

おわりに

7 おわりに

　建築の品質問題にかかわる設計と施工の関係における課題は、本会でも過去に幾度も取り上げられ議論され改善案が示されてきたが、今回の取り組みを通して、依然として大きな課題があることが分かった。本会では、設計から施工への情報伝達を整理するツールとして総合図を位置付けているが、それは「設計図書は整合性が確保されている」という前提に基づく。しかしながら、総合図を作成することによってはじめて設計情報の整合性が確保されるという事例もあり、整合課題の本質的議論に踏み込んだ解決を図るために本書を刊行するに至った。

　近年、建設においても働き方改革と生産性向上が大きな社会的要請であり、その対応のためにも設計図書の整合性向上に関する今回の取り組みは大いに有効であると考える。

　本書を刊行するにあたって先ず、設計図書の整合性に関する課題として、設計段階で整合が取られていない設計図書の情報が、設計から施工に至る図面作成プロセスの中で、修正や補完が行われているという実態を明らかにした。その理由として、建築技術の進展による高度化・専門化・細分化と法制度の複雑化により、各々の領域で並行して検討される設計情報の整合性を確保することが益々困難になっており、また、その時間的余裕も相対的に不足していることが挙げられた。

　設計と施工の関係については、これまで、設計者と施工者の間の議論に留まっていたが、これからは、発注者にも設計図書作成の当事者であるという認識を促し、発注者の理解と協力無くして設計図書の整合性向上は望めないということをまずは強調したい。また、設計段階・施工段階における発注者の意思決定の遅れや、予期せぬ設計変更・追加指示の多さが設計情報の不整合を起こす要因にもなっており、これらの改善を促すことも重要である。しかし、実プロジェクトにおいて、遅れ・変更・追加などの発生は不可避であり、それらが発生することを前提にしたプロセスのルール化も必要となる。そのためにも、発注者の役割と責任を明確にして、「合意品質のトライアングル」の位置づけを再認識し、それに伴う応分の役割についても言及することとした。

　各章・稿で「提言」としてまとめたように、各段階におけるデザイン・レビュー（DR）の実施や、設計及び施工準備段階での調整期間の確保などが有効であることは明らかである。しかし、時間の確保は難しい課題であり続けており、品質情報の正確な伝達、特に企画段階での要求品質の不明確さ（または「考えられていない」こと）は大きな問題である。そして、後段において大きな修正が生じる例も多く、そのための対価が保証されていないという実態については、引続き取り組んでいかなければならない「今後の課題」である。

　今回の取り組みにおける「設計図書の整合性向上」という視点は、建物を造るために必要な情報（設計図書）と、建物の維持管理のために必要な情報（完成図）とは異なるという観点にも及び、建物情報（設計情報、施工情報、保全情報）として何が必要か、そしてその建物情報をどう確定し、伝達し、管理するかということについての検討素地の醸成にも至った。また、設計者、施工者、設備サブコンが一堂に会して議論を重ねることにより、それぞれの立場の違いを改めて認識することができた。そこには様々な発見があり、相互理解をより深めることもできた。その成果として本書を刊行したことには大きな意義があり、本会の役割でもある。

　各プロセスでの設計者と施工者の協調的関係により、建物のより高い品質が確保されていることが日本の建設産業の強みであり、「日本的な建築生産システム」の特徴として世界に誇れるものづくりを実現してきた。発注者、設計者、監理者、施工者、サブコン、メーカーなどが一丸となってノウハウを共有し図面情報に展開することにより、更に品質の高い建築を造り上げることもできる。また、それら関係者が協調性を持って各々の役割と責任をどのように構築し続けていくかということが今後の課題であり、そのためにも更なる活発な議論と検討が展開されることが望まれる。

　第1章でも触れたように、今後 BIM 活用が見込まれ、図面情報の整合性は大きく向上するものと期待されているが、今回本書で取り上げた考え方や意識に関わる課題は IT のみで解決されるものではない。そのような「ものづくりの思想」の部分にこそ本書を活用して欲しい。

　本書が設計図書の整合性向上に資するだけでなく、より魅力的な建築業界になるための助力となり、担い手が増え、健全な社会システムの構築と良質な社会資産の形成につながることに役立つことを強く期待する。

謝　辞

　本書の発刊にあたり、見積質疑データの分析及び資料提供の協力を頂いた公益社団法人日本建築積算協会・加納恒也氏に対して謝意を表します。
　また、原稿内容の確認及び記載内容へのアイデアや経験談をお寄せいただいた東京建築士会に所属される5名の建築士の皆様に厚く御礼申し上げます。
　奥茂謙仁氏、川﨑修一氏、河野進氏、後藤伸一氏、後藤直也氏　　　＊五十音順

　なお、執筆の際にヒアリング対応や資料提供等でご協力いただいた鉄骨ファブリケーター、プレキャストコンクリートメーカー、サッシメーカー、昇降機メーカー、機械駐車メーカー等各社の方々にはこの場を借りて御礼申し上げます。

　最後に、編集に際し度重なる見直しと修正作業に対して最大限の尽力をいただいたバウスグラフィック株式会社編集制作担当・福永裕丈氏及びスタッフの皆様に対しても賛辞を表するとともに厚く御礼を申し上げます。

2020 年 6 月

整合課題事例集

整合課題事例集

: 整合課題事例シート一覧
: 整合課題事例シート　事例－1 ～ 84

■ 整合課題事例シート一覧

1	設計終盤の工事費減額	43	鉄骨ジョイントとブラインドボックスの干渉
2	屋上設備の高さ参入	44	ガラリチャンバー干渉
3	用途変更による階段見直し	45	ペリメーターユニットの干渉
4	給水引込径の指導	46	発泡ウレタン納まり不備
5	スクラップ＆ビルド手順の不備	47	階段有効高と梁の干渉
6	室内許容騒音値の対応不備	48	ササラ裏シール困難
7	機器耐震レベル不整合	49	給湯器排気離隔不足
8	メンテナンス作業車ルートの不備	50	機械室・廊下幹線納まり不備
9	既存地下躯体の扱い	51	廊下天井内納まり不備（天井下げ）
10	既存山留取合い不備	52	天井内納まり不備（ルート変更）
11	コア詳細納まり不備	53	天井内納まり不備（梁変更）
12	階高変更時の設備調整不備	54	耐震ブレースとダクトの干渉
13	柱根巻仕様の間違い	55	床荷重変更時の梁調整不備
14	電灯盤要求の未反映	56	ルーバー天井内意匠不適
15	既設盤転用扱い未整理	57	PS 納まり不備（RC）-1
16	発電機ポンプ揚程不足	58	PS 納まり不備（RC）-2
17	エアコン加湿給水圧不足	59	PS 納まり不備（S）
18	エアコン設置高低確認洩れ	60	配管と梁干渉（S）
19	排気ファン静圧不足	61	配管と基礎梁干渉（RC）
20	WC リモコン配線未整理	62	ELV 扉と鉄骨拡幅フランジの干渉
21	ペリメーターファン制御未整理	63	エスカレーターピット床不備
22	マリンランプ電源未整理	64	エスカレーター層間変形取合い不備
23	直営工事調整不備	65	防火区画の梁納まり部不備
24	屋根勾配設定不備	66	区画貫通ダクト納まり不備
25	雨水排水計画不整合	67	建具追加時の設備対応洩れ
26	屋上機器設置スペース不足	68	天井内振止め検討不備
27	屋上設備基礎設置洩れ	69	シャッターと梁取合い不整合
28	屋上ケーブルラック支持方法不備	70	引手高さ設定不整合
29	屋上点検歩廊仕様不整合	71	電気室内ブレース位置不備
30	雨水ドレンのメンテナンスルート不備	72	機器搬入通路扉寸法不足
31	屋上設備更新ルート不備	73	OA フロア部スラブ段差不整合
32	高層 ECP 仕様不整合	74	衛生器具排水管と梁干渉（S）
33	PC ファスナーと鉄骨ジョイント干渉	75	電気室上部防水対応不備
34	PC ジョイント位置の不備	76	電気室上部に配管配置
35	下地鉄骨区分不詳	77	駐車場車路勾配設定不備
36	梁端部の外装納まり不備	78	駐車場車路上部有効高と設備の干渉
37	ALC 貫通制限不適	79	ピット釜場設置の不整合
38	ガラス VE 時の設備調整洩れ	80	外周梁貫通レベル不備
39	特記仕様書と建具表の不整合（性能）	81	地下 2 重壁排水ルート不備
40	特記仕様書と詳細図の不整合（寸法）	82	免震層配管部クリアランス不足
41	特記仕様書と詳細図の不整合（断熱）	83	免震クリアランス定義の誤認
42	既製型と特注型の確認不備	84	完成図修正洩れによる設備誤操作

『発注者との合意がないままに設計が進む 〜設計終盤で大幅な減額指示』

ダメージレベル●●●
顕在化レベル B

用途・構造・規模　：事務所ビル・S 造 7F

設計段階				施工段階						運用段階	
① 基本 DR	② 実施 DR	③ 検図	④ 見積質疑	⑤ 図面確認	⑥ 重合せ図	⑦ 総合図	⑧ 施工図	⑨ 工程検査	⑩ 竣工検査	⑪ 1 年点検	⑫ 2 年点検
発生時期	A				B				C		

1　発生事象

・企画段階〜基本設計段階を通じて発注者からは明確な予算の提示がなく、設計者は、企画段階、基本設計段階でそれぞれ工事費概算を提示したものの、それに対する「可否」の判断のないまま実施設計段階に移行した。しかし、その後の実施設計段階の後半（施工者決定のための見積合わせの段階）で見積額が設計概算の範囲内であったのにも関わらず「事業予算をオーバーしているため、このままでは工事請負契約を行うことができない」と言われてしまった。

2　個別の具体的措置

・設計者・施工者が、大幅な VE・CD 提案を行い、それに基づき全面的な設計変更を行い大きな手戻りと労力が発生した。発注者の事業予算に合わせて当初予定より 2 ヶ月遅れの着工となったが、竣工時期は発注者の強い要望で当初のまま変更されなかった (工期圧縮)。

3　原因・所見

・基本計画段階における条件設定の中でも、特に重要な事業予算の確認がされないまま設計作業を進めてしまった。
・設計者は、工事費の概算の提示をしたにも関わらず、発注者の明確な意思表示がないので、了解されたと思ってしまった。

4　再発防止策

・計画初期段階から予算を明確に発注者と共有しておく必要がある。基本設計段階で、基本設計図書とともに、特に工事費概算について、議事録、覚書などをもって合意した記録を残すことが必要である。

ダメージレベル **48**/80 点	影 響 度		発 生 頻 度		顕在化レベル		
	16 点	極めて重大な影響	5 点	高い頻度で発生	C	極めて気づきにくい	
	8 点	重大な影響	3 点	ときどき発生	B	見過ごしがち	
	1 点	軽微な影響	1 点	稀に発生	A	容易に気が付く	

『屋上設備機器が高さに算入され、建物最高高さがオーバー』

ダメージレベル ●●
顕在化レベル A

用途・構造・規模　：商業・事務所ビル・S造

設計段階			施工段階							運用段階	
① 基本 DR	② 実施 DR	③ 検図	④ 見積質疑	⑤ 図面確認	⑥ 重合せ図	⑦ 総合図	⑧ 施工図	⑨ 工程検査	⑩ 竣工検査	⑪ 1 年点検	⑫ 2 年点検
発生時期 A			B				C				

1 　発生事象

・地区計画で最高高さが定められている敷地において、屋上パラペット天端を最高高さとして基本計画を作成していた。しかし、その後の基本設計段階の後半で、屋上に設置される設備機器の水平投影面積が塔屋と合わせると建築面積の 1/8 を超えていたため、建物の高さに算入される懸念が生じた。

2 　個別の具体的措置

・設備システムおよび設備機器配置の見直しを行い、一部の機器を別の階に移設し屋上の塔屋の床面積および設備機器の水平投影面積の合計を建築面積の 1/8 以下に納めることで対応した。

3 　原因・所見

・企画段階で設備機器設置スペースの計画があいまいであった。

4 　再発防止策

・意匠～設備担当者間で設備スペースに関わる設定条件を企画段階から共有し、基本レイアウトを作っておく事が必要である。

・また、屋上の設備機器の面積算入要否の判断は、規制の種類や行政の判断によって異なるので計画の初期段階で明確にしておく必要がある。

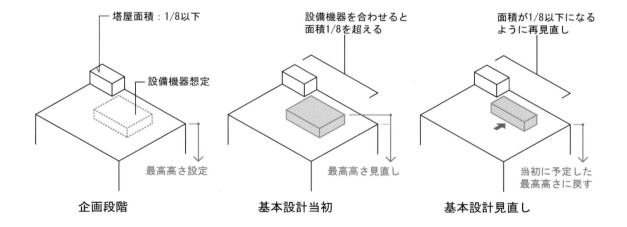

ダメージレベル 24/80 点	影 響 度		発生頻度		顕在化レベル	
	16 点	極めて重大な影響	5 点	高い頻度で発生	C	極めて気づきにくい
	8 点	重大な影響	3 点	ときどき発生	B	見過ごしがち
	1 点	軽微な影響	1 点	稀に発生	A	容易に気が付く

『実施設計中の建物用途変更！』

ダメージレベル●●
顕在化レベル A

用途・構造・規模　：商業ビル・S造 8F

	設計段階			施工段階							運用段階	
① 基本 DR	② 実施 DR	③ 検図	④ 見積質疑	⑤ 図面確認	⑥ 重合せ図	⑦ 総合図	⑧ 施工図	⑨ 工程検査	⑩ 竣工検査		⑪ 1 年点検	⑫ 2 年点検
発生時期	A				B					C		

1　発生事象

・1 階・2 階に物販店舗、3 階以上を貸事務所という用途構成を条件として計画がスタートし、その時点では階段の計画は屋内避難階段＋屋外避難階段の 2 階段（屋内避難階段は屋上まで、屋外避難階段は最上階までの計画）としていた。途中で発注者のリーシング上の理由により、建物用途が全館物販店舗に変更となった。駐車場の確保、屋上広場の設置、階段幅員の確保等については計画の見直しにより対応したものの、屋上広場がある場合にはそれに通ずる 2 以上の直通階段が必要であることが見落とされ、確認申請に向けての事前協議段階で気づいた。併行して施工者および工事費決定の手続きが進められていたが、契約上は設計変更として処理をした。

2　個別の具体的措置

・屋内避難階段に加えて屋外避難階段も屋上まで上げる変更をした。幸い屋上設備機器等のレイアウトには大きな影響はなかった。

3　原因・所見

・実施設計段階での発注者の用途変更要望に対し、基本設計レベルにまで遡って行うべき法規のチェックが不十分であった。

4　再発防止策

・大きな変更の時にこそ、落ち着いて変更内容を整理する必要がある。変更レビューを行うなど、第三者的なチェックも実施したい。また、発注者に設計期間の延長を要求し、基本設計図書の修正を行うようにしたい。

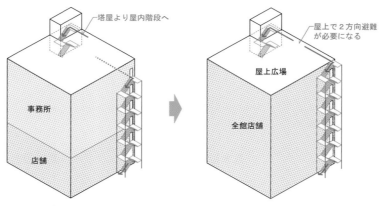

塔屋より屋内階段へ
屋上で 2 方向避難が必要になる
事務所
店舗
屋上広場
全館店舗
屋内避難階段＋屋外避難階段

ダメージレベル **24**/80 点	影響度		発生頻度		顕在化レベル		
	16 点	極めて重大な影響	5 点	高い頻度で発生	C	極めて気づきにくい	
	8 点	重大な影響	3 点	ときどき発生	B	見過ごしがち	
	1 点	軽微な影響	1 点	稀に発生	A	容易に気が付く	

『事前協議を都合よく解釈した設計図 〜着工届で顕在化』

ダメージレベル●
顕在化レベル C

用途・構造・規模　：学校・RC 造

設計段階			施工段階				運用段階				
①	②	③	④	⑤	⑥	⑦	⑧	⑨	⑩	⑪	⑫
基本 DR	実施 DR	検図	見積質疑	図面確認	重合せ図	総合図	施工図	工程検査	竣工検査	1 年点検	2 年点検
発生時期	A			B				C			

■1　発生事象
・事前協議で水道の引き込みは 75φ×3 本であったが、150φ1 本も検討してほしいと言われたことを曲解し、事前協議書の修正を行わずに設計図書は 1 か所引き込みとした。
・正式に着工届を出した際に、150φ1 か所で届けたが認められず、事前協議の通り 3 か所の引き込みとなり、工事費も増えてしまった。

■2　個別の具体的措置
・事前協議通りの 3 か所引き込みで施工した。

■3　原因・所見
・官庁との協議事項は、担当者により見解が変わることもあるので必ず記録に残す。

■4　再発防止策
・インフラとの接続ポイントの位置とサイズは全体計画に大きく関わる事項なので、行政との協議を確実に行い記録に残す。
　また、近年、施工性を改善するために建物本体工事に先行して外構工事を行う場合もあるので、施工段階の早期に確定することが重要である。

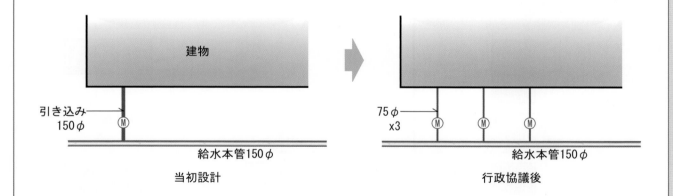

当初設計　　　　　　　　　　　　　　　　　　行政協議後

ダメージレベル **8**/80 点	影 響 度		発生頻度		顕在化レベル	
	16 点	極めて重大な影響	5 点	高い頻度で発生	C	極めて気づきにくい
	8 点	重大な影響	3 点	ときどき発生	B	見過ごしがち
	1 点	軽微な影響	1 点	稀に発生	A	容易に気が付く

『建設順序が表現されていない設計図によるトラブル』

ダメージレベル ●●●
顕在化レベル B

用途・構造・規模 ：病院

	設計段階			施工段階						運用段階	
① 基本 DR	② 実施 DR	③ 検図	④ 見積質疑	⑤ 図面確認	⑥ 重合せ図	⑦ 総合図	⑧ 施工図	⑨ 工程検査	⑩ 竣工検査	⑪ 1 年点検	⑫ 2 年点検
発生時期	A				B				C		

■1　発生事象

・病院の増改築は機能を止める事が出来ないため、一度に施工することは困難である。特に既存と取り合う部分については、機能を残しながら切り廻していくため、手順、施工条件によってコスト、工期ともに大きく変動する。

・設計図書では、現況図と完成形しか提示されていなかったため施工者が施工手順を推定しながら積算し契約したが、実際の工事段階になって想定より複雑な手順や時間外での作業を求められたため、コスト、工期ともに大きく変動し、追加変更工事の交渉が難航した。

■2　個別の具体的措置

・実際の発注者の細かい要求や条件を織り込み、計画を再度やり直し施工を行った。

■3　原因・所見

・既存建物を使いながらの増改築計画にも関わらず、ステップごとの計画図が未作成であった。

■4　再発防止策

・既存建物の解体と新築を段階的に進めていく増改築計画では、ステップごとの図面作成は必須である。既存の機能や外構のインフラを生かしながら、どのように新しい機能に切替えていくかという計画は、コストや工期に大きく関係するので、基本設計段階で発注者との確実な合意が必要である。

・施工段階においては、より詳細な現地調査を行い、設計図の不確定な部分を協議しながら、慎重に工事を行う。

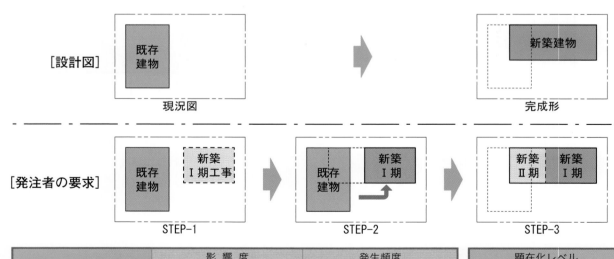

ダメージレベル **48**/80 点	影 響 度		発生頻度		顕在化レベル	
	16 点	極めて重大な影響	5 点	高い頻度で発生	C	極めて気づきにくい
	8 点	重大な影響	3 点	ときどき発生	B	見過ごしがち
	1 点	軽微な影響	1 点	稀に発生	A	容易に気が付く

『室内許容騒音値の指定が要求水準と不整合』

ダメージレベル●●●
顕在化レベル B

用途・構造・規模 ：研究施設・S 造

設計段階				施工段階						運用段階	
① 基本 DR	② 実施 DR	③ 検図	④ 見積質疑	⑤ 図面確認	⑥ 重合せ図	⑦ 総合図	⑧ 施工図	⑨ 工程検査	⑩ 竣工検査	⑪ 1 年点検	⑫ 2 年点検
発生時期	A				B				C		

1　発生事象

・発注者から全室に対して許容騒音値が指定され設計者に伝えられていたが、設計図の特記仕様書には許容騒音値（NC 値）が代表室（事務室・エントランスロビー等）のみ記載されていた。着工後、発注者との会議にて各室ごとに指定がある事が判明し、各室の騒音計算を改めて行うこととなった。

2　個別の具体的措置

・着工後、求められた各室（各系統）の騒音・振動計算や具体的な騒音・振動対策の検討等を行った。また約 2 か月間、検討作業に要した。

3　原因・所見

・発注者から、個別の部屋に対して細かい要望があったが、設計時の与条件設定が不明確であった。
・騒音の設計スペックに関しては、過剰なケースも散見される。部屋の用途、目的に合った合理的なスペックを協議して設定する必要がある。

4　再発防止策

・発注者からの要求事項は、全て基本設計図書で対応策を明示しなければならない。
・許容騒音値を規定する場合は、全室（全系統）の許容騒音値を設定し、騒音・振動計算と騒音・振動対策等の設計をしておきたい。さらに許容騒音値・振動値マップ（下図。色分け平面図等）を作成するとわかりやすい。

許容騒音値マップの例

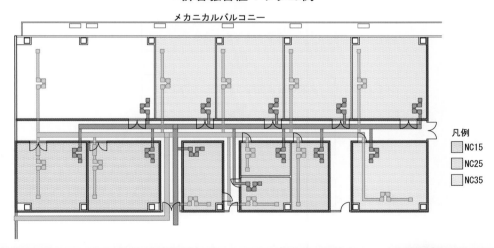

メカニカルバルコニー

凡例
NC15
NC25
NC35

ダメージレベル 48/80 点	影　響　度		発生頻度		顕在化レベル	
	16 点	極めて重大な影響	5 点	高い頻度で発生	C	極めて気づきにくい
	8 点	重大な影響	3 点	ときどき発生	B	見過ごしがち
	1 点	軽微な影響	1 点	稀に発生	A	容易に気が付く

『各種設備機器の耐震対策ランクが各室の要求耐震ランクと整合しない』

ダメージレベル●●
顕在化レベル A

用途・構造・規模　：事務所ビル

設計段階				施工段階						運用段階	
① 基本 DR	② 実施 DR	③ 検図	④ 見積質疑	⑤ 図面確認	⑥ 重合せ図	⑦ 総合図	⑧ 施工図	⑨ 工程検査	⑩ 竣工検査	⑪ 1 年点検	⑫ 2 年点検
発生時期　　A				B			C				

1　発生事象

・建物各室の耐震ランクと各種機器の耐震対策ランクが不整合であった事が検図時に判明した(空調機、トランス、水槽それぞれの耐震対策ランクが整合していない)。

2　個別の具体的措置

・各室に求められている耐震ランクに合わせて機器の耐震対策を整理し、設計図を再整理した。

3　原因・所見

・耐震性能は、基本設計段階で決定すべき事項である。各室の耐震ランクと各設備の耐震対策ランクを整合して設定すべきであった。

4　再発防止策

・耐震対策レベル等の要求性能を整理して、発注者の合意を得る。
・耐震性能だけでなく、BCP に関わる設計条件は ASEM 全体を通してバランスのとれたコンセプトが必要であり、基本設計段階で調整されなければならない。

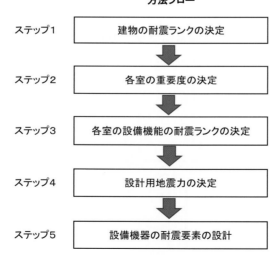

建物における設備場材の耐震ランク決定方法フロー

ステップ1　建物の耐震ランクの決定

ステップ2　各室の重要度の決定

ステップ3　各室の設備機能の耐震ランクの決定

ステップ4　設計用地震力の決定

ステップ5　設備機器の耐震要素の設計

ダメージレベル **16**/80 点	影 響 度		発 生 頻 度		顕在化レベル	
	16 点	極めて重大な影響	5 点	高い頻度で発生	C	極めて気づきにくい
	8 点	重大な影響	3 点	ときどき発生	B	見過ごしがち
	1 点	軽微な影響	1 点	稀に発生	A	容易に気が付く

『高所作業車によるメンテナンスルートが確保できていない』

ダメージレベル●●
顕在化レベル B

用途・構造・規模　：事務所ビル

設計段階			施工段階							運用段階	
①	②	③	④	⑤	⑥	⑦	⑧	⑨	⑩	⑪	⑫
基本DR	実施DR	検図	見積質疑	図面確認	重合せ図	総合図	施工図	工程検査	竣工検査	1年点検	2年点検
発生時期 A			B				C				

1　発生事象

・高所作業車によるメンテナンスが必要な場所までの作業ルートが確保されていなかった。

2　個別の具体的措置

・メンテナンスを必要とする場所の洗い出しを行い、作業ルートまでの廊下幅、建具開口等問題のある箇所の寸法拡大を行った。

3　原因・所見

・基本設計段階でのメンテナンス基本計画の作りこみが不十分であった。
平面計画の見直し、建具サイズアップによる追加コストが発生し、発注者よりメンテナンス計画が適切にされていない状況について厳しく指摘された。

4　再発防止策

・メンテナンスの基本計画は、基本設計時に発注者とすりあわせの上方針を定め、早期にメンテナンス業者の決定を発注者に促したい。

[清掃用高所作業車の例]

MAST BOOM LIFTS

最大作業高	8.1m	9.8m
最大床高	6.1m	7.8m
アウトリーチ	2.6m	3.0m
最大積載荷重	215kg	215kg
床寸法	0.78m×0.73m	0.78m×0.73m
ジブ起伏	130°	130°
ジブブーム長さ	1.02m	1.4m
全幅(A)	0.81m	1.0m
全高(B)	1.98m	1.98m
全長(C)	2.43m	2.8m
重量	2.590kg	2.660kg
走行速度(格納時)	3.2km/h	3.2km/h
走行速度(上昇時)	0.48km/h	0.48km/h
昇降速度(上昇/下降)	54秒/26秒	56秒/27秒
登坂角度	14°/25%	14°/25%
回転半径(内側)	0.3m	0.3m
回転半径(外側)	1.85m	2.1m
旋回時突出	250mm	140mm
地上高	100mm	100mm
旋回	360°(非連続)	
コントロールシステム	比例制御方式	
動力	4×6V 375Ahバッテリー	

STANDARD FEATURES
● 傾斜センサー
● 大型バスケット(定員2名)
● ノンマーキングタイヤ
● 過積載防止装置
● アワーメーター
● 脱輪時転倒防止装置(JIS規格)

OPTIONS
● フラッシュライト
● グリーンオイル

写真は一部日本仕様と異なる場合があります。
仕様は予告なく変更することがあります。御了承ください。
寸法等は製造上の誤差により多少の違いが生じます。御容赦ください。

ダメージレベル 24/80点	影響度		発生頻度		顕在化レベル	
	16点	極めて重大な影響	5点	高い頻度で発生	C	極めて気づきにくい
	8点	重大な影響	3点	ときどき発生	B	見過ごしがち
	1点	軽微な影響	1点	稀に発生	A	容易に気が付く

写真提供：エイハン・ジャパン株式会社

『既存躯体調査不足による新築計画への影響』

ダメージレベル●●●
顕在化レベル B

用途・構造・規模　：事務所ビル

設計段階				施工段階						運用段階	
①	②	③	④	⑤	⑥	⑦	⑧	⑨	⑩	⑪	⑫
基本 DR	実施 DR	検図	見積質疑	図面確認	重合せ図	総合図	施工図	工程検査	竣工検査	1 年点検	2 年点検
発生時期	A				B				C		

1　発生事象

・現説図面において、「既存建物の基礎の扱いについて法令上、施工上問題のない範囲を施工者にて設定の上積算を行うこと、なお実際の行政の指導により変動する分は施工費に含むのとする」という記述があった。地中部分の存置躯体に関しては行政により判断が異なるため、見積り段階では具体的な費用が算定できないとして発注者に質疑したが、明確な回答は得られなかった。

2　個別の具体的措置

・施工者にて仮の条件設定の上、積算を行ったが、行政の指導により変更した部分のコストと工期の変動に関しては本工事外であるという但し書きを付けて提出した。

3　原因・所見

・廃棄物の処理及び清掃に関する法律（以降廃掃法）に対する理解不足。
・敷地の存置物に関する責任は、土地所有者（工事発注者）にある事を再認識するよう促したい。

4　再発防止策

・設計者は、既存埋設物の正しい情報を発注者から入手するように努める。
・設計者は、既存躯体がある場合には、廃掃法に基づき計画の内容を行政側と協議し、基本的な方針を発注者と協議したうえで設計図書に盛り込む。
・施工者は、積算の際の条件付けを明確にする。条件が変わったときはコスト、工期とも変動することを明確にする。

現説図面の注記

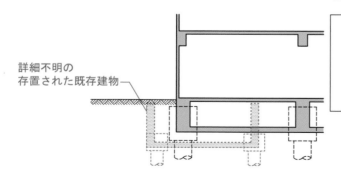

詳細不明の
存置された既存建物

特記仕様書
既存地下の存置部分の解体範囲に関しては、
施工者の新築地下工事の支障にならない範囲、
廃掃法上法違反にならない範囲を施工者にて
設定するものとし、その後の行政指導などで
変更になる分に関しては、一式増減無しとする。

ダメージレベル **48**/80 点	影 響 度		発生頻度			顕在化レベル	
	16 点	極めて重大な影響	5 点	高い頻度で発生		C	極めて気づきにくい
	8 点	重大な影響	3 点	ときどき発生		B	見過ごしがち
	1 点	軽微な影響	1 点	稀に発生		A	容易に気が付く

『既存増築工事で耐圧盤から水が！過去の施工状況が不明』

ダメージレベル●●
顕在化レベル C

用途・構造・規模 ：学校・RC 造

設計段階			施工段階							運用段階	
①	②	③	④	⑤	⑥	⑦	⑧	⑨	⑩	⑪	⑫
基本 DR	実施 DR	検図	見積質疑	図面確認	重合せ図	総合図	施工図	工程検査	竣工検査	1 年点検	2 年点検
発生時期　A			B				C				

１　発生事象

・他社が施工した 1 期工事に持続する 2 期工事施工時のトラブル。地下水位が高い敷地であったため止水性のある SMW 山留壁での施工計画を立案した。

・1 期工事も SMW であったが掘削深さの資料がなく詳細不明であったにもかかわらず、不透水層に到達しているものと仮定して施工計画を立案してしまった。

・地下耐圧盤施工時に当初計画したディープウェルでは地下水位を下げきれず、耐圧盤の施工がストップしてしまった（1 期工事の SMW が一部不透水層に到達していなかったものと思われた）。

２　個別の具体的措置

・ディープウェルを追加設置し、地下水位を下げて施工を継続した。

・増築取合部に計画されていたサンクンガーデンの底盤が水圧を受け、浮き上がる恐れが判明したため、構造補強などの提案を行った。

・竣工後も維持管理上、排水を継続することになり、その旨発注者に申し送りした。

３　原因・所見

・既存建物の施工データは可能な限り増築計画に反映されるべきだが、施工者が交代した場合は基本的施工条件が伝わらない場合も多い。既存建物の施工者に協力を求めることは困難だが、発注者や設計者の保有している施工計画書などを最大限求めることが重要である。

４　再発防止策

・発注者は、既存建物の施工に関する資料（山留計画、排水計画、地盤調査等）を可能な限り増築施工者に提示する。

・施工者は、建物完成時の資料として、山留や排水に関する施工情報をできるだけ発注者に提出する。

※ SMW…ソイルセメント連続壁

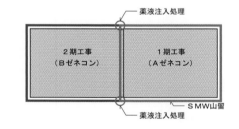

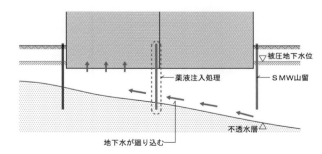

ダメージレベル **16**/80 点	影響度		発生頻度		顕在化レベル	
	16 点	極めて重大な影響	5 点	高い頻度で発生	C	極めて気づきにくい
	8 点	重大な影響	3 点	ときどき発生	B	見過ごしがち
	1 点	軽微な影響	1 点	稀に発生	A	容易に気が付く

『縦シャフトが納まらない。コアの設計を全面やり直し』

ダメージレベル●●●
顕在化レベル B

用途・構造・規模　：事務所ビル・S造

	設計段階			施工段階							運用段階	
	① 基本 DR	② 実施 DR	③ 検図	④ 見積質疑	⑤ 図面確認	⑥ 重合せ図	⑦ 総合図	⑧ 施工図	⑨ 工程検査	⑩ 竣工検査	⑪ 1年点検	⑫ 2年点検
発生時期	A			B				C				

1　発生事象

・総合図作成前の重合せ図を作成し、EPS、PS の納まりを検討していたが、配管・ダクト等が梁と干渉し、有効な上下貫通面積が不足し、原設計では納まっていないことが分かった。EPS、PS の拡張検討をしたが、特別避難階段の付室が圧迫され法定面積が確保できなくなり、廊下・コア・オフィスゾーンも含めた全面的なレイアウトの見直しに至った。

2　個別の具体的措置

・貸室面積にまで影響する設計変更を要した。

3　原因・所見

・設備シャフトは主要目的が上下の貫通である。その際,梁のある部分は有効には使えないので、コアの納まり検討をする際は、必ず上下の梁の大きさを確認して、配管、ダクト等を通すことが出来るかどうかを確認する必要がある。

4　再発防止策

・基本設計段階でのコアの検討にあたっては、階段・エレベーターだけでなく、構造計画を含めた設備メインシャフトの検討が重要であり、設計段階の重合せ確認を励行したい。
・施工者は、設備シャフトが全体計画に大きな影響を及ぼすことを認識し、早期に設計図の確認を行いたい。

[平面図]

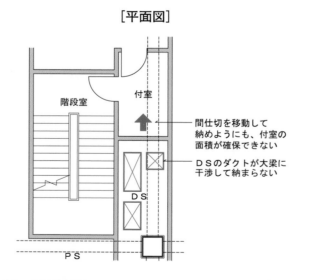

階段室

付室

間仕切を移動して
納めようにも、付室の
面積が確保できない

DSのダクトが大梁に
干渉して納まらない

DS

PS

[対応策]

設備シャフトの壁位置の変更
⇩
付室の面積を確保して移動
⇩
廊下の巾不足
⇩
オフィス部分の間仕切の移動
⇩
オフィス面積（貸室）が減少

ダメージレベル **48**/80点	影響度		発生頻度		顕在化レベル	
	16点	極めて重大な影響	5点	高い頻度で発生	C	極めて気づきにくい
	8点	重大な影響	3点	ときどき発生	B	見過ごしがち
	1点	軽微な影響	1点	稀に発生	A	容易に気が付く

『実施設計の後半で階高を変更した際に設備ダクトが納まらなくなってしまった。』

ダメージレベル●●●
顕在化レベル B

用途・構造・規模　：商業ビル・S 造

設計段階			施工段階							運用段階	
① 基本 DR	② 実施 DR	③ 検図	④ 見積質疑	⑤ 図面確認	⑥ 重合せ図	⑦ 総合図	⑧ 施工図	⑨ 工程検査	⑩ 竣工検査	⑪ 1 年点検	⑫ 2 年点検
発生時期	A				B				C		

1　発生事象

・図面をチェックしていた施工者が、一部フロアで空調ダクトが梁貫通部に納まらないことに気がついた。

2　個別の具体的措置

・一部ダクトを梁下で処理する必要が生じたため、下がり天井が発生した。

3　原因・所見

・実施設計最終段階で、発注者要望による商業スペースの主要用途の条件変更（最上階の天井高さの増要望）が生じた。均等であった階高について、建物高さを変えずに用途に応じた階高の増減での調整を行ったが、階高を減らす階の設計図書の天井高さを変えなかったため、天井内の納まりが厳しくなった。

・構造・設備担当者間の調整が不十分なまま実施設計を終えてしまった。

4　再発防止策

・用途変更や階高、天井高さに変更が生じた場合、安易に立・断面図や構造図のみを変更せず、総合的に建物性能や納まりを確認する必要がある。

・大掛りな変更の時こそ落ち着いて変更内容を確認する必要があり、変更部分について第三者的人格による変更レビューを実施したい。

・基本設計確定後の発注者による大きな設計条件の変更に対しては、設計期間の延長を発注者に要求するようにしたい。

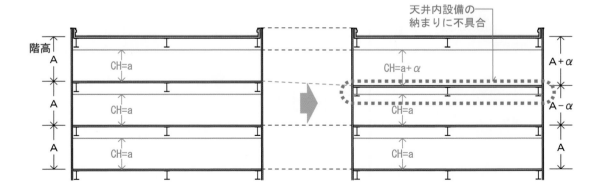

ダメージレベル **48**/80 点	影響度		発生頻度		顕在化レベル	
	16 点	極めて重大な影響	5 点	高い頻度で発生	C	極めて気づきにくい
	8 点	重大な影響	3 点	ときどき発生	B	見過ごしがち
	1 点	軽微な影響	1 点	稀に発生	A	容易に気が付く

『分かりにくい構造図表現 ～リストが読みづらく誤認』

ダメージレベル ●●●
顕在化レベル C

用途・構造・規模 ：生産施設・S 造

設計段階			施工段階							運用段階	
① 基本 DR	② 実施 DR	③ 検図	④ 見積質疑	⑤ 図面確認	⑥ 重合せ図	⑦ 総合図	⑧ 施工図	⑨ 工程検査	⑩ 竣工検査	⑪ 1 年点検	⑫ 2 年点検
発生時期	A			B				C			

1　発生事象

・鉄骨柱の根巻仕様として柱脚保護根巻＊1と構造根巻＊2の2種類があったが、柱リストに柱脚保護根巻の詳細図しか記載しておらず、構造根巻については文章のみの指示であった。
・施工段階で、すべての柱を柱脚保護根巻と誤認し配筋してしまい、検査で見過ごされコンクリートを打設してしまった。

2　個別の具体的措置

・コンクリートを水はつりにより基礎まで除去し、正しい柱配筋を行った上でコンクリートを再打設した。

3　原因・所見

・施工者の注意不足もあるが、配筋詳細図は保護根巻き仕様の図のみが添付されており、誤解を招く図面とも言えた。

4　再発防止策

・設計者は、構造図において但し書き等のわかりにくい表記を極力避け、それぞれを図面化するようにしたい。
・施工者は、柱リストが特に重要な構造情報であることを認識し、慎重に確認するようにする。

配筋の間違いを生じた事例の構造設計図面

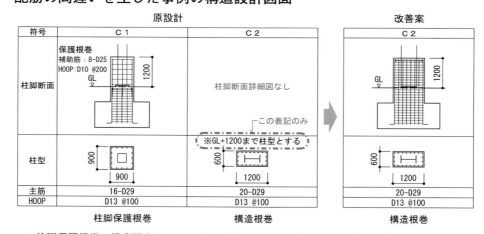

＊1 柱脚保護根巻：構造耐力上は不要だが、柱脚躯体を保護するために必要な根巻
＊2 構造根巻　　：構造耐力上必要な根巻

ダメージレベル 48/80 点	影響度		発生頻度		顕在化レベル	
	16 点	極めて重大な影響	5 点	高い頻度で発生	C	極めて気づきにくい
	8 点	重大な影響	3 点	ときどき発生	B	見過ごしがち
	1 点	軽微な影響	1 点	稀に発生	A	容易に気が付く

『特殊な要求水準が設計図書に反映されていない』

ダメージレベル●●
顕在化レベル C

用途・構造・規模　：工場・S 造

設計段階			施工段階							運用段階	
① 基本 DR	② 実施 DR	③ 検図	④ 見積質疑	⑤ 図面確認	⑥ 重合せ図	⑦ 総合図	⑧ 施工図	⑨ 工程検査	⑩ 竣工検査	⑪ 1 年点検	⑫ 2 年点検
発生時期	A				B				C		

1　発生事象

・電灯盤を現場に納入後、発注者の指摘により電灯盤内の分岐ブレーカは全て ELCB（漏電遮断器）付きにしなければならない事が判明した（水を多く使う工場であったため、発注者は ELCB を求めていた）。

2　個別の具体的措置

・未納入分は予定を延期し、全て ELCB 付き仕様に変更した後の納入とした。現場納入済分は現場にて盤改造を施した。

3　原因・所見

・発注者の要求水準書は設計段階から存在し、「電灯盤に設置する分岐ブレーカは全て ELCB 仕様」となっていたが、発行された設計図では電灯盤の分岐ブレーカは MCCB（配線用遮断器）と ELCB の混在であったため、そのまま発注してしまった。施工者も要求水準書を受領していたが、読み込みが不十分であった。

4　再発防止策

・発注者の要求水準書にある項目は、基本設計図書にて内容の大小にかかわらず原則すべての項目に回答を用意する必要がある。基本設計図書として「見える化」することにより発注者のニーズに対して齟齬がないかをもれなく確認するとともに、DR 等でその妥当性を確認するようにしたい。

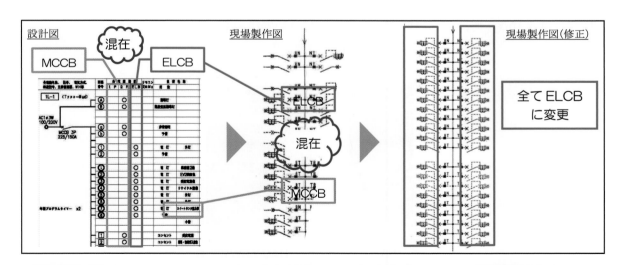

ダメージレベル **24**/80 点	影 響 度		発 生 頻 度		顕在化レベル	
	16 点	極めて重大な影響	5 点	高い頻度で発生	C	極めて気づきにくい
	8 点	重大な影響	3 点	ときどき発生	B	見過ごしがち
	1 点	軽微な影響	1 点	稀に発生	A	容易に気が付く

『既設盤「移設」と「新設」の図面記載混在トラブル』

ダメージレベル●
顕在化レベル B

用途・構造・規模　：工場・S造

設計段階			施工段階							運用段階	
① 基本 DR	② 実施 DR	③ 検図	④ 見積質疑	⑤ 図面確認	⑥ 重合せ図	⑦ 総合図	⑧ 施工図	⑨ 工程検査	⑩ 竣工検査	⑪ 1 年点検	⑫ 2 年点検
発生時期	A			B			C				

1　発生事象

・設計図において自動火災報知設備の防災監視盤に対し「移設」という表現と「新設」という表現が混在しており不整合が生じていた。施工者は当初移設として計画したが、詳細な施工計画を検討したところ、全て新設盤が必要なことが判明した。

2　個別の具体的措置

・自動火災報知設備の監視ポイントを集計した結果、既設監視盤では機能が不十分である事が判明したため、監視盤の移設ではなく新設する事となった。

3　原因・所見

・要求水準書は、「既存品の転用を検討すること」との記載があったため、設計者は既存移設と新設の両案を検討していた。設計図作図時に意匠担当者は移設の方針でいたが、電気担当者がメーカーにヒアリングしたところ、移設では無理があり新設すべきと判断した。その情報がフィードバックされず二つの異なる仕様の図面が併存してしまった。

4　再発防止策

・発注者の要求水準書にある項目は、基本設計図書にて内容の大小にかかわらず原則すべての項目に回答を用意する必要がある。基本設計図書として「見える化」することにより発注者のニーズに対して齟齬がないかをもれなく確認するとともに、DR 等でその妥当性を確認するようにしたい。

・施工者は、図面に不整合があり正確な判断ができない場合には、直ちに監理者に質疑書を提出し、監理者は設計者に確認の上、回答を施工者に行う必要がある。

防災監視盤の例

HAU

HAU-ABW40Y-G

ダメージレベル **8**/80 点	影 響 度		発 生 頻 度		顕在化レベル	
	16 点	極めて重大な影響	5 点	高い頻度で発生	C	極めて気づきにくい
	8 点	重大な影響	3 点	ときどき発生	B	見過ごしがち
	1 点	軽微な影響	1 点	稀に発生	A	容易に気が付く

写真提供：ホーチキ株式会社

『発電機燃料用オイルポンプの性能確認不足』

ダメージレベル●
顕在化レベル A

用途・構造・規模 ：事務所ビル。

設計段階			施工段階							運用段階	
① 基本 DR	② 実施 DR	③ 検図	④ 見積質疑	⑤ 図面確認	⑥ 重合せ図	⑦ 総合図	⑧ 施工図	⑨ 工程検査	⑩ 竣工検査	⑪ 1 年点検	⑫ 2 年点検
発生時期	A				B				C		

❶　発生事象

・計画敷地の冠水想定レベルを考慮し、自家用発電機のオイルポンプを冠水想定レベル以上の 2 階に設置する計画としたが、オイルポンプの揚程能力が不足していることが判明し、再検討が必要になった。

❷　個別の具体的措置

・ポンプのメンテナンス動線などを見直し、設置位置を 1 階に変更して架台を設け、揚程可能高さ内かつ冠水想定レベルより高くなる位置に設置した。

❸　原因・所見

・ポンプメーカーへの性能確認不足。
・意匠・設備設計担当者間での設計図の調整不足。

❹　再発防止策

・設計者として、機器の性能を満足するように設計することはあたりまえであり、メーカーや機器選定にあたっては、基本条件のチェックを事前に行い、大きな手戻りにつながらないよう気をつけたい。

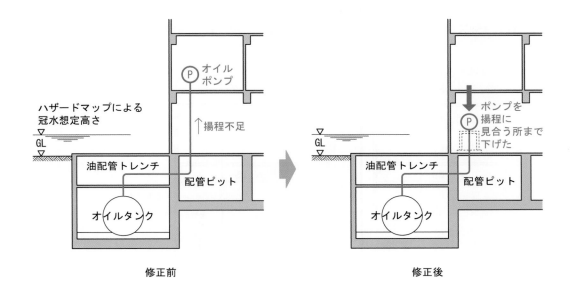

修正前　　　　　　　　　　　　　　　　修正後

ダメージレベル **8**/80 点	影 響 度		発 生 頻 度		顕在化レベル	
	16 点	極めて重大な影響	5 点	高い頻度で発生	C	極めて気づきにくい
	8 点	重大な影響	3 点	ときどき発生	B	見過ごしがち
	1 点	軽微な影響	1 点	稀に発生	A	容易に気が付く

『加湿給水圧力が足りない！加湿給水の水圧が不足し、給水方式を変更』

ダメージレベル●●
顕在化レベル B

用途・構造・規模　：事務所ビル・S造

設計段階			施工段階							運用段階	
① 基本DR	② 実施DR	③ 検図	④ 見積質疑	⑤ 図面確認	⑥ 重合せ図	⑦ 総合図	⑧ 施工図	⑨ 工程検査	⑩ 竣工検査	⑪ 1年点検	⑫ 2年点検
発生時期	A			B				C			

❶　発生事象

・エアコン加湿器への給水は、屋上の加湿給水用高架水槽からの重力式給水方式であったが、高架水槽を設置する高さでは最上階に設置されたエアコン加湿器へ給水する圧力を確保することが出来ないことが判明した。

❷　個別の具体的措置

・加湿給水系統を加圧給水方式に変更した。それに伴い市水と分離するための減圧式逆流防止器や減圧弁の追加設置が必要になった。
・変更提案資料作成及び打合せ・協議に約2週間の作業を要した。

❸　原因・所見

・設計段階で、加湿器への供給圧力の計算・加湿器の最低使用圧力の確認（性能・仕様）などを行うべきであった。

❹　再発防止策

・近年、室内環境向上のため、エアコンに加湿機能を付加した物件は増えており、加湿給水方式を決める段階で、高架水槽の設置高さとエアコン設置階の高低差や加湿器への最低補給圧力を確認し、給水計画の検証を行う必要がある。
・設計者は、この事例のような機能の高度化に対しても、どこがクリティカルパスになるかを想定しながら、システム全体としての整合を見落とさないよう注意する必要がある。

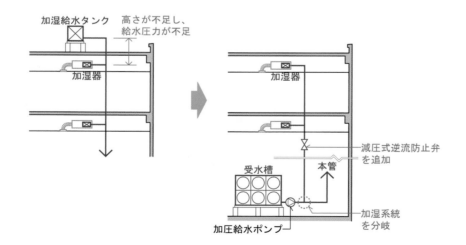

ダメージレベル **24**/80点	影　響　度		発　生　頻　度			顕在化レベル	
	16点	極めて重大な影響	5点	高い頻度で発生		C	極めて気づきにくい
	8点	重大な影響	3点	ときどき発生		B	見過ごしがち
	1点	軽微な影響	1点	稀に発生		A	容易に気が付く

『ビル用マルチエアコンの設置基準超え！機器間の高低差確認洩れ』

ダメージレベル ●●
顕在化レベル B

用途・構造・規模 ：事務所ビル・S造

設計段階			施工段階					運用段階			
①基本DR	②実施DR	③検図	④見積質疑	⑤図面確認	⑥重合せ図	⑦総合図	⑧施工図	⑨工程検査	⑩竣工検査	⑪1年点検	⑫2年点検
発生時期	A			B				C			

１ 発生事象

・採用エアコンメーカー決定後、メーカー仕様の設置基準に基づき設計図のビルマルチエアコン系統をチェックしたが、室内機と屋外機の設置高さ制限や室内機同士の設置高さ制限を超えている系統やグループがあることが判明した。

２ 個別の具体的措置

・採用メーカーの設置基準に基づき再度、系統・グルーピングを見直し、系統の分割・追加を行った。
・変更資料の作成、打合せ・協議、検討図の修正に約3週間を要した。

３ 原因・所見

・設計段階ではメーカーを絞り込めないので、厳しい設定を行うと、決定メーカーにより不適合が出る可能性がある。

４ 再発防止策

・ビルマルチエアコンの設置高さ、冷媒管長さの制限はメーカーにより特性や制限があるため、計画時は余裕を持って配置する事が望ましい。
・施工者は、メーカーにより制限が変わるため、メーカー決定後に機器固有の設置条件などの再確認を行う必要がある。

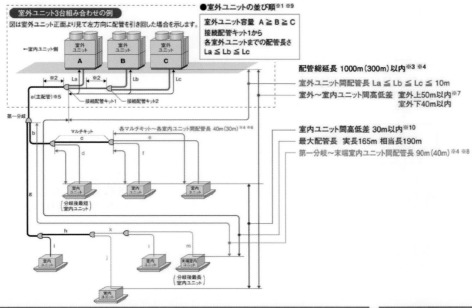

		影 響 度		発 生 頻 度		顕在化レベル	
ダメージレベル **24**/80点	16点	極めて重大な影響	5点	高い頻度で発生	C	極めて気づきにくい
	8点	重大な影響	3点	ときどき発生	B	見過ごしがち
	1点	軽微な影響	1点	稀に発生	A	容易に気が付く

資料提供：日立グローバルライフソリューションズ株式会社

『排気ファンの静圧が機器の仕様と不整合』

ダメージレベル●●
顕在化レベル B

用途・構造・規模　：病院・SRC+RC 造

設計段階			施工段階							運用段階	
① 基本 DR	② 実施 DR	③ 検図	④ 見積質疑	⑤ 図面確認	⑥ 重合せ図	⑦ 総合図	⑧ 施工図	⑨ 工程検査	⑩ 竣工検査	⑪ 1 年点検	⑫ 2 年点検
発生時期	A			B				C			

■1　発生事象

・図面確認時に、発注者直接発注の機器仕様をチェックしたところ、排気系統送風機の静圧が設計図に記載された送風機では不足することが判明した。
・静圧計算書を確認したところ、接続する機器に内蔵されている HEPA フィルターの圧力損失を見落したまま計算し送風機を選定していたことがわかった。

■2　個別の具体的措置

・送風機形式及び静圧を再検討したうえで機器を選定しなおした。送風機の変更、ダクト仕様の変更、モーター容量変更、電気配線容量の見直しなど広範囲にわたる設計変更が発生し、長期間の再検討時間を要した。

■3　原因・所見

・送風機系で最も圧力損失が高く機器性能に影響のある HEPA フィルターの圧力損失を見落してしまった。ほかにも脱臭装置、熱回収装置など見落としがちなものがあるので注意する必要がある。

■4　再発防止策

・設計者は、設計図の発行と同時に設計計算書等一式を発行し、設計根拠を明確に示す必要がある。機器性能や基本性能に関する設計仕様は、現場施工時点では解決に大変な労力を要するため、設計時に確実に整合させる。
・また、重要室に関わる機能や基準階のようにくり返しのある部位などは、重点ポイントを絞って仕様と性能の整合についても、デザイン・レビュー（DR）を行いたい。

HEPAフィルターの
機内圧損約325Paを
見落としてファンを
選定

排気送風機
設計静圧300Pa

送風機の能力アップ
ダクト仕様の変更
電気容量の見直し
　→大きな変更になった

ダメージレベル **24**/80 点	影響度		発生頻度		顕在化レベル	
	16 点	極めて重大な影響	5 点	高い頻度で発生	C	極めて気づきにくい
	8 点	重大な影響	3 点	ときどき発生	B	見過ごしがち
	1 点	軽微な影響	1 点	稀に発生	A	容易に気が付く

『機械設備の電源は記載漏れになりやすい (1)』

ダメージレベル ●●
顕在化レベル B

用途・構造・規模　：病院・SRC+RC 造

設計段階			施工段階				運用段階				
① 基本 DR	② 実施 DR	③ 検図	④ 見積質疑	⑤ 図面確認	⑥ 重合せ図	⑦ 総合図	⑧ 施工図	⑨ 工程検査	⑩ 竣工検査	⑪ 1 年点検	⑫ 2 年点検
発生時期　A			B				C				

■1　発生事象

・着工後、設計図の工事区分の確認をすると、下記の不整合が見つかった。
　① 機械設備設計図の消火設備特記事項に「電気工事」と記載された通信工事が、電気設備設計図に記載されていない。
　② 衛生器具の型番はリモコン配線が必要な型番だが、機械設備・電気設備設計図を見てもリモコン配線の記載がない。

■2　個別の具体的措置

・監理者・工事関係者が協議し、消火設備に関わるものは「電気設備」とし、洗浄用リモコン配線は「機械設備」として工事区分を見直した。

■3　原因・所見

・設計段階における機械設備と電気設備担当者間での情報共有、調整不足が原因と考えられる。特に衛生器具洗浄用リモコン配線などの細かい部分は、見落としがちなので注意が必要である。

■4　再発防止策

・検図段階で設計図書の工事区分間の不整合がないか確認を行う。また、機械設備図に電気設備設計図の図面番号「E－○○図参照」などと記載することである程度防ぐことはできる。
・トイレ廻りの工事区分は関連する工種が多く、不整合が生じることを念頭に置いて、プロジェクトごとに確認するようにする。
・施工者は、特にトイレのまわりの工事区分が複雑であることを認識し、詳細に事前確認するようにしたい。

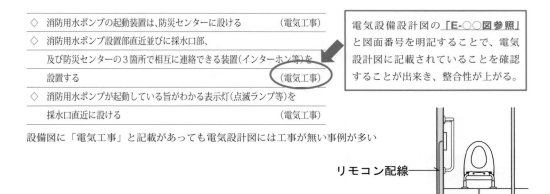

◇　消防用水ポンプの起動装置は、防災センターに設ける　　　　　（電気工事）
◇　消防用水ポンプ設置部直近並びに採水口部、
　　及び防災センターの3箇所で相互に連絡できる装置(インターホン等)を
　　設置する　　　　　　　　　　　　　　　　　　　　　　　　（電気工事）
◇　消防用水ポンプが起動している旨がわかる表示灯(点滅ランプ等)を
　　採水口直近に設ける　　　　　　　　　　　　　　　　　　　（電気工事）

設備図に「電気工事」と記載があっても電気設計図には工事が無い事例が多い

電気設備設計図の「E-○○図参照」と図面番号を明記することで、電気設計図に記載されていることを確認することが出来き、整合性が上がる。

リモコン配線 ←

ダメージレベル **24**/80 点	影 響 度		発 生 頻 度		顕在化レベル	
	16 点	極めて重大な影響	5 点	高い頻度で発生	C	極めて気づきにくい
	8 点	重大な影響	3 点	ときどき発生	B	見過ごしがち
	1 点	軽微な影響	1 点	稀に発生	A	容易に気が付く

『機械設備の電源は記載漏れになりやすい (2)』

ダメージレベル●●
顕在化レベル B

用途・構造・規模　：事務所ビル・S造

設計段階			施工段階							運用段階	
① 基本 DR	② 実施 DR	③ 検図	④ 見積質疑	⑤ 図面確認	⑥ 重合せ図	⑦ 総合図	⑧ 施工図	⑨ 工程検査	⑩ 竣工検査	⑪ 1 年点検	⑫ 2 年点検
発生時期　A			B				C				

1　発生事象

・基準階ペリメーターファンの発停を、制御用アダプターは空調設備で、通信制御工事の配線は電気工事でそれぞれ行うよう、機械設備設計図には記載されていたが、電気設備設計図には一切記載がなかった。

2　個別の具体的措置

・設計者・施工者間で協議し工事区分を見直し、発停・監視及び通信配線工事を機械設備の自動制御工事として発注者の了解のもと、追加発注し対応した。

3　原因・所見

・機械設備と電気設備の整合性を確認しないまま設計図書が発行された。積算段階で「電気工事」と記載されていれば機械設備の積算担当者は電気設備の図面までは確認しない場合もある。一般的に機械設備の自動制御工事は機械設備に区分することが多いので、通例に倣って区分するほうがトラブルが起きにくい。

4　再発防止策

・設計者は、基本設計段階で工事区分について明確化し、検図段階ではその合意に基づいているかどうかの確認を行う。また、電気・設備間の整合が取れているかどうかの確認も確実に行う必要がある。なお、機械設備図に電気設備設計図の図面番号「E- ○○図参照」などと記載することで洩れを防ぐこともできる。

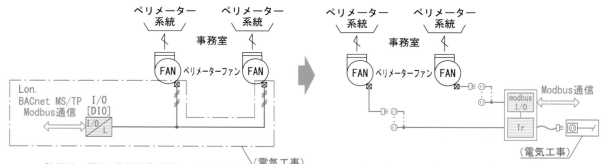

設計図：電源・通信設備が電気工事と記載
（空調設備工事には含まれていない）

変更後：電源工事・通信設備を空調設備で施工

ダメージレベル **24**/80 点	影　響　度		発生頻度		顕在化レベル	
	16 点	極めて重大な影響	5 点	高い頻度で発生	C	極めて気づきにくい
	8 点	重大な影響	3 点	ときどき発生	B	見過ごしがち
	1 点	軽微な影響	1 点	稀に発生	A	容易に気が付く

『マリンランプを点検できない！機械設備の電源は記載漏れになりやすい (3)』

ダメージレベル ●●●
顕在化レベル B

用途・構造・規模　：事務所ビル・S 造

設計段階			施工段階							運用段階	
①	②	③	④	⑤	⑥	⑦	⑧	⑨	⑩	⑪	⑫
基本 DR	実施 DR	検図	見積質疑	図面確認	重合せ図	総合図	施工図	工程検査	竣工検査	1 年点検	2 年点検
発生時期	A				B				C		

■1　発生事象

・着工後、設計図書をチェックしたところ、機器表に空調機のマリンランプ（点検用照明）電源供給の工事区分の記載がなかった。空調機には制御盤が付属されていないため、空調機メーカーとしてもマリンランプの電源は単独供給と判断していた。電気設計図を確認したところ電気工事にも含まれていないことが判明した。

■2　個別の具体的措置

・設計・監理者、施工者が協議の上、電気工事区分として空調機（送風機）用電源とは別に、マリンランプ単独の単相電源供給をすることとした。

■3　原因・所見

・積算時、マリンランプ本体は空調機の付属品として空調設備に見込むが、電源工事は電気工事として空調設備では見込まないことが多い。設計時点で機械設備と電気設備の工事区分の整合を取っていなかったことが原因。
・空調機に供給される電源は動力であり、別途電灯電源を供給するためには電灯盤、幹線など大掛かりな設計変更になってしまう。

■4　再発防止策

・基本設計段階での工事区分の決定が重要である。
・機械設備担当者は、電源工事について細かな部分まで確認の上、電気設備担当者へ電源供給を電気工事に含むよう申し入れるようにしたい。制御盤を機械設備で見込む設計の場合は、二次側電気工事を機械設備設計図へ洩れ落ちの無いよう記載する必要がある。

空調機機内
マリンランプ

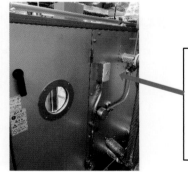

マリンランプスイッチ及び電源配線

ダメージレベル **40**/80 点	影 響 度		発 生 頻 度		顕在化レベル	
	16 点	極めて重大な影響	5 点	高い頻度で発生	C	極めて気づきにくい
	8 点	重大な影響	3 点	ときどき発生	B	見過ごしがち
	1 点	軽微な影響	1 点	稀に発生	A	容易に気が付く

『発注者直接発注工事の施工タイミングに注意』

ダメージレベル●
顕在化レベル B

用途・構造・規模　：事務所ビル・S 造

設計段階			施工段階							運用段階	
①	②	③	④	⑤	⑥	⑦	⑧	⑨	⑩	⑪	⑫
基本 DR	実施 DR	検図	見積質疑	図面確認	重合せ図	総合図	施工図	工程検査	竣工検査	1 年点検	2 年点検
発生時期	A			B			C				

1 発生事象

・本工事完了後、機械警備工事（発注者直接発注工事）を行うことになっていたが、点検口が十分計画されておらず、総合図調整段階で、本工事と同時施工でなければ大幅にコストアップすることが判明した。

2 個別の具体的措置

・機械警備工事の配線施工のみ本工事対応として、追加工事の発注を受けることとした。

3 原因・所見

・発注者は当該部分について、施工性の可否などの意識がなく、工事終盤で業者決定をすればよいと考えていた。

4 再発防止策

・設計者は、発注者の直接発注工事の内容も把握し、本体工事との工事区分を明確にするとともに、施工性も考慮した設計図を作成するようにしたい。
・施工段階では、必要に応じて発注者に業者決定を促し、本体工事との調整を早期に行いたい。

　（参考）よくある発注者直接発注工事：機械警備、セキュリティ工事、TV 工事、
　　　　　　　　　　　　　　　　　　　LAN 工事、サーバー工事など

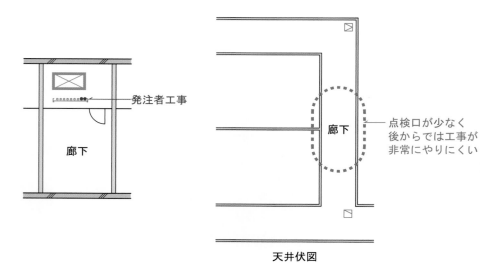

天井伏図

ダメージレベル **3**/80 点	影 響 度		発生頻度		顕在化レベル	
	16 点	極めて重大な影響	5 点	高い頻度で発生	C	極めて気づきにくい
	8 点	重大な影響	3 点	ときどき発生	B	見過ごしがち
	1 点	軽微な影響	1 点	稀に発生	A	容易に気が付く

『屋根勾配を確保すると高さ制限をオーバーしてしまう』

ダメージレベル●●●
顕在化レベル C

用途・構造・規模　：事務所ビル・S造

設計段階			施工段階							運用段階	
① 基本 DR	② 実施 DR	③ 検図	④ 見積質疑	⑤ 図面確認	⑥ 重合せ図	⑦ 総合図	⑧ 施工図	⑨ 工程検査	⑩ 竣工検査	⑪ 1 年点検	⑫ 2 年点検
発生時期	A			B					C		

■1　発生事象

・意匠図では、屋根の排水が片勾配にて記載されていたが、片勾配のままで防水上必要なパラペット高さを確保すると建物高さ制限をオーバーすることが判明した。
・構造図には勾配の表記がなかったため、鉄骨は意匠図通りの片勾配で製作されつつあった。

■2　個別の具体的措置

・高さ制限をクリアするために、両勾配となるよう設計変更を行った。
・製作中の鉄骨は、一部再製作や改造を行うこととなった。

■3　原因・所見

・意匠担当者の断面検討不足及び構造担当者との調整不足。
・設計者自らのチェック及び組織的チェック不足。
・施工者として不整合な図面のまま、機能を確認せず施工図を作成していた。

■4　再発防止策

・最上階は必ず排水勾配が必要になるので設計者は、水上での納まりを必ず確認し、設計図に反映する。
・設計者は、矩計図に法的規制寸法を明記し、設計説明会等で施工者に重要ポイントを確実に伝達する(最高高さや日影上の制約条件)。
・施工者は、最上階の水勾配、水上でのパラペットの納まり、機械基礎の方向等を整理解決したうえで鉄骨発注する。
・施工者は、パラペット高さが防水納まり上の施工性に関わることを理解し、特に重要なポイントは、各部の関係を整理した施工図を作成した上で、工事監理者の承諾を得る。

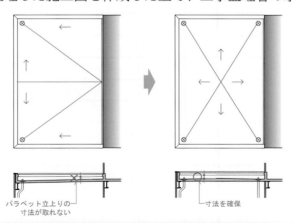

パラペット立上りの
寸法が取れない　　　　　　　　寸法を確保

ダメージレベル **48**/80点	影　響　度		発生頻度		顕在化レベル	
	16点	極めて重大な影響	5点	高い頻度で発生	C	極めて気づきにくい
	8点	重大な影響	3点	ときどき発生	B	見過ごしがち
	1点	軽微な影響	1点	稀に発生	A	容易に気が付く

『特記仕様書で設定した降雨強度に見合う樋が計画されていない』

ダメージレベル ●●●
顕在化レベル B

用途・構造・規模 ：生産施設・S 造

設計段階			施工段階							運用段階	
① 基本 DR	② 実施 DR	③ 検図	④ 見積質疑	⑤ 図面確認	⑥ 重合せ図	⑦ 総合図	⑧ 施工図	⑨ 工程検査	⑩ 竣工検査	⑪ 1 年点検	⑫ 2 年点検
発生時期 A			B				C				

1 発生事象

・特記仕様書には、降雨強度を 100mm/ 時間、40mm/10 分間と設定してあったが、図面に表記されている樋の径・本数がこの設定に見合っていなかった。

2 個別の具体的措置

・降雨強度に見合う樋の径・本数を計算により求め、設計変更対応することになった。

3 原因・所見

・近年、ゲリラ豪雨の多発を受けて降雨強度を従前より厳しく設定する傾向が強いが、設計者は要求値として特記仕様書に記載したまま具体的な樋の検証をしていなかった。

4 再発防止策

・樋の径・本数は計算に基づき決定する。
・樋の変更は最上階の勾配計画や各階のシャフト、外構の排水計画に影響する。近年、基礎施工時に外構を先行施工するケースも多いので早期の確認が必要となる。
　また、生産施設などのように広く平坦な敷地内に複数の建物がある場合の雨水排水計画は相互調整が難しい。増築設計を行う際は、既存の雨水系統との整合に十分注意したい。

［1 本の樋で分担できる屋根面積の略算表］

管径(mm)	許容最大屋根面積(㎡)	
	100mm/h	180mm/h
50	67	37
65	135	75
75	197	109
100	425	236
125	770	427
150	1,250	694
200	2,700	1,500

（SHASE－S206 給排水設備基準による）

ダメージレベル 48/80 点	影　響　度		発生頻度		顕在化レベル	
	16 点	極めて重大な影響	5 点	高い頻度で発生	C	極めて気づきにくい
	8 点	重大な影響	3 点	ときどき発生	B	見過ごしがち
	1 点	軽微な影響	1 点	稀に発生	A	容易に気が付く

『屋上室外機設置スペースに機器が入りきらない』

ダメージレベル●●
顕在化レベル B

用途・構造・規模 ：事務所ビル・S 造

設計段階			施工段階				運用段階				
①	②	③	④	⑤	⑥	⑦	⑧	⑨	⑩	⑪	⑫
基本 DR	実施 DR	検図	見積質疑	図面確認	重合せ図	総合図	施工図	工程検査	竣工検査	1 年点検	2 年点検
発生時期	A			B				C			

1　発生事象

・施工準備段階で、設計図に基づき、メンテナンススペース、配管スペース、保守作業や点検時の動線を考慮し、ビルマルチエアコン屋外機を配置したところ、冷媒配管のスペースが不足し当初設計で想定していた屋外機置場スペース内に納まらなかった。

2　個別の具体的措置

・マルチエアコン系統の統合・見直し、屋外機設置場所の変更、屋外機置場のスペース拡大などを検討し再配置した。
・系統見直しや、配置検討、打合せ・調整に約 3 か月を要した。

3　原因・所見

・設備設計図では冷媒配管図が単線で示されるため、配管ルートの実際のボリューム感が意識されず、現実に必要な機器周辺の保守・保全スペースなどの納まりが見過ごされがちになる。
・エアコン屋外機に限らず、外調機、冷温水発生器なども同様のことが起こりやすい。

4　再発防止策

・保守・保全等の必要がある重要機器や主要機器類は、基本設計段階で詳細検討を行い、引き渡し後の保守・保全性を考慮した設計とするようにしたい。
・屋上も重要な部位である事を意識して、合理的な計画、配置を検討する。
・施工段階では、総合図を作成し、発注者の施設管理者を交えたメンテナンス確認会を行うようにしたい。

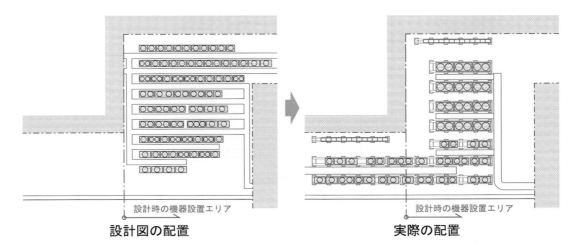

設計図の配置　　　　　　　　　　　　　　実際の配置

ダメージレベル **48**/80 点	影 響 度		発生頻度	
	16 点	極めて重大な影響	5 点	高い頻度で発生
	8 点	重大な影響	3 点	ときどき発生
	1 点	軽微な影響	1 点	稀に発生

顕在化レベル	
C	極めて気づきにくい
B	見過ごしがち
A	容易に気が付く

『屋上設備基礎位置に荷重受け小梁が未計画』

ダメージレベル●●●
顕在化レベル B

用途・構造・規模　：事務所ビル・S 造

設計段階			施工段階							運用段階	
①	②	③	④	⑤	⑥	⑦	⑧	⑨	⑩	⑪	⑫
基本 DR	実施 DR	検図	見積質疑	図面確認	重合せ図	総合図	施工図	工程検査	竣工検査	1 年点検	2 年点検
発生時期　　A			B				C				

1　発生事象

・意匠・設備設計図で計画されている屋上設備架台基礎の直下に、構造上の受け梁が計画されていなかった。

2　個別の具体的措置

・鉄骨発注時に小梁を追加し対応した。

3　原因・所見

・意匠・設備担当者が打合せして設備基礎を計画したが、構造担当者にはその認識がなく小梁が計画されなかった（意匠・設備担当者と構造担当者との調整不足）。

4　再発防止策

・意匠担当者は、主体的に屋上設備機器類の荷重条件を整理し、構造担当者と情報共有する。
・施工者は、屋上が設備関連の調整対象も多く不整合が起きやすいところであると認識し、施工準備段階早期に検討に入るようにしたい。

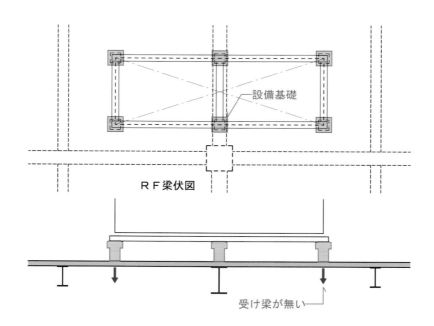

設備基礎

ＲＦ梁伏図

受け梁が無い

ダメージレベル **40**/80 点	影 響 度		発生頻度		顕在化レベル	
	16 点	極めて重大な影響	5 点	高い頻度で発生	C	極めて気づきにくい
	8 点	重大な影響	3 点	ときどき発生	B	見過ごしがち
	1 点	軽微な影響	1 点	稀に発生	A	容易に気が付く

『ケーブルラック支持方法の図面未記載』

ダメージレベル●●
顕在化レベル B

用途・構造・規模 ：工場・S 造・7F

設計段階			施工段階							運用段階	
① 基本 DR	② 実施 DR	③ 検図	④ 見積質疑	⑤ 図面確認	⑥ 重合せ図	⑦ 総合図	⑧ 施工図	⑨ 工程検査	⑩ 竣工検査	⑪ 1 年点検	⑫ 2 年点検
発生時期 A			B				C				

1　発生事象

・屋内から屋上設備架台上に至るケーブルラックを渡す際の支持方法が設計図に記載されておらず、総合図作成時に設計者と施工者で協議を行い、ケーブルラック受けの架台を追加設置することになった。

2　個別の具体的措置

・設計者にて幹線のサイズ・本数、ケーブルラックの必要数の再検討を行い、総重量を算出し、支持用鉄骨架台の追加設計を行った。

3　原因・所見

・高さが RF+3500mm の位置に全長約 4000mm を要するケーブルラックであったため、ラック単体では強度を保てず、支持方法について本来構造的な検討が必要であった。設計上記載されるべき内容であるが、意匠担当者がケーブルのルートに対する意識が弱く、ASE 担当者間の調整ができなかった。

4　再発防止策

・本来、電気担当者から支持材の要望を出すことが必要だが、意匠担当者はプロジェクト全体のコーディネーターとして、ASEM 間の調整を責任を持って行うことが求められる。
・屋上やピットなどは、その計画が設備担当者任せになり、意匠担当者の意識が行き届かない事が多い。屋上やピットも重要な設計部位であるという意識を持つことが肝要である。

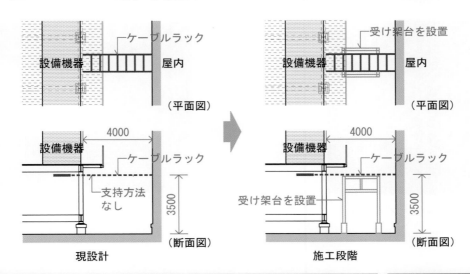

ダメージレベル 24/80 点	影 響 度		発生頻度		顕在化レベル	
	16 点	極めて重大な影響	5 点	高い頻度で発生	C	極めて気づきにくい
	8 点	重大な影響	3 点	ときどき発生	B	見過ごしがち
	1 点	軽微な影響	1 点	稀に発生	A	容易に気が付く

『使用材料・仕様設定の表記が図面によって違う』

ダメージレベル●
顕在化レベル B

用途・構造・規模　：事務所ビル・S造

設計段階			施工段階								運用段階	
① 基本 DR	② 実施 DR	③ 検図	④ 見積質疑	⑤ 図面確認	⑥ 重合せ図	⑦ 総合図	⑧ 施工図	⑨ 工程検査	⑩ 竣工検査	⑪ 1年点検	⑫ 2年点検
発生時期	A			B					C		

1　発生事象

・屋上設備周りの点検歩廊の床材仕様について、平面詳細図には SUS グレーチング、断面詳細図には有孔鋼製床材とあり、異なる表記がされていた。

2　個別の具体的措置

・見積時に質疑を行い有孔鋼製床材との回答を受け、積算をまとめた。

3　原因・所見

・仕様設定の齟齬。作図上の誤りがあった。
・先行して外部仕上表を作成し、それを見ながら作図をすれば齟齬を防ぐことが出来たとも思われる。
　または、平面詳細図や断面詳細図には「点検歩廊」とだけ記載し、使用材料や仕様は外部仕上表および特記仕様書にのみ記載し、「二重記載」を減らすことによる不整合防止も考えられた。

4　再発防止策

・最初に仕上表を作成し、それを展開して各種図面を作成し、不整合を減らす。
・部分詳細図等のデータを従前の図面から使い回したり、安易にコピー＆ペーストを行うことも不整合を発生させる要因となるので、注意したい。

ステンレスグレーチングの例

有孔鋼製床材の例

ダメージレベル **3**/80点	影響度		発生頻度		顕在化レベル	
	16点	極めて重大な影響	5点	高い頻度で発生	C	極めて気づきにくい
	8点	重大な影響	3点	ときどき発生	B	見過ごしがち
	1点	軽微な影響	1点	稀に発生	A	容易に気が付く

写真提供：左＝カネソウ株式会社。右＝株式会社ニッケンビルド

『ルーフドレンのメンテナンスが出来ない点検歩廊』

ダメージレベル●
顕在化レベル B

用途・構造・規模　：事務所ビル・S造

設計段階			施工段階							運用段階	
① 基本 DR	② 実施 DR	③ 検図	④ 見積質疑	⑤ 図面確認	⑥ 重合せ図	⑦ 総合図	⑧ 施工図	⑨ 工程検査	⑩ 竣工検査	⑪ 1 年点検	⑫ 2 年点検
発生時期　A				B				C			

1　発生事象

・総合図確認の際に、点検に行きづらいルーフドレンがあることが判明した。設備点検歩廊（鋼製床）が屋上を広範囲に覆っており、ダクトが設置されると、ドレンに近づくことができない。

2　個別の具体的措置

・点検歩廊床面に、ルーフドレン専用の点検口を追加設置した。

3　原因・所見

・建築と設備との総合調整洩れ。中小規模事務所等の屋上は、多くの設備機器を狭い範囲に配するために鋼製床で重層活用される例も多く、立体的な検討・調整が洩れがちとなる。

4　再発防止策

・設計段階では、主要設備のレイアウト＋設備基礎（大梁・小梁位置との調整）、ダクト・配管・配線ルート設定、主要メンテナンスルートの設定を行う。
・施工者は、総合図や製作図段階で、床材の割付などの検討をもとにメンテナンスの必要な部分を抽出し、点検口の位置などを詳細に調整するようにしたい。

設備点検歩廊下部にルーフドレンあり

ダクトが設置されると、ルーフドレンに近づけなくなる。

建築工事後	設備配置後	対応：ルーフドレン専用点検口設置

ダメージレベル 5/80 点	影響度		発生頻度		顕在化レベル	
	16 点	極めて重大な影響	5 点	高い頻度で発生	C	極めて気づきにくい
	8 点	重大な影響	3 点	ときどき発生	B	見過ごしがち
	1 点	軽微な影響	1 点	稀に発生	A	容易に気が付く

『屋上機械搬出入口前に床が無い！』

ダメージレベル●●
顕在化レベル C

用途・構造・規模　：事務所ビル・S造

設計段階			施工段階							運用段階	
① 基本 DR	② 実施 DR	③ 検図	④ 見積質疑	⑤ 図面確認	⑥ 重合せ図	⑦ 総合図	⑧ 施工図	⑨ 工程検査	⑩ 竣工検査	⑪ 1年点検	⑫ 2年点検
発生時期	A				B				C		

1　発生事象

・事務所ビルの屋上機械室に設備更新用扉を設けていたが、扉前に設備配管・配線が密集し、このままでは更新が容易にできないことが分かった。

2　個別の具体的措置

・床の追加設置要否を協議した上で、設備更新交換時には、仮設床を設置することとなる旨、発注者に申し送り事項として書面で伝え了解を得た。

3　原因・所見

・屋上の設備機器は狭いスペースに配置しがちだが、将来の点検・交換時のスペースを十分に見込むことが重要である。
・屋上の日常の点検にも支障をきたす場合もあり、竣工後に点検歩廊や通路を追加設置せざるを得ないケースも多い。

4　再発防止策

・設計者は、屋上も重要な設計部位であることを意識して、平面計画を検討する。
　また、屋上の設備機器レイアウトは設備担当者任せにせず、意匠担当者がコーディネータとしてメンテナンス性や機器更新を視野に入れて全体計画をとりまとめたい。

ダメージレベル 24/80点	影響度		発生頻度		顕在化レベル	
	16点	極めて重大な影響	5点	高い頻度で発生	C	極めて気づきにくい
	8点	重大な影響	3点	ときどき発生	B	見過ごしがち
	1点	軽微な影響	1点	稀に発生	A	容易に気が付く

『安易な変更による高層建物の外装 壁強度の不足』

ダメージレベル●●●
顕在化レベル B

用途・構造・規模　：事務所ビル・Ｓ造

	設計段階			施工段階							運用段階	
	① 基本 DR	② 実施 DR	③ 検図	④ 見積質疑	⑤ 図面確認	⑥ 重合せ図	⑦ 総合図	⑧ 施工図	⑨ 工程検査	⑩ 竣工検査	⑪ 1 年点検	⑫ 2 年点検
発生時期	A				B					C		

1　発生事象

・設計者は、当初外装を PC 版で設計していたが、発注者の厳しいコスト削減要求の中、高層建物にもかかわらず、一般的な押出成形セメント板（ECP）に変更した仕様で設計図書を作成していた。

・施工者は見積の際、仕様の不整合に気づかず着工後に顕在化した。

・ECP は、低層用と高層用とでは、工法や板の厚さ等が異なるため、、コストのみならず平面的な納まりまで見直しが生じた。

2　個別の具体的措置

・建物高さに応じた要求性能に合わせて、ECP の厚みや下地等を再検討し追加工事として施工した。

3　原因・所見

・「建築工事標準仕様書・同解説 JASS27 乾式外壁工事（日本建築学会）」では、一般的な ECP は、高さ 31m 以下の鉄骨造建築物が対象であり、原則高層建物の外装には採用できない。

・高さ 31m 以上の高層建物の外装に ECP を使用する場合には、メーカーごとに個別に検討する必要があるが、設計者はコスト面にのみ着目し、安易に一般仕様のまま採用してしまった。

4　再発防止策

・コスト削減を目的として材料を変更する場合があるが、目先のコストだけにとらわれて、本来必要な性能確認が疎かにならないようにする必要がある。

・各外表材料には、耐風圧性能や止水性能にも各々限界があること再認識するようにしたい。

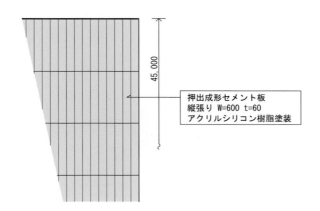

押出成形セメント板
縦張り W=600 t=60
アクリルシリコン樹脂塗装

ダメージレベル **48**/80 点	影 響 度		発生頻度		顕在化レベル	
	16 点	極めて重大な影響	5 点	高い頻度で発生	C	極めて気づきにくい
	8 点	重大な影響	3 点	ときどき発生	B	見過ごしがち
	1 点	軽微な影響	1 点	稀に発生	A	容易に気が付く

『外壁PC版ファスナーと鉄骨ジョイントの干渉』

ダメージレベル●●●
顕在化レベル C

用途・構造・規模　：事務所ビル・S造

設計段階				施工段階						運用段階	
① 基本DR	② 実施DR	③ 検図	④ 見積質疑	⑤ 図面確認	⑥ 重合せ図	⑦ 総合図	⑧ 施工図	⑨ 工程検査	⑩ 竣工検査	⑪ 1年点検	⑫ 2年点検
発生時期	A				B				C		

1　発生事象

・PC版のファスナーを鉄骨図に記載しようとしたところ、鉄骨接合部のスプライスプレートとPC版ファスナーが干渉して納まらないことが分かった。

2　個別の具体的措置

・ファスナーの位置を調整し、スプライスプレートとの干渉を避けた。

3　原因・所見

・実施設計段階の整合確認洩れ。PC版の場合は、重量も重く、ファスナーや鉄骨の補強も大掛りになるため、鉄骨接合部のスプライスプレート等との干渉は実施設計段階で解消しておきたい。

4　再発防止策

・設計段階のPC版の割付計画において、ファスナーの配置はコストや鉄骨との整合、施工性に大きく関わるが、設計者が全体にわたって詳細調整を行うことは、ハードルが高い。設計段階では、標準部分で基本的整合を確保し、施工準備段階初期にPCメーカーが参画して各部調整を行うようにしたい。

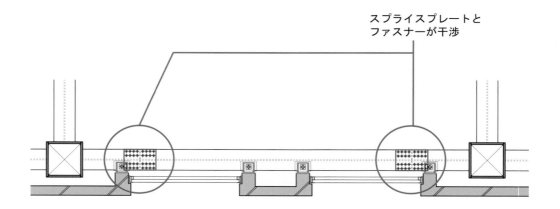

スプライスプレートと
ファスナーが干渉

ダメージレベル **40**/80点	影 響 度		発 生 頻 度		顕在化レベル	
	16点	極めて重大な影響	5点	高い頻度で発生	C	極めて気づきにくい
	8点	重大な影響	3点	ときどき発生	B	見過ごしがち
	1点	軽微な影響	1点	稀に発生	A	容易に気が付く

『PC 版裏側の十字シールが打てない。外壁割り付にまで影響が！』

ダメージレベル ●●●
顕在化レベル B

用途・構造・規模　：事務所ビル・S 造

設計段階			施工段階							運用段階	
① 基本 DR	② 実施 DR	③ 検図	④ 見積質疑	⑤ 図面確認	⑥ 重合せ図	⑦ 総合図	⑧ 施工図	⑨ 工程検査	⑩ 竣工検査	⑪ 1 年点検	⑫ 2 年点検
発生時期	A				B				C		

1　発生事象

・外壁 PC 版の水平ジョイントの位置について、矩計図のままでは裏側交差部の十字シールが施工困難であることが分かった。

2　個別の具体的措置

・裏側のシールが出来る位置に水平ジョイントを変更し、全面的にパネルの割り付けを見直した。

3　原因・所見

・実施設計段階の調整洩れ。PC 版の割り付けは施工性・品質確認上、構造体との関係を含めた制約が大きい。設計者は早期に PC メーカーと技術的な検討を行い、実現可能な納まり・割り付けを行う必要があった。
　※ PC 業界団体では、オープンジョイント、フィルドジントとも裏側十字シールを推奨している。
・PC 版や鉄骨は運送上の制約が多い（P100~P105 参照）。

4　再発防止策

・PC 版をどのように分割し、割付けるかという検討は、立面デザインの問題だけでなく、目地部の施工性や、敷地への搬入、クレーンの揚重などの施工条件に大きく関連する。設計時の専門家（場合によっては PC メーカー）への確認が重要である。

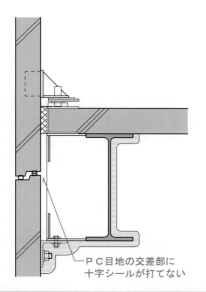

ＰＣ目地の交差部に
十字シールが打てない

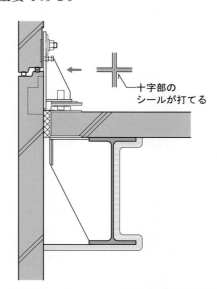

十字部の
シールが打てる

ダメージレベル **48**/80点	影響度		発生頻度		顕在化レベル	
	16点	極めて重大な影響	5点	高い頻度で発生	C	極めて気づきにくい
	8点	重大な影響	3点	ときどき発生	B	見過ごしがち
	1点	軽微な影響	1点	稀に発生	A	容易に気が付く

『下地鉄骨は要注意。設計者・施工者それぞれに役割がある』

ダメージレベル●●●
顕在化レベル C

用途・構造・規模　：事務所ビル・S 造

設計段階			施工段階							運用段階	
①	②	③	④	⑤	⑥	⑦	⑧	⑨	⑩	⑪	⑫
基本 DR	実施 DR	検図	見積質疑	図面確認	重合せ図	総合図	施工図	工程検査	竣工検査	1 年点検	2 年点検
発生時期	A				B				C		

1　発生事象

・施工図作成時に、必要な下地鉄骨が見込まれていないことが分かった。
　事例 35 － 1：ECP（押出成形セメント板）の耐風梁が設計図に未記載であった。
　事例 35 － 2：外装パネル下地について、意匠図には記載があったが、鉄骨側取付用プレート
　　　　　　　等が構造図に記載がなく施工者が見落とした。

2　個別の具体的措置

・鉄骨製作図の検討中に顕在化したので、鉄骨製作の工程上は支障なかったが、追加耐風梁や取付用プレートについて鉄骨ファブと追加変更契約を結ぶこととなった。

3　原因・所見

・実施設計段階の調整洩れだが、下地鉄骨は、意匠担当と構造担当との間での調整不足が起きやすく、図面表記がしづらい部材も多い。
・附帯鉄骨として扱われ、別の鉄骨ファブが積算する例も多く、積算責任範囲を明確にしないと境界部分で積算落ちが発生してしまう。

4　再発防止策

・設計者は、耐風梁等の外装下地について構造図に記載する。
・施工者は、図面確認時に外装下地の確認と発注体制、責任分担を明確にする。
・施工者は見積時に、意匠図のみに記載された下地について構造図を確認し、積算洩れがないよう注意するようにしたい。

事例35－1
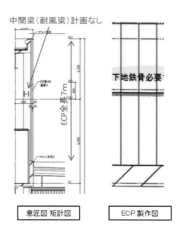

事例35－2
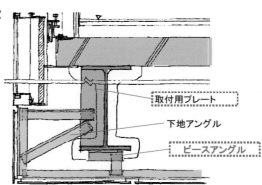

	影響度		発生頻度		顕在化レベル	
ダメージレベル **40**/80 点	16 点	極めて重大な影響	5 点	高い頻度で発生	C	極めて気づきにくい
	8 点	重大な影響	3 点	ときどき発生	B	見過ごしがち
	1 点	軽微な影響	1 点	稀に発生	A	容易に気が付く

『鉄骨梁端部の拡幅フランジが外装材と干渉』

ダメージレベル●●
顕在化レベル C

用途・構造・規模　：事務所ビル・S 造

設計段階			施工段階				運用段階				
① 基本 DR	② 実施 DR	③ 検図	④ 見積質疑	⑤ 図面確認	⑥ 重合せ図	⑦ 総合図	⑧ 施工図	⑨ 工程検査	⑩ 竣工検査	⑪ 1 年点検	⑫ 2 年点検
発生時期	A			B					C		

１　発生事象

・外装アルミパネルと ECP（押出成形セメント板）が、大梁端部拡幅フランジ部と干渉した。

２　個別の具体的措置

・干渉している大梁端部拡幅部分のアルミパネルを拡大し、ECP の再製作と梁下の取付けピースを現場溶接にて追加対応した。

３　原因・所見

・構造図の梁基準詳細に記載されていた梁端部拡幅情報が意匠図に反映されていなかった。

４　再発防止策

・設計者は外装材の計画では、標準的な部位での断面納まり検討等を行うことが多いが、納まり上の不整合を生じやすいのは端部やイレギュラーな部分である。梁の端部、外装材の端部、異種材料の取合い部にまで注意を行き渡らせることが必要となる。

・施工者は、設計図の標準納まり図で表現されていないイレギュラーな部位については、早期に検討図を作成するなどして、大きな手戻りを防ぎたい。

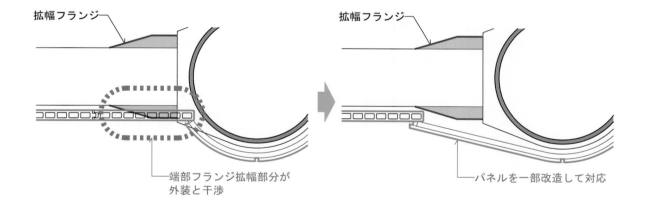

拡幅フランジ　　　　　　　　　　　　　　　　　拡幅フランジ

端部フランジ拡幅部分が外装と干渉　　　　　パネルを一部改造して対応

ダメージレベル **24**/80 点	影 響 度		発生頻度		顕在化レベル	
	16 点	極めて重大な影響	5 点	高い頻度で発生	C	極めて気づきにくい
	8 点	重大な影響	3 点	ときどき発生	B	見過ごしがち
	1 点	軽微な影響	1 点	稀に発生	A	容易に気が付く

『設備ルートの密集により外装 ALC が施工できない』

用途・構造・規模　：事務所ビル・S 造

設計段階			施工段階							運用段階	
① 基本 DR	② 実施 DR	③ 検図	④ 見積質疑	⑤ 図面確認	⑥ 重合せ図	⑦ 総合図	⑧ 施工図	⑨ 工程検査	⑩ 竣工検査	⑪ 1 年点検	⑫ 2 年点検
発生時期	A				B				C		

◾1　発生事象

・外壁 ALC 面の鋼製建具上部に、貫通する設備ダクト等が集中しており、開口が密集したため ALC が施工できないことが分かった。

◾2　個別の具体的措置

・ダクト貫通部の外壁を金属パネルに変更した。

◾3　原因・所見

・意匠・設備間の調整がされておらず、ダクトの配置、サイズとも適切な計画がされていなかった。
・設備担当者も、ALC の特性を認識し設計を行う必要がある。
・内部から外部への設備ルートは限られた場所に集中してしまう場合が多いため、実施設計段階から展開図で確認するなどの対応が必要である。

◾4　再発防止策

・設計者は、塔屋や設備バルコニーなどで、ALC の外壁に設備貫通部が集中する部分では、主要部の展開図を描いて、設備貫通と外壁の割付や下地補強との調整を行う必要がある。
・施工者は、総合図としての ALC 割付図を早期に作成し、設備貫通プロットとの整合確認を行うようにしたい。

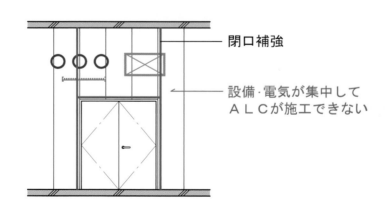

閉口補強

設備·電気が集中して
ＡＬＣが施工できない

ダメージレベル **40**/80 点	影　響　度		発生頻度		顕在化レベル	
	16 点	極めて重大な影響	5 点	高い頻度で発生	C	極めて気づきにくい
	8 点	重大な影響	3 点	ときどき発生	B	見過ごしがち
	1 点	軽微な影響	1 点	稀に発生	A	容易に気が付く

『外装ガラスで VE 提案したが、逆に空調が コストアップに！』

ダメージレベル ●●●
顕在化レベル A

用途・構造・規模 ： 事務所ビル・S 造

設計段階			施工段階							運用段階	
① 基本 DR	② 実施 DR	③ 検図	④ 見積質疑	⑤ 図面確認	⑥ 重合せ図	⑦ 総合図	⑧ 施工図	⑨ 工程検査	⑩ 竣工検査	⑪ 1 年点検	⑫ 2 年点検
発生時期 A			B				C				

1 発生事象

・検図段階で図面をチェックしていた検図担当者が、エントランス部分の外装ガラスの断熱性能が他に比べ不足していることに気づき、空調能力等総合的に再検討したところ、空調容量が不足していることが判明した。

2 個別の具体的措置

・増加した熱負荷を処理するために、空調機及びダクトサイズの変更等を行うこととした。

3 原因・所見

・意匠担当者は、基本設計初期段階で決定していたガラスの断熱仕様を減額のために変更した。その際、断熱性能が下がっているにもかかわらず、設備担当者にその情報が共有されていなかった（設計時の調整不足）。

4 再発防止策

・コスト削減だけにとらわれて、建物全体としての性能確認を失念しないようにする必要がある。
・コスト削減を目的とした設計変更を行う際には、設計担当者は ASEM 全体のバランスを常に視野に入れて取組み、各段階のデザイン・レビュー（DR）等でもフォローする必要がある。

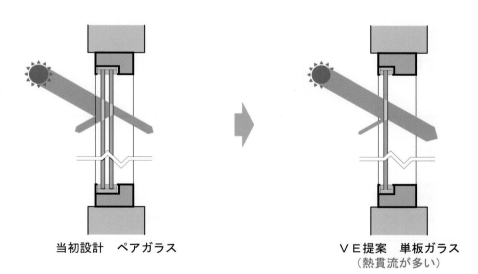

当初設計　ペアガラス　　　　　　　VE 提案　単板ガラス
　　　　　　　　　　　　　　　　　　　（熱貫流が多い）

ダメージレベル **48**/80 点	影 響 度		発生頻度		顕在化レベル	
	16 点	極めて重大な影響	5 点	高い頻度で発生	C	極めて気づきにくい
	8 点	重大な影響	3 点	ときどき発生	B	見過ごしがち
	1 点	軽微な影響	1 点	稀に発生	A	容易に気が付く

『特記仕様書が本来の性能と合っていない』

ダメージレベル●●●
顕在化レベル B

用途・構造・規模 ：事務所ビル・SRC 造

設計段階			施工段階				運用段階		
① 基本 DR	② 実施 DR	③ 検図	④ 見積質疑	⑤ 図面確認	⑥ 重合せ図	⑦ 総合図	⑧ 施工図	⑨ 工程検査	⑩ 竣工検査	⑪ 1 年点検	⑫ 2 年点検
発生時期	A			B			C				

1 発生事象

・施工準備段階で特記仕様書を確認した際に、外装建具（アルミニウム製建具）の性能（耐風圧性、気密性、水密性）が建具表記載と食い違っていた。確認したところ建具表が正であった。

2 個別の具体的措置

・設計図書の優先順位は設計図よりも特記仕様書が高いので、見積時には特記仕様書に基づいた積算がなされていたが、建具表による積算となり減額の設計変更となった。

3 原因・所見

・特記仕様書作成担当者と、建具表作成担当者が異なっており、それぞれが擦り合わせをしないまま設計図書を作成していた。
・特記仕様書作成担当者は実際の建物性能を考慮することなく、最も高い仕様を選択したり、別件の仕様書からの転記を行っていた。
・特記仕様書を実施設計段階の最終盤に作成していたため、建具表作成担当者も仕様を事前に確認することができなかった。

4 再発防止策

・建物の重要性能は設計段階の早期に確定し、設計チーム内に周知徹底する必要がある。まず特記仕様書を始めにまとめるべきだが、安易に高い仕様を選択したり、別件から意図もなくコピー＆ペーストをしないで、本来の建物性能と整合するように留意するようにしたい。

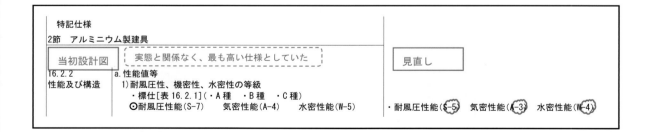

ダメージレベル **40**/80 点	影 響 度		発 生 頻 度		顕在化レベル	
	16 点	極めて重大な影響	5 点	高い頻度で発生	C	極めて気づきにくい
	8 点	重大な影響	3 点	ときどき発生	B	見過ごしがち
	1 点	軽微な影響	1 点	稀に発生	A	容易に気が付く

『高層建物に低層用カーテンウォールのディテールを採用～意匠と性能のミスマッチ』

ダメージレベル●●●
顕在化レベル B

用途・構造・規模　：事務所ビル・S 造

設計段階				施工段階						運用段階	
① 基本 DR	② 実施 DR	③ 検図	④ 見積質疑	⑤ 図面確認	⑥ 重合せ図	⑦ 総合図	⑧ 施工図	⑨ 工程検査	⑩ 竣工検査	⑪ 1 年点検	⑫ 2 年点検
発生時期	A				B				C		

1　発生事象

・低層用の部材が細くスリムなアルミ・カーテンウォールのディテールをそのまま高層ビルの案件の詳細図に採用していた。
　一方、特記仕様書では高層ビル対応の耐風圧性能、水密、気密性能を指定したため、詳細図と特記仕様書が不整合となった。
　工事請負契約後、図面検討時に詳細図に基づき検討したところ、特記仕様書の性能が確保できないことが判明した。

2　個別の具体的措置

・カーテンウォールの意匠を含め設計を見直し、当初製作工程から大幅に遅延した。

3　原因・所見

・最も重要な外装の基本性能の不整合が見過ごされたまま、作図されてしまった。設計段階でのデザイン・レビューで発見されるべき内容であった。

4　再発防止策

・設計者は、メーカー等に参考図を依頼する場合には、基本設計時にあらかじめ基本性能を確定させた上で作図依頼する必要がある。
・施工者は、施工準備段階初期に速やかに外装のスペックの確認を行い、質疑がある場合は、速やかに監理者と協議する。

詳　細　図	特記仕様書
低層建築物用のアルミカーテンウォールのディテールを採用（部材が細くスリム）	高層建築物として必要な性能を記載

不整合

当該カーテンウォールの性能		特　記　仕　様	
水　密	W－4	水　密	W－5
気　密	A－3	気　密	A－4
耐風圧性能	S－5	耐風圧性能	S－7

ダメージレベル 48/80 点	影　響　度		発　生　頻　度		顕在化レベル	
	16 点	極めて重大な影響	5 点	高い頻度で発生	C	極めて気づきにくい
	8 点	重大な影響	3 点	ときどき発生	B	見過ごしがち
	1 点	軽微な影響	1 点	稀に発生	A	容易に気が付く

『結露性能規定の不整合によるカーテンウォールの大幅な見直し』

ダメージレベル●●●
顕在化レベル B

用途・構造・規模　：事務所ビル・S 造

設計段階			施工段階							運用段階	
① 基本 DR	② 実施 DR	③ 検図	④ 見積質疑	⑤ 図面確認	⑥ 重合せ図	⑦ 総合図	⑧ 施工図	⑨ 工程検査	⑩ 竣工検査	⑪ 1 年点検	⑫ 2 年点検
発生時期　A			B				C				

1　発生事象

・特記仕様書の結露防止要求性能「外気－ 10℃、風速 5m/s、室内 25℃・相対湿度 50％で、内部側サッシ枠に結露を発生しない」が詳細図の仕様と整合していなかった。
・工事請負契約後、図面検討時に設計図書に基づき結露の検討を行ったところ、特記仕様書の性能が確保できないことが判明した。

2　個別の具体的措置

・メーカー検討を含めた再調整に時間を要し、大幅な工程遅延となった。

3　原因・所見

・基本設計段階で基本性能を押さえていなかった。
　実施設計段階においてメーカーと事前検討する際に、各種性能をまとめ提示していなかった。

4　再発防止策

・設計者は、実施設計段階において、特記仕様書やメーカー詳細図は別々に作図を進めることが多いが、図面間の不整合を防ぐためには、基本設計段階で基本性能を確定させ、特記仕様書に盛り込み、それをもとに詳細図の作成を進めるようにしたい。

実施設計時の詳細図　　　　　　特記仕様書の性能を確保
するよう見直した仕様

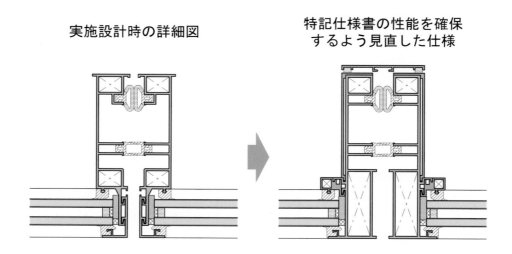

ダメージレベル **48**/80 点	影 響 度		発生頻度		顕在化レベル	
	16 点	極めて重大な影響	5 点	高い頻度で発生	C	極めて気づきにくい
	8 点	重大な影響	3 点	ときどき発生	B	見過ごしがち
	1 点	軽微な影響	1 点	稀に発生	A	容易に気が付く

『メーカーによって持っている型材は違う〜既成型と特注型によるトラブル』

ダメージレベル●●●
顕在化レベル B

用途・構造・規模　：事務所ビル・S造・12階

設計段階			施工段階							運用段階	
① 基本DR	② 実施DR	③ 検図	④ 見積質疑	⑤ 図面確認	⑥ 重合せ図	⑦ 総合図	⑧ 施工図	⑨ 工程検査	⑩ 竣工検査	⑪ 1年点検	⑫ 2年点検
発生時期	A			B					C		

1　発生事象

・コスト縮減のため、外装サッシは「既成型を使う」前提でA社のサッシを元に設計図書をまとめたが、工事を受注した施工者が決定したB社は同サイズの型材を持っていなかった。
・設計者は設計図に記載したデザインを求めたため、新型を作成することになり、大幅なコスト増になってしまった。

2　個別の具体的措置

・B社は新型を製作し、設計者の意匠上の要求に応えることとした。

3　原因・所見

・コストコントロールによる既製型の採用に対して、寸法に対するこだわりついてあらかじめ明示（例：各種寸法は詳細図以内とする等の記載）しておかなかったことが原因である。施工準備段階初期に「既成型で良い」と施工者に伝えていたことも要因のひとつとなった。

4　再発防止策

・設計者は、既成型材を採用する際、その形状や寸法に特別な条件を設定する場合（特定のメーカーのみが保有している形状など）には、そのことを設計条件として図面化し、施工者に確実に意図伝達する必要がある。

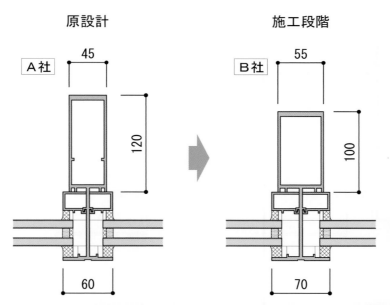

原設計　　　　　　　　　　　施工段階

ダメージレベル 48/80点	影　響　度		発生頻度		顕在化レベル	
	16点	極めて重大な影響	5点	高い頻度で発生	C	極めて気づきにくい
	8点	重大な影響	3点	ときどき発生	B	見過ごしがち
	1点	軽微な影響	1点	稀に発生	A	容易に気が付く

『ブラインドボックスが大梁ジョイントボルトと干渉』

ダメージレベル●●
顕在化レベル C

用途・構造・規模　：事務所ビル・S 造

設計段階			施工段階							運用段階	
① 基本 DR	② 実施 DR	③ 検図	④ 見積質疑	⑤ 図面確認	⑥ 重合せ図	⑦ 総合図	⑧ 施工図	⑨ 工程検査	⑩ 竣工検査	⑪ 1 年点検	⑫ 2 年点検
発生時期	A				B				C		

1　発生事象

・大梁下に計画されていたブラインドボックスが、大梁ジョイント部分のボルトと干渉した。ブラインドボックスの高さを小さくすることになったが、ブラインド収納時にボックス内に納まらないことが判明した。

2　個別の具体的措置

・ブラインドボックスの高さを部分的に小さくし、小口塞ぎプレートを追加して対応した。その範囲のブラインドは、収納時にボックスから張り出すこととなった。

3　原因・所見

・意匠図には一般大梁下の詳細図のみ記載され、ボルト接合部での検討がされていなかった。最も厳しい部分で詳細検討を行う必要がある。
・発注者からは、テナント貸付条件が不利になることを問題視された。

4　再発防止策

・鉄骨造の場合、ジョイント部がスプライスプレートやハイテンションボルトなどで厚くなり、一定の施工誤差もあることを認識したうえで、仕上材の納まりを検討する必要がある。
・基準階には、繰り返し個所が多数あるため、施工への影響が大きい。設計者は、基準階では、特に入念に検討する必要がある。

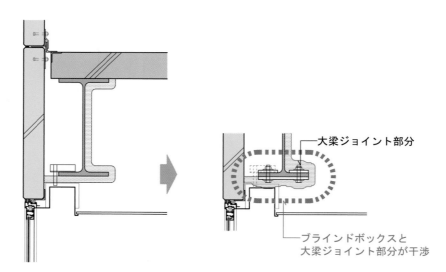

大梁ジョイント部分

ブラインドボックスと
大梁ジョイント部分が干渉

ダメージレベル **24**/80 点	影響度		発生頻度		顕在化レベル		
	16 点	極めて重大な影響	5 点	高い頻度で発生	C	極めて気づきにくい	
	8 点	重大な影響	3 点	ときどき発生	B	見過ごしがち	
	1 点	軽微な影響	1 点	稀に発生	A	容易に気が付く	

『外装ガラリチャンバーが梁の裏側に！ダクト接続が出来ない』

ダメージレベル●●
顕在化レベル B

用途・構造・規模　：事務所ビル・S造

設計段階			施工段階							運用段階	
① 基本DR	② 実施DR	③ 検図	④ 見積質疑	⑤ 図面確認	⑥ 重合せ図	⑦ 総合図	⑧ 施工図	⑨ 工程検査	⑩ 竣工検査	⑪ 1年点検	⑫ 2年点検
発生時期　A			B				C				

1　発生事象

・基準階の外壁ガラリとダクト接続の検討を始めたところ、外気導入用のエアーチャンバーが、外装アルミカーテンウォールと一体でのサッシ工事範囲と指定され、外壁と梁の間に納める計画であることが分かった。このままでは、設備施工時にダクトとガラリチャンバーを接続出来ないことが判明した。

2　個別の具体的措置

・ガラリチャンバーの形状を変更し、梁を貫通して室内側へ突き出すところまでを外装工事で施工することとした。

3　原因・所見

・外装検討時に、外装工事と設備工事の具体的な取合い施工方法の検討がされていなかったことが原因。

4　再発防止策

・設計者は、詳細検討をする段階で、施工可否に注意した設計をすることが必要である。
・施工者は図面確認の上で、施工性を考慮した発注区分とするよう配慮したい。

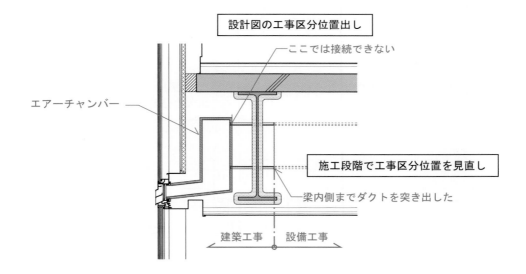

ダメージレベル **24**/80点	影 響 度		発生頻度		顕在化レベル	
	16点	極めて重大な影響	5点	高い頻度で発生	C	極めて気づきにくい
	8点	重大な影響	3点	ときどき発生	B	見過ごしがち
	1点	軽微な影響	1点	稀に発生	A	容易に気が付く

『カーテンウォール・ファスナーと空調ユニット支持脚の干渉』

ダメージレベル●●●
顕在化レベル C

用途・構造・規模　：事務所ビル・S造

設計段階			施工段階				運用段階		
① 基本DR	② 実施DR	③ 検図	④ 見積質疑	⑤ 図面確認	⑥ 重合せ図	⑦ 総合図	⑧ 施工図	⑨ 工程検査	⑩ 竣工検査	⑪ 1年点検	⑫ 2年点検

発生時期	A			B			C				

1　発生事象

・空調ユニットをペリメーターカウンター内に設置すべく施工図検討したところ、空調ユニットの支持脚とファスナーの躯体欠き込み部が干渉し、空調ユニットをスラブに固定できないことが分かった。

2　個別の具体的措置

・空調ユニットの支持脚をファスナーの躯体欠き込みと干渉しない位置に移動調整した。その際、空調ユニットの支持脚は特注対応となった。

3　原因・所見

・オフィスビルの有効面積を極力広く確保するために、ペリメーターカウンターの奥行を抑えた設計がされていた。設計者は、ファスナー部と空調ユニットの支持脚が断面図上干渉していることに気づいていたが、空調ユニットの支持脚を平面的に回避すれば問題ないと考えていた。総合図検討の際、支持脚とACWファスナー部の平面位置の調整が不充分であった。

4　再発防止策

・貸事務所で有効面積を最大化するために、機械室やシャフトを極限まで最小化した設計図が散見される。施工時の調整に対する一定の自由度をもたせるために、設計図ではある程度の余裕を持たせたい。納まりの厳しい設計を行う場合は、それに応じた詳細な検討の裏付けが必要である。

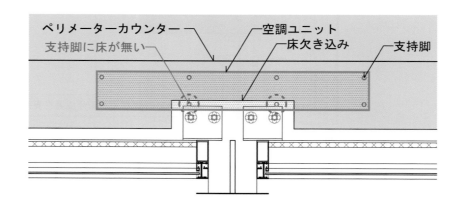

ダメージレベル 40/80点	影 響 度		発生頻度		顕在化レベル	
	16点	極めて重大な影響	5点	高い頻度で発生	C	極めて気づきにくい
	8点	重大な影響	3点	ときどき発生	B	見過ごしがち
	1点	軽微な影響	1点	稀に発生	A	容易に気が付く

『窓廻り空調ユニットと断熱材の干渉』

ダメージレベル●●
顕在化レベル B

用途・構造・規模　：事務所ビル・S 造

設計段階			施工段階				運用段階				
① 基本 DR	② 実施 DR	③ 検図	④ 見積質疑	⑤ 図面確認	⑥ 重合せ図	⑦ 総合図	⑧ 施工図	⑨ 工程検査	⑩ 竣工検査	⑪ 1 年点検	⑫ 2 年点検
発生時期　A			B				C				

■1　発生事象

・ペリメーターカウンター内の空調ユニットが外壁断熱材の発泡ウレタンと干渉し、カウンター内に納まらなかった。

■2　個別の具体的措置

・ペリメーターカウンターの奥行き寸法を変更し拡大した。

■3　原因・所見

・矩計図に空調ユニットの外形寸法が記載されていたが、設備図記載ユニット品番の外形サイズとは異なっており、意匠・設備の調整が行われていなかった。また、外壁断熱や空調ユニット支持材なども見込まれておらず、余裕のないサイズで計画されていた。

・ペリメーターカウンターの拡大により追加コストが発生した。発注者からは、執務スペースの実効面積が減ることを問題視された。

■4　再発防止策

・貸室範囲等、発注者の事業に関わる部分のディテールは、施工時の機器選定の自由度などを考慮し、一定の余裕を持たせた設計を行いたい。

・施工者も事業上重要な部分の納まりは、設計図や事業条件等を早い段階で確認し、具体的検討を行うようにしたい。

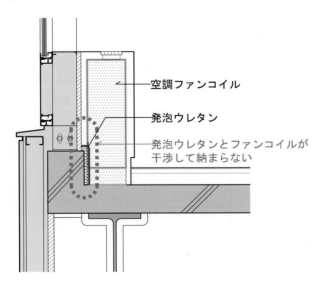

空調ファンコイル

発泡ウレタン

発泡ウレタンとファンコイルが干渉して納まらない

ダメージレベル 24/80 点	影 響 度		発生頻度	
	16 点	極めて重大な影響	5 点	高い頻度で発生
	8 点	重大な影響	3 点	ときどき発生
	1 点	軽微な影響	1 点	稀に発生

顕在化レベル	
C	極めて気づきにくい
B	見過ごしがち
A	容易に気が付く

『避難用通路の有効高さ範囲に構造梁を設置』

ダメージレベル●●
顕在化レベル C

用途・構造・規模　：事務所ビル・S造

設計段階			施工段階							運用段階	
① 基本 DR	② 実施 DR	③ 検図	④ 見積質疑	⑤ 図面確認	⑥ 重合せ図	⑦ 総合図	⑧ 施工図	⑨ 工程検査	⑩ 竣工検査	⑪ 1 年点検	⑫ 2 年点検
発生時期	A				B				C		

1　発生事象

・避難経路である外部鉄骨階段の通路上に外装受け耐風鉄骨梁が配置されており、通路としての有効高さが 1,400㎜しか確保できないことが分かった。

2　個別の具体的措置

・通路としての有効高さを確保するため、目隠し壁及び鉄骨梁を一部変更して避難経路を確保するようにした。

3　原因・所見

・意匠担当者が避難経路として見込んでいた位置に、構造担当者が梁を配置した（意匠担当者と構造担当者の調整不足・情報共有不足）。

4　再発防止策

・設計者は、計画上重要な部分について、断面図等を作成し、意匠・構造担当者間で情報共有する。
・施工者は、避難の考え方等、建物の基本性能に関わる部分について設計説明会などで説明を求めるようにしたい。

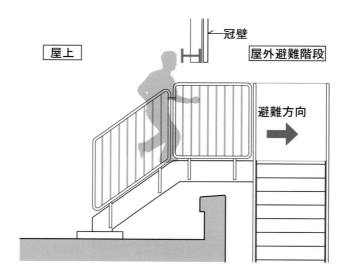

ダメージレベル 24/80 点	影　響　度		発生頻度		顕在化レベル	
	16 点	極めて重大な影響	5 点	高い頻度で発生	C	極めて気づきにくい
	8 点	重大な影響	3 点	ときどき発生	B	見過ごしがち
	1 点	軽微な影響	1 点	稀に発生	A	容易に気が付く

『屋外階段ササラ裏のシーリングが打てない！』

ダメージレベル ●●●
顕在化レベル C

用途・構造・規模　：　事務所ビル・S造

設計段階			施工段階							運用段階	
① 基本 DR	② 実施 DR	③ 検図	④ 見積質疑	⑤ 図面確認	⑥ 重合せ図	⑦ 総合図	⑧ 施工図	⑨ 工程検査	⑩ 竣工検査	⑪ 1 年点検	⑫ 2 年点検
発生時期	A			B					C		

1　発生事象

・外壁 ALC パネルに接して屋外階段を設けたが、ALC ジョイントにシーリングを施工する時点で階段ササラ桁の裏側に手が回らず、全階に亘って外壁側からのシーリング施工が困難であることが分かった。

2　個別の具体的措置

・可能な限り外側からシーリングを施したが、施工不能箇所が残ったため、階段に面した壁は全面、漏水防止のため室内側からもシーリングを施工することとなった。

3　原因・所見

・ササラ桁裏面の施工可否について事前検討がされていなかった。
・将来のメンテナンス性を考えると、外側からシーリング施工できる寸法確保をすべきである。

4　再発防止策

・設計図確認の際、施工時に工具や手が入らず、シーリングが十分に施工できないディテールとなっている事例はよく見られる。施工ができないということは、メンテナンスもできないということであり、外壁の清掃や補修についても基本設計段階から一定の検討をしておく必要がある。

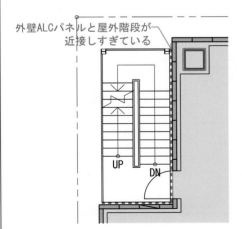

外壁ALCパネルと屋外階段が近接しすぎている
UP　DN

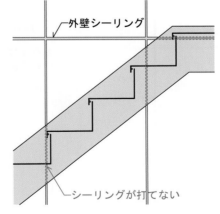

外壁シーリング
シーリングが打てない

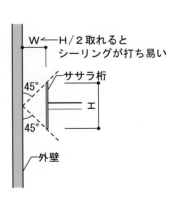

W←H／2 取れるとシーリングが打ち易い
45°　ササラ桁
エ
45°
外壁

ダメージレベル 40/80 点	影 響 度		発 生 頻 度		顕在化レベル	
	16 点	極めて重大な影響	5 点	高い頻度で発生	C	極めて気づきにくい
	8 点	重大な影響	3 点	ときどき発生	B	見過ごしがち
	1 点	軽微な影響	1 点	稀に発生	A	容易に気が付く

『給湯器排気と給気口の離隔が確保できない』

ダメージレベル●●
顕在化レベル B

用途・構造・規模　：集合住宅・RC 造

設計段階			施工段階							運用段階	
① 基本 DR	② 実施 DR	③ 検図	④ 見積質疑	⑤ 図面確認	⑥ 重合せ図	⑦ 総合図	⑧ 施工図	⑨ 工程検査	⑩ 竣工検査	⑪ 1 年点検	⑫ 2 年点検
発生時期	A				B				C		

1　発生事象

・超高層集合住宅案件でサッシ開口を最大化した計画の総合図検討の際、給湯器排気口と住戸への給気口との離隔距離が確保できなくなった（業界基準値）。

2　個別の具体的措置

・スリムタイプの給湯器に設計変更し離隔距離を確保したが、大きなコストアップにつながった。

3　原因・所見

・分譲集合住宅では、商品性を高めるため、開口部や部屋の間仕切りの位置などに対して、発注者からミリ単位で各種寸法の確保を要求される。意匠的な納まりだけでなく、設備取合いも並行して十分検討しておかないと上記のようなトラブルにつながる。

4　再発防止策

・分譲集合住宅の場合、販売パンフレットやモデルルームに提示したプランからの変更は非常に困難を伴うので、ASEM 各部のより慎重な整合を確認しながら設計作業を進める必要がある。

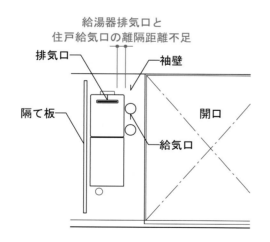

給湯器排気口と
住戸給気口の離隔距離不足

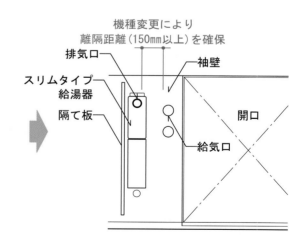

機種変更により
離隔距離（150mm 以上）を確保

ダメージレベル **24**/80 点	影　響　度		発生頻度		顕在化レベル	
	16 点	極めて重大な影響	5 点	高い頻度で発生	C	極めて気づきにくい
	8 点	重大な影響	3 点	ときどき発生	B	見過ごしがち
	1 点	軽微な影響	1 点	稀に発生	A	容易に気が付く

『機械室からの設備幹線が天井内に納まらない』

ダメージレベル●●●
顕在化レベル B

用途・構造・規模　：事務所ビル・S造

設計段階			施工段階				運用段階				
①	②	③	④	⑤	⑥	⑦	⑧	⑨	⑩	⑪	⑫
基本DR	実施DR	検図	見積質疑	図面確認	重合せ図	総合図	施工図	工程検査	竣工検査	1年点検	2年点検
発生時期	A				B				C		

■1　発生事象

・地下機械室前の廊下天井内で、設備配管・配線等（冷温水配管・電気幹線・自家発煙道）が納まらず、天井高が極端に低くなる部分生じることが分かった。

■2　個別の具体的措置

・設計図の廊下幅3mを大幅に拡幅し、機械室内レイアウトを再検討した。その際、計画変更申請が必要な変更手続きになってしまった。
・柱位置が壁と離れていたため廊下の拡幅は可能であったが、機械室内の機器レイアウトの大幅な見直しが必要となった。

■3　原因・所見

・設計段階で、廊下天井内設備機器の基本的な整合調整がされていなかった（設計時の調整不足）。

■4　再発防止策

・設計者は、基本設計段階から主機械室のレイアウト検討だけではなく、主要設備の展開メインルートの平面的な検討及び、断面的な検討を行う必要がある。特に交差部分の断面検討は極めて重要であることを認識したい。

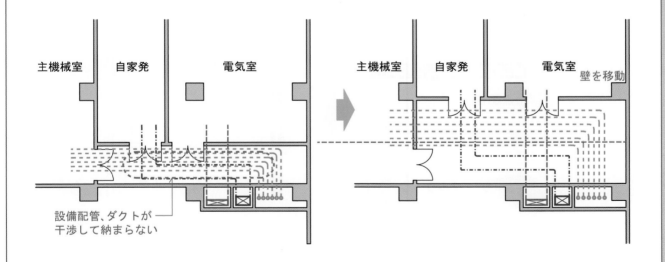

ダメージレベル **80**/80点	影響度		発生頻度		顕在化レベル	
	16点	極めて重大な影響	5点	高い頻度で発生	C	極めて気づきにくい
	8点	重大な影響	3点	ときどき発生	B	見過ごしがち
	1点	軽微な影響	1点	稀に発生	A	容易に気が付く

『天井内に設備が納まらない（1）』

ダメージレベル●●●
顕在化レベル C

用途・構造・規模　：病院・SRC + RC 造

設計段階			施工段階							運用段階	
① 基本 DR	② 実施 DR	③ 検図	④ 見積質疑	⑤ 図面確認	⑥ 重合せ図	⑦ 総合図	⑧ 施工図	⑨ 工程検査	⑩ 竣工検査	⑪ 1 年点検	⑫ 2 年点検
発生時期	A			B				C			

1　発生事象

・廊下天井内部で空調ダクトとケーブルラックが密集しており、大梁下を通過する部分で天井内に納まらない事が判明した。

2　個別の具体的措置

・廊下の天井を 200mm 下げて対応した。

3　原因・所見

・設計段階での調整不足。電気・設備の納まり問題は、主要シャフトや天井内の納まり不備が最も多い。詳細な寸法の調整は施工段階で対応が可能だが、根本的な調整は基本設計時に完了させる必要がある。

4　再発防止策

・基本設計段階から各設備のシステム概要も合わせて検討・方向付けし、設備の概略レイアウトを確認しておく。特に設備類が集中するシャフトや天井内など主要部分は、建築の平面計画決定時には納まり整合を取っておく必要がある。

・施工者は、重ね合わせ検討時に、主要パイプシャフト、主要機械室に加えて納まり不良の多い廊下天井内を優先的に確認するようにしたい。

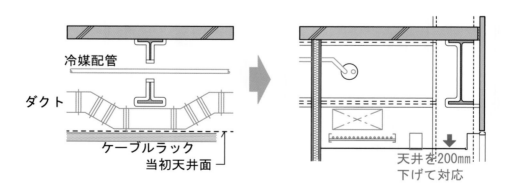

ダメージレベル **40**/80 点	影響度		発生頻度		顕在化レベル	
	16 点	極めて重大な影響	5 点	高い頻度で発生	C	極めて気づきにくい
	8 点	重大な影響	3 点	ときどき発生	B	見過ごしがち
	1 点	軽微な影響	1 点	稀に発生	A	容易に気が付く

『天井内に設備が納まらない (2)』

ダメージレベル●●
顕在化レベル B

用途・構造・規模　：病院・SRC + RC 造

設計段階			施工段階							運用段階	
① 基本 DR	② 実施 DR	③ 検図	④ 見積質疑	⑤ 図面確認	⑥ 重合せ図	⑦ 総合図	⑧ 施工図	⑨ 工程検査	⑩ 竣工検査	⑪ 1 年点検	⑫ 2 年点検
発生時期	A			B					C		

1　発生事象

・大型空調ダクトとバスダクトが混在する天井内設備であったため、重ね合わせ調整をしても全く納まらず検討が中断してしまった。

2　個別の具体的措置

・天井内の配線量を減らすために設計レイアウトを全面的に見直し、別棟にサブ変電室を設け高圧で配線を引込み、電線サイズ、本数を減らして納めることとした。そのため大規模な設計変更となった。

3　原因・所見

・設計検討の不備。
・大規模・大容量の設備やバスダクトを計画する場合は、部分的に詳細図を作成し、基本的な納まりを確認するべきである。
・事務所などは過去の経験値で納める事も可能だが、病院や研究所等では個別の検討が必要となる。

4　再発防止策

・電気設備・空調設備などが集中するメインルートは、基本設計時に概略の断面図を作成し検証する必要がある。

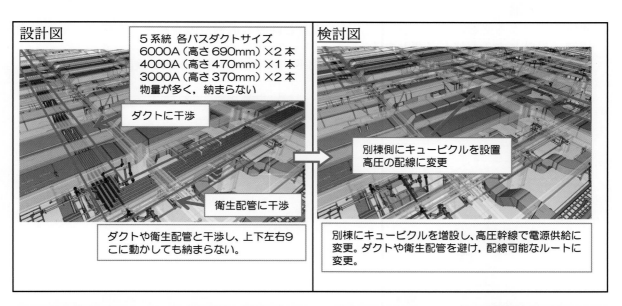

設計図
5 系統 各バスダクトサイズ
6000A（高さ 690mm）×2 本
4000A（高さ 470mm）×1 本
3000A（高さ 370mm）×2 本
物量が多く，納まらない

ダクトに干渉

衛生配管に干渉

ダクトや衛生配管と干渉し、上下左右9こに動かしても納まらない。

検討図

別棟側にキュービクルを設置
高圧の配線に変更

別棟にキュービクルを増設し、高圧幹線で電源供給に変更。ダクトや衛生配管を避け，配線可能なルートに変更。

ダメージレベル **16**/80点	影　響　度		発　生　頻　度		顕在化レベル	
	16 点	極めて重大な影響	5 点	高い頻度で発生	C	極めて気づきにくい
	8 点	重大な影響	3 点	ときどき発生	B	見過ごしがち
	1 点	軽微な影響	1 点	稀に発生	A	容易に気が付く

『天井内に設備が納まらない（3）』

ダメージレベル●●●
顕在化レベル B

用途・構造・規模　：病院・SRC+RC 造

設計段階			施工段階							運用段階	
① 基本 DR	② 実施 DR	③ 検図	④ 見積質疑	⑤ 図面確認	⑥ 重合せ図	⑦ 総合図	⑧ 施工図	⑨ 工程検査	⑩ 竣工検査	⑪ 1 年点検	⑫ 2 年点検
発生時期 **A**				**B**					**C**		

1　発生事象

・総合図作成の際、天井内の設備配管、空調ダクトが納まらず、特に大梁下を通るダクトが天井内に納まらなかったため、対応を検討することとなった。

2　個別の具体的措置

・配管・ダクト類の系統統合、施工ルートの大幅な変更、梁や壁の位置の変更、構造的な梁の幅や高さの変更、鉄骨梁の耐火被覆を耐火塗装に変更、天井高さの変更、梁の設置レベルの変更等大掛かりな検討・提案・調整を行い何とか天井内へ納めることができた。

・打合せや検討図の作成が繰り返され、通常 1 フロア 2 か月程度で作図できる物量が、4 か月程度を要してしまった。

3　原因・所見

・基本設計段階で設備担当が関与しないまま建築計画を進めていた。経験値による常識的な必要スペースを意匠担当者は設定していたが、設備の高度化による隠ぺい部収納機器量の増大によって納まらなくなってしまった。

・大スパンの場合大梁は、1cm 以上たわむ事やジョイント部にボルトが出る事、また施工誤差も 1cm 程度となることもあるためその分余裕を見る必要もある。

4　再発防止策

・建物用途による必要な設備を把握し、基本設計と同時に設備計画を踏まえた階高・平面計画・構造・規模とする調整が必要となる。

・施工者は、総合図検討時に代表的な基準階・廊下・各階機械室等を早期に検討するようにしたい。

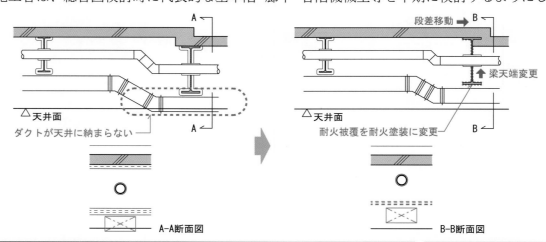

A-A断面図　B-B断面図

ダメージレベル **80**/80 点	影　響　度		発生頻度		顕在化レベル	
	16 点	極めて重大な影響	5 点	高い頻度で発生	C	極めて気づきにくい
	8 点	重大な影響	3 点	ときどき発生	B	見過ごしがち
	1 点	軽微な影響	1 点	稀に発生	A	容易に気が付く

『天井内設備配管が多く、耐震天井補強材を設置できず』

ダメージレベル●●●
顕在化レベル B

用途・構造・規模　：事務所ビル・S造

設計段階			施工段階							運用段階	
① 基本 DR	② 実施 DR	③ 検図	④ 見積質疑	⑤ 図面確認	⑥ 重合せ図	⑦ 総合図	⑧ 施工図	⑨ 工程検査	⑩ 竣工検査	⑪ 1 年点検	⑫ 2 年点検
発生時期	A				B				C		

1　発生事象

・エントランスホールの天井高の高い天井計画にて、意匠・構造図に耐震天井が設定されていたが、総合図検討の際、耐震フレームと設備ダクト・電気ラック・配管等の幹線経路と干渉し、納まらないことが分かった。

2　個別の具体的措置

・設備・電気の幹線経路を見直し、可能な部分に耐震フレームの部材サイズを見直した上で再配置することとした。

3　原因・所見

・意匠・構造担当者が耐震天井を計画した際、設備配管のことを考慮していなかった（意匠・構造担当者と設備担当者との調整不足）。

4　再発防止策

・基本設計段階で断面図の中に設備主要ルートを配置・確認し、実施設計段階で図面化する。
・設計者は、エントランス等、天井形状や内部の構造が複雑な場合は、天井ふところ内の平面図を作成して、他の平面図と同様に ASEM 整合を検討する。
・施工者は、下地と設備の取合い微調整を総合図で行う。

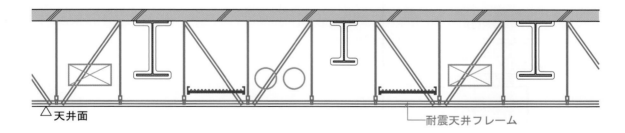

△天井面　　　　　　　　　　　　　　　　└耐震天井フレーム

※エントランスホールの高天井例

ダメージレベル **80**/80 点	影　響　度		発生頻度		顕在化レベル	
	16 点	極めて重大な影響	5 点	高い頻度で発生	C	極めて気づきにくい
	8 点	重大な影響	3 点	ときどき発生	B	見過ごしがち
	1 点	軽微な影響	1 点	稀に発生	A	容易に気が付く

『床の積載荷重の変更が天井高に影響』

ダメージレベル●●●
顕在化レベル B

用途・構造・規模　：工場・S 造

	設計段階			施工段階							運用段階	
	① 基本 DR	② 実施 DR	③ 検図	④ 見積質疑	⑤ 図面確認	⑥ 重合せ図	⑦ 総合図	⑧ 施工図	⑨ 工程検査	⑩ 竣工検査	⑪ 1 年点検	⑫ 2 年点検
発生時期	A				B					C		

1　発生事象

・着工後、発注者による床荷重条件の変更指示があった際、設計変更された構造図が設備関係者に伝達されず、契約時の構造図のまま総合図検討を行い、梁成の異なる小梁の配置と設備ルートとの間に食い違いがあることが分かり再検討が必要となった。

2　個別の具体的措置

・工程上鉄骨は取付済であったため契約時の梁配置に基づき、納まりの再検討を行ったが部分的に天井を下げざるをえなくなった。

3　原因・所見

・意匠担当者は、発注者の求めに応じて重荷重対応区域（床積載荷重設定 5,000N/㎡）の場所を変更し、計画変更申請を行ったが、その変更情報が設備関係者に伝わらなかったことによる。

4　再発防止策

・設計変更指示書を確実に発行し、ASEM 間のみならず、プロジェクト関係者全員が情報共有する。
・特に、構造部材の変更は天井内の納まりに大きな影響を及ぼすため、意匠担当者が全体をコーディネートし、プロジェクトの進捗確認を行う必要がある。

（参考）PDF ファイルで変更箇所を自動的に色づけし、見やすくするソフトもある。
　　　　わかりやすい情報伝達のツールとして活用している事例もある。

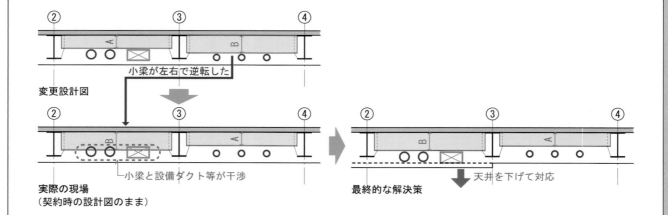

変更設計図
小梁が左右で逆転した

実際の現場
（契約時の設計図のまま）
小梁と設備ダクト等が干渉

最終的な解決策
天井を下げて対応

ダメージレベル 48/80 点	影響度		発生頻度		顕在化レベル	
	16 点	極めて重大な影響	5 点	高い頻度で発生	C	極めて気づきにくい
	8 点	重大な影響	3 点	ときどき発生	B	見過ごしがち
	1 点	軽微な影響	1 点	稀に発生	A	容易に気が付く

『ルーバー天井の天井内の見せ方に注意』

ダメージレベル●
顕在化レベル C

用途・構造・規模：事務所ビル・S 造

設計段階			施工段階							運用段階	
① 基本 DR	② 実施 DR	③ 検図	④ 見積質疑	⑤ 図面確認	⑥ 重合せ図	⑦ 総合図	⑧ 施工図	⑨ 工程検査	⑩ 竣工検査	⑪ 1 年点検	⑫ 2 年点検
発生時期	A			B				C			

1　発生事象
・ルーバー天井のデザインとし天井内設備等が見える仕様としていた。意匠図には天井下地等の黒色塗装が記載されていたが、各設備図には塗装対応等の指示がされておらず、標準色のままの設備機器等が見えてしまった。

2　個別の具体的措置
・ダクト、ケーブルラック、配管保温材カバーなどの各種設備機器等を黒色仕様に変更した。

3　原因・所見
・実施設計段階での調整洩れ。
・意匠担当者は、意匠上配慮すべき箇所で各種設備機器等が現わしになる場合、その対応方法を設計段階で設備担当者と調整すべきであった。

4　再発防止策
・設計者は、ルーバー天井を採用する場合、意匠上の要望を必ず設備担当者に伝え、仕様調整を行う。
・施工者は、ルーバー天井の場合、設備の塗装仕様等の見え方に関わる内容について初期段階で工事監理者の確認・承諾を得る。

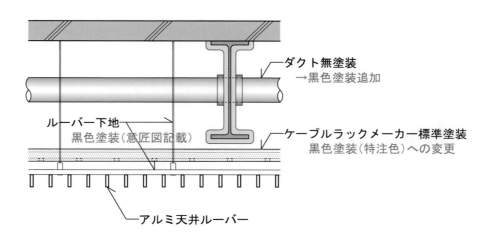

ダクト無塗装
→黒色塗装追加

ルーバー下地
黒色塗装（意匠図記載）

ケーブルラックメーカー標準塗装
黒色塗装（特注色）への変更

アルミ天井ルーバー

ダメージレベル 5/80 点	影　響　度		発生頻度		顕在化レベル	
	16 点	極めて重大な影響	5 点	高い頻度で発生	C	極めて気づきにくい
	8 点	重大な影響	3 点	ときどき発生	B	見過ごしがち
	1 点	軽微な影響	1 点	稀に発生	A	容易に気が付く

『パイプシャフトに設備配管が納まらない (1)』

ダメージレベル●●●
顕在化レベル B

用途・構造・規模 ：病院・SRC ＋ RC 造

設計段階			施工段階				施工段階			運用段階	
① 基本 DR	② 実施 DR	③ 検図	④ 見積質疑	⑤ 図面確認	⑥ 重合せ図	⑦ 総合図	⑧ 施工図	⑨ 工程検査	⑩ 竣工検査	⑪ 1 年点検	⑫ 2 年点検
発生時期	A			B					C		

1 発生事象

・メインパイプシャフトの配置検討及びスリーブ図作成のため、配管の立上げ位置を構造図の「床スリーブ開口補強要領」に基づき検討したところ、配管やダクト、ルーフドレンなどの集中により所定のスペースでは、納まらないことが判明した。

2 個別の具体的措置

・配管系統を統合し、別の場所にシャフトを新設し、立上げルートの変更、パイプシャフトのサイズ変更、床梁位置の変更、ダクト移動などを検討し、大掛りな設計変更を経て納めることとなった。

・納まり検討に約 1 か月、打合せ・調整に約 2 か月かかり、その後の工程を圧迫した。

3 原因・所見

・基本設計段階で、設備担当者の検討不足のまま平面図の決定が行われた。また、実施設計段階で設備全体を調整・整合する時間が確保できなかった。

4 再発防止策

・設計者は、基本設計段階で、各設備のシステム概要も合わせて検討・方向付けし、設備の概略レイアウトを確認しておく。特に設備類が集中するメインシャフトや天井内などの主要部分は、平面図決定時には納まり整合を済ませておく。

・施工者は、重ね合わせ検討時に、メインパイプシャフト、主要機械室を優先的に確認する。

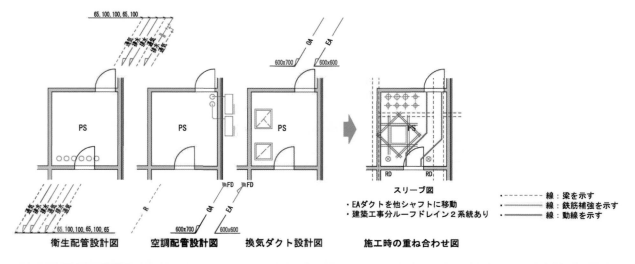

衛生配管設計図　空調配管設計図　換気ダクト設計図　施工時の重ね合わせ図

スリーブ図
・EAダクトを他シャフトに移動
・建築工事分ルーフドレイン2系統あり

------ 線：梁を示す
------ 線：鉄筋補強を示す
―――― 線：動線を示す

ダメージレベル **80**/80 点	影 響 度		発 生 頻 度		顕在化レベル	
	16 点	極めて重大な影響	5 点	高い頻度で発生	C	極めて気づきにくい
	8 点	重大な影響	3 点	ときどき発生	B	見過ごしがち
	1 点	軽微な影響	1 点	稀に発生	A	容易に気が付く

整合課題事例 PS納まり不備(RC)-2 事例－58

『パイプシャフトに設備配管が納まらない (2)』

ダメージレベル●●●
顕在化レベル B

用途・構造・規模 ：病院・SRC + RC 造

設計段階			施工段階							運用段階	
① 基本 DR	② 実施 DR	③ 検図	④ 見積質疑	⑤ 図面確認	⑥ 重合せ図	⑦ 総合図	⑧ 施工図	⑨ 工程検査	⑩ 竣工検査	⑪ 1 年点検	⑫ 2 年点検
発生時期 A			B				C				

1 発生事象

・設計図の重ね合わせ確認の際、パイプシャフトに設備、電気関係の配管、ダクト、ケーブルが納まらないことが分かった。

2 個別の具体的措置

・パイプシャフトを追加し全面的に空調、衛生系統を見直し再配置をしたが、検討に 1 か月以上要し、工程に大きな影響を与えた。

3 原因・所見

・基本設計段階で、設備担当者の検討不足のまま平面図の決定が行われた。また、実施設計段階で設備全体を調整・整合する時間が確保できなかった。

4 再発防止策

・基本設計段階で、各設備のシステム概要も合わせて検討・方向付けし、設備の概略レイアウトを確認しておく。特に設備類が集中するメインシャフトや天井内などの主要部分は、平面図決定時には納まり整合を済ませておく。
・施工者は、重ね合わせ検討時に、メインパイプシャフト、主要機械室を優先的に確認する。

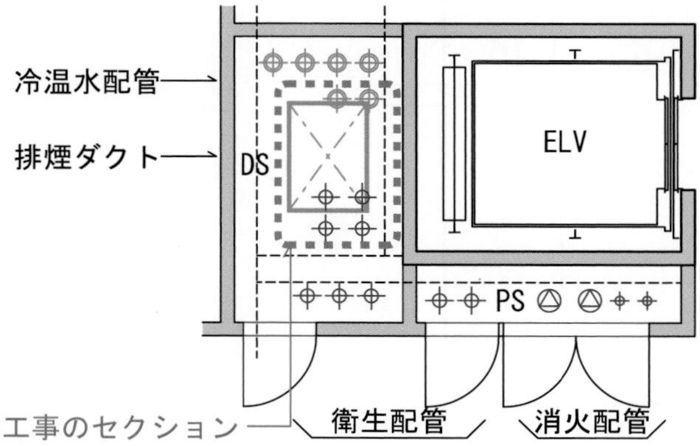
冷温水配管
排煙ダクト
DS
ELV
PS
衛生配管
消火配管
同じ空調工事のセクション内の排煙ダクトと冷温水配管が既に納まっていない

ダメージレベル	影響度		発生頻度	
80/80 点	16 点	極めて重大な影響	5 点	高い頻度で発生
	8 点	重大な影響	3 点	ときどき発生
	1 点	軽微な影響	1 点	稀に発生

顕在化レベル	
C	極めて気づきにくい
B	見過ごしがち
A	容易に気が付く

『パイプシャフトに納まらない配管 ～構造梁に注意』

ダメージレベル●●●
顕在化レベル B

用途・構造・規模　：事務所ビル・S 造

設計段階			施工段階							運用段階	
① 基本 DR	② 実施 DR	③ 検図	④ 見積質疑	⑤ 図面確認	⑥ 重合せ図	⑦ 総合図	⑧ 施工図	⑨ 工程検査	⑩ 竣工検査	⑪ 1 年点検	⑫ 2 年点検
発生時期	A				B				C		

1 発生事象

・トイレに隣接するパイプシャフト（PS）の検討の際、鉄骨大梁のフランジと配管が干渉してPS が納まらないことが分かった。

2 個別の具体的措置

・トイレの平面レイアウトを一部変更し PS を拡大した。
・当該ブースは車椅子対応のため引き戸としていたが、ブース間口が小さくなり当初想定していた引き戸を用いることができなくなったため、戸袋タイプの引き戸に変更した。

3 原因・所見

・実施設計段階での PS 内配管納まりの検討不足である。当該 PS には隣接するトイレ用配管以外にも上下階を通過する配管が納められており、その全体的な詳細検討が不足した。

4 再発防止策

・設計者は、設計段階で適切な PS の設定を検討し、常に下部の大梁、小梁との関係を確認する。
・施工者は、総合図検討時に、縦系統の PS・DS・EPS を優先的に検討する。PS・DS 等の検討においては、床の梁位置を記入した床伏図をベースとして検討する。

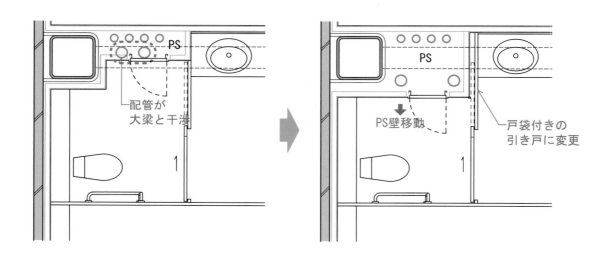

ダメージレベル 40/80 点	影 響 度		発生頻度		顕在化レベル	
	16 点	極めて重大な影響	5 点	高い頻度で発生	C	極めて気づきにくい
	8 点	重大な影響	3 点	ときどき発生	B	見過ごしがち
	1 点	軽微な影響	1 点	稀に発生	A	容易に気が付く

『竪配管が梁に干渉。パイプシャフトの実際の有効面積は狭い！』

ダメージレベル●●●
顕在化レベル B

用途・構造・規模：事務所ビル・S 造

設計段階			施工段階							運用段階	
① 基本 DR	② 実施 DR	③ 検図	④ 見積質疑	⑤ 図面確認	⑥ 重合せ図	⑦ 総合図	⑧ 施工図	⑨ 工程検査	⑩ 竣工検査	⑪ 1 年点検	⑫ 2 年点検
発生時期	A			B					C		

1　発生事象

・設計図を重ね合わせて、衛生配管のメインシャフト納まりを検討していたが、竪配管が鉄骨梁に干渉していることが判明して、調整に苦慮した。

2　個別の具体的措置

・シャフト断面詳細図を作成し配管類の相互調整を行い、更に床貫通部分の配管は特殊変形加工管に変更することとし、検討調整に 1 か月以上を要した。

3　原因・所見

・基本設計段階で設備担当が関与しないまま建築計画を進めてしまった。経験の多い設計者であれば、ある程度想定をして基本設計をまとめることができるが、スキルレベルによっては困難なことも多い。
・パイプシャフトは、平面的捉えると十分な面積があるように思えるが、床下の構造体により有効開口面積が狭くなることに注意が必要である。

4　再発防止策

・基本設計段階に必ず設備担当が関与する必要がある。特に設備類が集中するシャフトなど主要部分は平面図決定時に、構造計画を踏まえた納まりを意匠担当と調整する必要がある。メインシャフトは上下階で同じ位置となるように計画し、階によって位置が変わることを極力避ける。無理をして納めた配管は将来つまりなどの不具合を誘発する恐れがあり、品質上もリスクを抱える恐れがあることを再認識しておきたい。

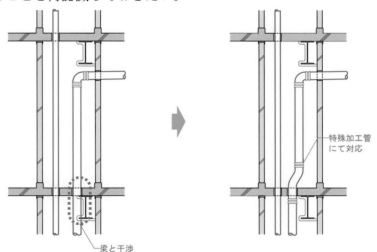

特殊加工管にて対応

梁と干渉

ダメージレベル **80**/80点	影　響　度		発　生　頻　度		顕在化レベル	
	16 点	極めて重大な影響	5 点	高い頻度で発生	C	極めて気づきにくい
	8 点	重大な影響	3 点	ときどき発生	B	見過ごしがち
	1 点	軽微な影響	1 点	稀に発生	A	容易に気が付く

『設備納まりの注意ポイント～地中梁の梁巾は基準階より大きい』

ダメージレベル●●●
顕在化レベル A

用途・構造・規模：賃貸集合住宅・RC 造

設計段階			施工段階							運用段階	
① 基本 DR	② 実施 DR	③ 検図	④ 見積質疑	⑤ 図面確認	⑥ 重合せ図	⑦ 総合図	⑧ 施工図	⑨ 工程検査	⑩ 竣工検査	⑪ 1 年点検	⑫ 2 年点検
発生時期	A				B				C		

1 発生事象

・集合住宅案件において、各住戸のメーターボックス（MB）と梁の位置関係は基準階では整合が図られ納まっていたが、1 階住戸は地中梁幅が基準階梁幅よりも大きいため、納まっていなかった。

2 個別の具体的措置

・発注者要望によりプラン変更ができなかったため、可能な範囲は地中梁を移動させたが、移動できない部分は梁天端レベルを下げることとした。地中梁を下げたために、根切量が大きく増えコスト増となった。

3 原因・所見

・イレギュラーな部分への注意不足。
・「地中梁は基準階の梁よりも大きくなり、MB 内の配管設定に影響がある」ということについて意匠担当者と構造担当者の共通認識が不足していた。MB だけでなく、PS や ELV シャフト等でも、地下階では柱梁のサイズが大きくなるために基準階サイズのままでは納まらないことがあるため、注意が必要である。

4 再発防止策

・PS、DS、MB など、最下階や構造が切り替わる部分での躯体との干渉例が多いため、設計者は構造伏図等の各部納まりを必ず確認する。
・最下階では、その下部のピット平面図と重ねてチェックするようにする必要がある。

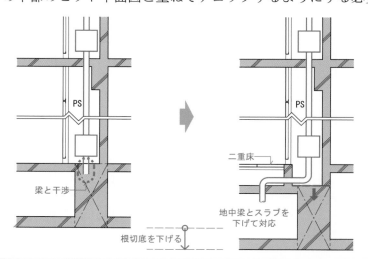

ダメージレベル 48/80 点	影 響 度		発 生 頻 度		顕在化レベル	
	16 点	極めて重大な影響	5 点	高い頻度で発生	C	極めて気づきにくい
	8 点	重大な影響	3 点	ときどき発生	B	見過ごしがち
	1 点	軽微な影響	1 点	稀に発生	A	容易に気が付く

『エレベーター扉引き込み部と鉄骨梁拡幅フランジの干渉』

ダメージレベル●●●
顕在化レベル C

用途・構造・規模　：複合施設・S 造

設計段階			施工段階							運用段階	
①	②	③	④	⑤	⑥	⑦	⑧	⑨	⑩	⑪	⑫
基本 DR	実施 DR	検図	見積質疑	図面確認	重合せ図	総合図	施工図	工程検査	竣工検査	1 年点検	2 年点検
発生時期	A				B				C		

1　発生事象

・エレベーター扉引込部が梁の拡幅フランジ部と干渉し、このままではエレベーター設置ができないことが分かった。

2　個別の具体的措置

・エレベーターシャフトを拡げ、拡幅フランジと干渉しない位置まで移動した。

3　原因・所見

・意匠・設備担当者がエレベーターの位置・必要開口寸法を決定する際、構造体の詳細寸法を確認しなかった（意匠・設備担当者と構造担当者との調整不足）。

4　再発防止策

・設計者は、梁端部の拡幅等イレギュラーな部分は特に注意する。
・地上部と地下部など、S 造から SRC 造に切り替わる計画では、構造体の寸法が大きく変わることがあるので注意する。
・施工者は、ELV 等の機械メーカー決定を極力早くする。有効昇降路、オーバーヘッド、ピットなど構造体に関する部分は最優先で確認する必要がある。

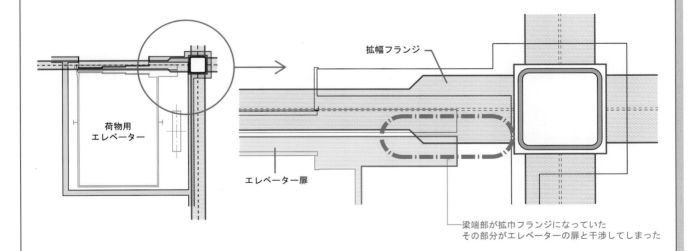

拡幅フランジ

荷物用
エレベーター

エレベーター扉

梁端部が拡巾フランジになっていた
その部分がエレベーターの扉と干渉してしまった

ダメージレベル **40**/80 点	影響度		発生頻度		顕在化レベル	
	16 点	極めて重大な影響	5 点	高い頻度で発生	C	極めて気づきにくい
	8 点	重大な影響	3 点	ときどき発生	B	見過ごしがち
	1 点	軽微な影響	1 点	稀に発生	A	容易に気が付く

『エスカレーター部の防火区画床が構造図にない』

用途・構造・規模 ：事務所ビル・ S 造

設計段階			施工段階							運用段階	
① 基本 DR	② 実施 DR	③ 検図	④ 見積質疑	⑤ 図面確認	⑥ 重合せ図	⑦ 総合図	⑧ 施工図	⑨ 工程検査	⑩ 竣工検査	⑪ 1 年点検	⑫ 2 年点検
発生時期	A			B					C		

1　発生事象

・意匠図に記載されているエスカレーターピットの層間区画を形成するスラブ・小梁が、構造図には描かれていなかった。

2　個別の具体的措置

・ALC（ピット床）と乾式間仕切り壁（ピットの立上り）を追加し区画を形成することとした。
・ALC や乾式間仕切りを固定するための下地として、鉄骨梁に小梁を追加した。

3　原因・所見

・意匠担当者は区画の必要性を認識していたが、構造担当者への伝達を失念した（意匠担当者と構造担当者の調整不足）。

4　再発防止策

・設計者は、当該部分の断面図を作成して、意匠・構造担当者間で情報を共有する。
・意匠担当者は、全体のコーディネーターとして ASEM 全般の整合調整を行う。
・防火区画を形成する壁・床を早期に抽出し、納まりを確認する。

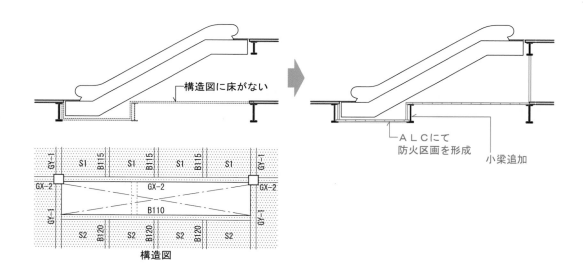

構造図

ダメージレベル **48**/80 点	影響度		発生頻度		顕在化レベル	
	16 点	極めて重大な影響	5 点	高い頻度で発生	C	極めて気づきにくい
	8 点	重大な影響	3 点	ときどき発生	B	見過ごしがち
	1 点	軽微な影響	1 点	稀に発生	A	容易に気が付く

『エスカレーターの層間変形に内装材が追従できず』

ダメージレベル●
顕在化レベル B

用途・構造・規模：事務所ビル・S 造

設計段階			施工段階							運用段階	
① 基本 DR	② 実施 DR	③ 検図	④ 見積質疑	⑤ 図面確認	⑥ 重合せ図	⑦ 総合図	⑧ 施工図	⑨ 工程検査	⑩ 竣工検査	⑪ 1 年点検	⑫ 2 年点検
発生時期	A				B				C		

1　発生事象

・エスカレーターが建物に対して「ブレース効果」を起こさないよう、下端に滑り支承が設けられていたが、エスカレーター下部に配する室の間仕切壁がエスカレーター自体の挙動に追従できるような納まりではなかった。

2　個別の具体的措置

・間仕切壁を構築するため、床スラブから自立するフレームを設置し、エスカレーターと壁との間に EXP.J を追加した。

3　原因・所見

・意匠担当者に、地震時のエスカレーター挙動に関する知識がなく、エスカレーターと直下の壁を固定してはならないという認識がなかった（意匠担当者の認識不足）。

4　再発防止策

・設計者は、構造的に特殊な部分について、意匠・構造・設備担当者の情報共有を図る。
・施工者は、設計説明会などで構造的な注意点の情報共有を求めるようにする。

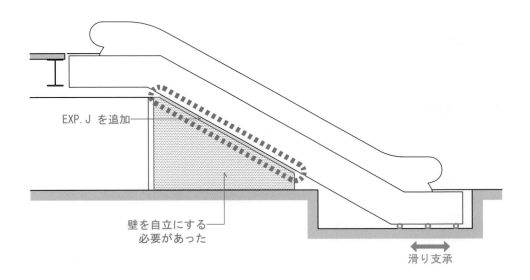

EXP.J を追加
壁を自立にする
必要があった
滑り支承

ダメージレベル **8**/80 点	影　響　度		発生頻度		顕在化レベル	
	16 点	極めて重大な影響	5 点	高い頻度で発生	C	極めて気づきにくい
	8 点	重大な影響	3 点	ときどき発生	B	見過ごしがち
	1 点	軽微な影響	1 点	稀に発生	A	容易に気が付く

『認定仕様通りに施工できない防火区画壁』

ダメージレベル●●●
顕在化レベル C

用途・構造・規模　：事務所ビル・S造

設計段階			施工段階							運用段階	
① 基本 DR	② 実施 DR	③ 検図	④ 見積質疑	⑤ 図面確認	⑥ 重合せ図	⑦ 総合図	⑧ 施工図	⑨ 工程検査	⑩ 竣工検査	⑪ 1 年点検	⑫ 2 年点検
発生時期	A			B					C		

■1　発生事象

・防火区画を形成する耐火間仕切と鉄骨梁が近接しており、認定仕様通りに間仕切り施工ができないことが着工後に分かり、壁の位置変更などの手戻りが発生した。

■2　個別の具体的措置

・各区画壁の納まりを見直し、施工可能な位置への移動や、問題なく区画形成ができる仕様へと変更した。

■3　原因・所見

・設計段階では、施工可否の確認を行わずに壁位置を決めていた。施工者は施工可否を踏まえた間仕切り位置等の事前検討を行う必要があるが、設計担当者・施工担当者共に認識が浅く発見が遅れた。

■4　再発防止策

・防火区画や遮音壁など、要求性能を担保しなければならない壁については、梁との取り合い詳細まで設計段階で確定しておく必要がある。あいまいなままで着工し、施工段階で初めて検討する場合、コスト変動だけでなく、法的要件や必要な遮音性能などに不備が生じる可能性がある。
・重ね合わせ検討時に、間仕切配置上部の構造梁を記入しておくと確認が容易になる。
・施工者は総合図作成時に、施工方法等を考慮した納まりをチェックし、施工可否について監理者と協議し早期に間仕切り位置、仕様の確認を行う。

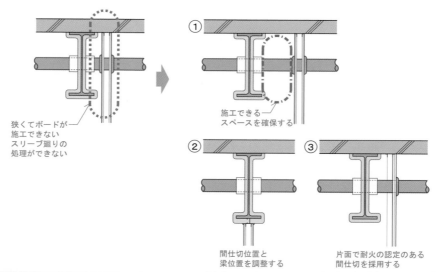

狭くてボードが
施工できない
スリーブ廻りの
処理ができない

① 施工できる
スペースを確保する

② 間仕切位置と
梁位置を調整する

③ 片面で耐火の認定のある
間仕切を採用する

ダメージレベル **80**/80 点	影 響 度		発生頻度		顕在化レベル	
	16 点	極めて重大な影響	5 点	高い頻度で発生	C	極めて気づきにくい
	8 点	重大な影響	3 点	ときどき発生	B	見過ごしがち
	1 点	軽微な影響	1 点	稀に発生	A	容易に気が付く

『大型ダクトを通すために防火区画を変更』

ダメージレベル●●
顕在化レベル B

用途・構造・規模：事務所ビル・S 造

設計段階			施工段階				運用段階		
① 基本 DR	② 実施 DR	③ 検図	④ 見積質疑	⑤ 図面確認	⑥ 重合せ図	⑦ 総合図	⑧ 施工図	⑨ 工程検査	⑩ 竣工検査	⑪ 1 年点検	⑫ 2 年点検
発生時期	A			B				C		

▌**1** 発生事象

・総合図段階での納まり調整の結果、非常用 ELV ロビー入口の常開防火扉上部を大型ダクトが貫通する変更が必要となり、防火区画ラインの変更が発生した。

▌**2** 個別の具体的措置

・非常用 ELV ロビー天井内に配することとなったため、ダクトを囲むように区画壁と区画床を追加し、防火区画を形成することとした。また、建具支持のための鉄骨下地も必要となった。

▌**3** 原因・所見

・設計段階での調整不足。
・意匠担当者と設備担当者が、実施設計段階での確認をしなかった。

▌**4** 再発防止策

・設計者は、特別避難階段付室や非常用 ELV ロビーの上部にダクトを通さない計画を行う。
・実施設計段階で、主要設備（排煙ダクト、OA ダクト、ケーブルラック等）について整合を確認しておく。
・施工者は、総合図調整の際、大型ダクト等の経路を優先的に確認する。

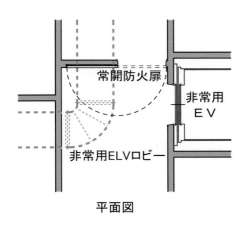

平面図

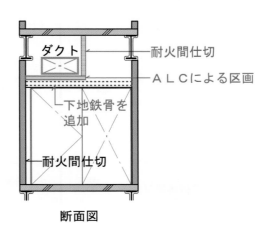

断面図

ダメージレベル **24**/80 点	影 響 度		発生頻度		顕在化レベル	
	16 点	極めて重大な影響	5 点	高い頻度で発生	C	極めて気づきにくい
	8 点	重大な影響	3 点	ときどき発生	B	見過ごしがち
	1 点	軽微な影響	1 点	稀に発生	A	容易に気が付く

『建具追加時に消火設備の検討を忘れ検査で指摘される』

ダメージレベル●●●
顕在化レベル C

用途・構造・規模：病院・S + RC 造

設計段階				施工段階							運用段階	
① 基本 DR	② 実施 DR	③ 検図		④ 見積質疑	⑤ 図面確認	⑥ 重合せ図	⑦ 総合図	⑧ 施工図	⑨ 工程検査	⑩ 竣工検査	⑪ 1 年点検	⑫ 2 年点検
発生時期	**A**					**B**				**C**		

1　発生事象

・竣工が近い状況下で、発注者から廊下に間仕切パネルを設置し、前室を設けて欲しいとの要望があった。
　意匠担当者は、防煙区画（機械排煙）を変更する事はできないと判断し、パネル上部をオープンとし防煙区画を一体化することで問題ないと判断し、パネルの追加設置を指示した。
　排煙上は問題なかったが、スプリンクラーや感知器等の消防設備が未対応だったため完了検査時に消防から指摘を受けた。

2　個別の具体的措置

・消防からの指摘に従い天井を一部解体し、スプリンクラー及び感知器の増設を行った。

3　原因・所見

・意匠担当者は排煙設備に対する影響は考慮したが、その他の設備に対する考えに及んでいなかった。竣工前という時期でもあり、単独の判断で対応した事が要因となった。

4　再発防止策

・建具の追加や壁の移動などは、建築側の対応が主体と思われがちだが、区画の変更に関わるものや天井に関わる部位は必ず、設備の変更有無の確認が必要である。意匠担当者が主体となりASEM 間での情報共有が重要となる。
・大きな設計変更においては、変更レビューを実施するようにしたい。
・施工者は、変更指示を書面で求め設備担当者と情報を共有し問題の早期発見に努める。

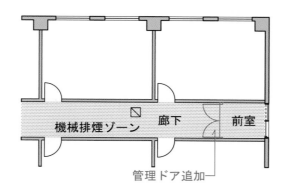

管理ドア追加

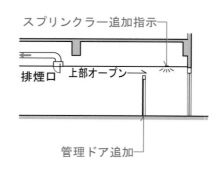

スプリンクラー追加指示
排煙口
上部オープン
管理ドア追加

ダメージレベル **40**/80 点	影 響 度		発 生 頻 度		顕在化レベル	
	16 点	極めて重大な影響	5 点	高い頻度で発生	C	極めて気づきにくい
	8 点	重大な影響	3 点	ときどき発生	B	見過ごしがち
	1 点	軽微な影響	1 点	稀に発生	A	容易に気が付く

『意匠図の付帯鉄骨では耐震性能が不足』

ダメージレベル●
顕在化レベル B

用途・構造・規模　：事務所ビル・S 造

設計段階			施工段階				運用段階		
① 基本 DR	② 実施 DR	③ 検図	④ 見積質疑	⑤ 図面確認	⑥ 重合せ図	⑦ 総合図	⑧ 施工図	⑨ 工程検査	⑩ 竣工検査	⑪ 1 年点検	⑫ 2 年点検
発生時期	A			B			C		

❶　発生事象

・内装材用下地の付帯鉄骨について、意匠図に記載はあったが構造担当者が確認したものではなく、確認の結果耐震性を満たしていないことが分かった。

❷　個別の具体的措置

・耐震性を確保するため、構造担当者と協議を重ね仕様を決定した。
・移動間仕切りやシャッター下地には、面外方向の斜材および斜材を受ける小梁を追加した。斜材が設備配管等と干渉するところもあり、ダクトや配管ルートの見直しを実施した。

❸　原因・所見

・付帯鉄骨の仕様について構造担当者による計画がなされていなかった。

❹　再発防止策

・意匠担当者は、付帯鉄骨についても構造担当者の確認を受ける。
・施工者は、付帯鉄骨についての調整不足が発生しやすいことを認識し、発注区分などを早期に整理し、調整洩れがないように注意する。

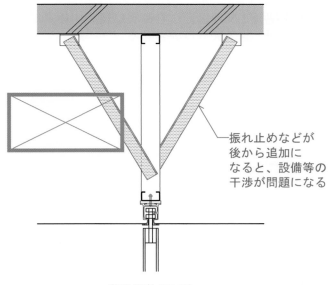

振れ止めなどが
後から追加に
なると、設備等の
干渉が問題になる

移動間仕切下地

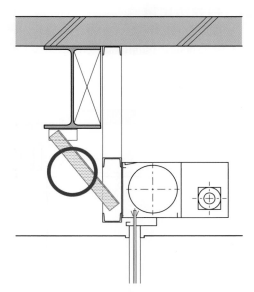

シャッター下地

ダメージレベル **5**/80 点	影 響 度		発生頻度		顕在化レベル	
	16 点	極めて重大な影響	5 点	高い頻度で発生	C	極めて気づきにくい
	8 点	重大な影響	3 点	ときどき発生	B	見過ごしがち
	1 点	軽微な影響	1 点	稀に発生	A	容易に気が付く

『シャッターの取付位置が図面によって違う』

ダメージレベル●
顕在化レベル C

用途・構造・規模：事務所ビル・S 造

設計段階				施工段階							運用段階	
①	②	③		④	⑤	⑥	⑦	⑧	⑨	⑩	⑪	⑫
基本 DR	実施 DR	検図		見積質疑	図面確認	重合せ図	総合図	施工図	工程検査	竣工検査	1 年点検	2 年点検
発生時期	A					B				C		

1　発生事象

・設計図の平面図・天井伏図・断面詳細図とでシャッター本体の向き（梁のどちら側に設置するか）が不整合なまま施工図検討が進められていた。本体鉄骨の補強や天井点検口の位置が変わるため、各種図面の調整と修正が発生した。

2　個別の具体的措置

・施工図変更で調整し対応した。

3　原因・所見

・実施設計段階で、平面図と天井伏図のみでシャッター位置を見直し、断面詳細図の対応が洩れた。
・シャッター本体の配置についてはメンテナンスのしやすさや、スラットの向き（表・裏）等も考慮した位置設定が必要であり、実施設計段階で確定しておくべきであった。防火区画の場合、区画面積への影響もあり、より注意が必要となる。
・検図段階では、断面詳細図の発行が遅れ見過ごされた。
・総合図は天井伏で検討され、鉄骨下地は断面図を元に検討されたためシャッター製作図段階で不整合が顕在化した。

4　再発防止策

・設計段階で見直しを加える場合、その影響範囲を把握し関連図面にも確実に反映する。
・施工者は、図面確認段階でチェックを行い、総合図・施工図へ反映させる。

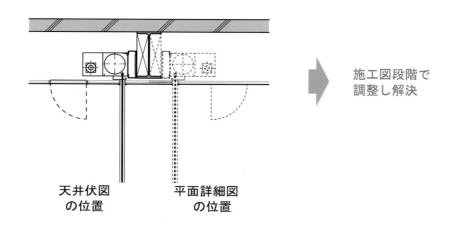

天井伏図
の位置

平面詳細図
の位置

施工図段階で
調整し解決

ダメージレベル **8**/80 点	影 響 度			発生頻度			顕在化レベル	
	16 点	極めて重大な影響	5 点	高い頻度で発生		C	極めて気づきにくい
	8 点	重大な影響	3 点	ときどき発生		B	見過ごしがち
	1 点	軽微な影響	1 点	稀に発生		A	容易に気が付く

『" いつもと違う " 仕様の見落とし』

ダメージレベル●
顕在化レベル B

用途・構造・規模：ビル内の保育施設

設計段階			施工段階							運用段階	
①	②	③	④	⑤	⑥	⑦	⑧	⑨	⑩	⑪	⑫
基本 DR	実施 DR	検図	見積質疑	図面確認	重合せ図	総合図	施工図	工程検査	竣工検査	1 年点検	2 年点検
発生時期	A			B					C		

■1　発生事象

・建具特記仕様に一般的施設における標準的寸法の記載があり、幼児が使うための特別な配慮を必要とする保育スペースに面する建具にも適用されていた。

■2　個別の具体的措置

・サムターン位置や引手サイズなどを幼児の安全性に配慮した位置に変え、事業予定者に確認し変更を行った。

■3　原因・所見

・与条件整理事項と特記仕様、建具図の不整合。意匠担当者の設計図調整不足。
・その他コンセントの高さも用途によって変わる事が多いため注意したい（老人ホームや幼稚園など）。

■4　再発防止策

・与条件整理事項と設計図との整合確認が重要である。
・建具表等は実施設計時に、" いつも通り " に作図しがちである。この事例のように一般とは異なる要求条件がある場合は、基本設計までに条件を整理し、特殊な仕様を確認した上で実施設計図への反映を洩らさないよう注意必要したい。

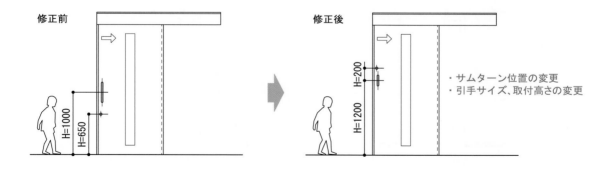

ダメージレベル **3**/80 点	影 響 度		発生頻度		顕在化レベル	
	16 点	極めて重大な影響	5 点	高い頻度で発生	C	極めて気づきにくい
	8 点	重大な影響	3 点	ときどき発生	B	見過ごしがち
	1 点	軽微な影響	1 点	稀に発生	A	容易に気が付く

『設備機器と構造ブレースが干渉』

ダメージレベル ●●
顕在化レベル A

用途・構造・規模：事務所ビル・S 造

設計段階			施工段階							運用段階	
① 基本 DR	② 実施 DR	③ 検図	④ 見積質疑	⑤ 図面確認	⑥ 重合せ図	⑦ 総合図	⑧ 施工図	⑨ 工程検査	⑩ 竣工検査	⑪ 1 年点検	⑫ 2 年点検
発生時期	A			B				C			

1　発生事象

・基本設計から実施設計段階に移行した際に、設備担当者は特高変電室内の機器レイアウトの見直しを行なった。同時期に、構造担当は耐震要素を確定させ、意匠図・構造図へ反映したが、設備レイアウトとブレースの設置関係について各分野間で整合していなかった。

2　個別の具体的措置

・機器のメンテナンス動線などを見直し、2 ヶ所の入り口から電気室に入れるように調整した。その結果、スチール建具とカードリーダーを 1 ヶ所追加することとなった。

3　原因・所見

・構造・設備設計担当者間での設計図調整不足。

4　再発防止策

・意匠担当者は、平面計画上重要な要素であるブレースなどを平面図に記載し、情報の共有を図る。
・ASEM の重ね図を作図して、担当者全員で確認するとともに、意匠担当者はコーディネーターとして、自分の分野外の見直しに対して常に目配りを行うようにしたい。

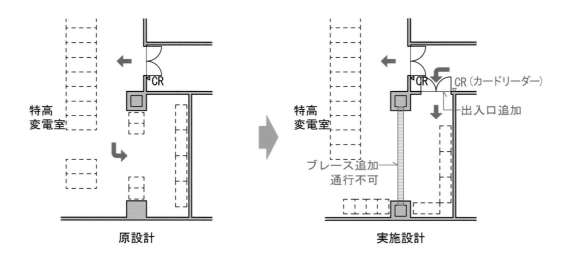

原設計　　　　　　　　　　実施設計

ダメージレベル **24**/80 点	影 響 度		発生頻度		顕在化レベル	
	16 点	極めて重大な影響	5 点	高い頻度で発生	C	極めて気づきにくい
	8 点	重大な影響	3 点	ときどき発生	B	見過ごしがち
	1 点	軽微な影響	1 点	稀に発生	A	容易に気が付く

『設備機器が入らない搬入開口』

ダメージレベル●●
顕在化レベル C

用途・構造・規模：事務所ビル・S 造

設計段階				施工段階						運用段階	
①	②	③	④	⑤	⑥	⑦	⑧	⑨	⑩	⑪	⑫
基本 DR	実施 DR	検図	見積質疑	図面確認	重合せ図	総合図	施工図	工程検査	竣工検査	1 年点検	2 年点検
発生時期	A			B			C				

❶ 発生事象

・消火ポンプユニットの搬入検討の際、経路途中にある管理扉を通過できないことが分かった。

❷ 個別の具体的措置

・袖壁を撤去し鋼製建具を再製作し、搬入できるようにした。

❸ 原因・所見

・機械室自体の入り口扉は確認していたが、経路全体の確認を見落としてしまった。
・設備機器は搬入のタイミングによっても、搬入経路、必要開口が変わる。早期に関係者間で搬入時期、方法に関して合意を得て、整合性のある通路、開口を準備するようにしたい。
・大型機器の搬入に関しては機器幅＋必要なクリアランスを見込んでおく必要がある。
・搬入途中の経路、曲り角の有効スペースにも注意が必要である。

❹ 再発防止策

・設計者は、一定の想定をする必要があるが、施工準備段階で機器メーカーが決定した時点で施工者に対して早期に大型機器の搬入計画の提出を求め、認識を共有する。
・生産施設や研究施設では、発注者が搬入する大型機器がある。搬入ルートにあたる部分の通路巾や建具の W × H 寸法を明記した図面を作成し、発注者の確認を得ることが望ましい。また、その際、搬入時の仮設計画や荷重条件も合わせて確認する必要がある。
・施工者は、総合図検討の一環として搬入計画の立案、総合仮設計画との整合を図る。

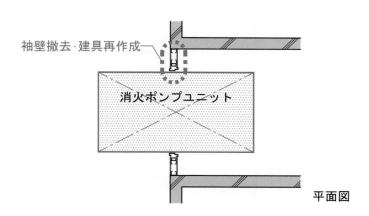

袖壁撤去・建具再作成
消火ポンプユニット
平面図

ダメージレベル **24**/80 点	影 響 度		発生頻度		顕在化レベル	
	16 点	極めて重大な影響	5 点	高い頻度で発生	C	極めて気づきにくい
	8 点	重大な影響	3 点	ときどき発生	B	見過ごしがち
	1 点	軽微な影響	1 点	稀に発生	A	容易に気が付く

『OAフロア対応床下げ範囲〜意匠図と構造図間の不整合』

ダメージレベル●●
顕在化レベル C

用途・構造・規模：事務所ビル・S造

設計段階			施工段階							運用段階	
① 基本 DR	② 実施 DR	③ 検図	④ 見積質疑	⑤ 図面確認	⑥ 重合せ図	⑦ 総合図	⑧ 施工図	⑨ 工程検査	⑩ 竣工検査	⑪ 1 年点検	⑫ 2 年点検
発生時期	A			B				C			

■1　発生事象
・施工図検討の際、OA フロア設置予定範囲のスラブが下がっていないことが分かった。

■2　個別の具体的措置
・発注者と協議して、該当箇所の OA フロアを止むなく中止することとした。

■3　原因・所見
・意匠担当者が、スラブレベル切り替え部分の納まり理解不足で、梁の中央に床段差位置を設定していた。
・総合図での擦り合わせが不十分であった。発注者へ報告し了解を得たが、執務スペースの場合は賃貸条件に影響を及ぼす恐れがあるため特に注意が必要である。

■4　再発防止策
・基本設計段階で断面図を作成し、意匠・構造の擦り合わせを行い実施設計に展開する。
・事務所ビルで、廊下と事務室の間に機械室や EPS を設けることは多いが、ダクト・配線の天井内や OA フロア内への展開ルートと、梁や床段差の位置の調整が極めて重要なので ASEM 間の調整をしっかり行いたい。

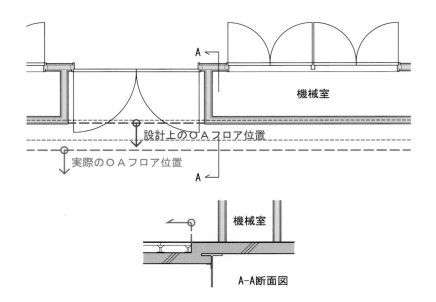

ダメージレベル **24**/80 点	影響度		発生頻度		顕在化レベル	
	16 点	極めて重大な影響	5 点	高い頻度で発生	C	極めて気づきにくい
	8 点	重大な影響	3 点	ときどき発生	B	見過ごしがち
	1 点	軽微な影響	1 点	稀に発生	A	容易に気が付く

『衛生器具が配置出来ない！ 衛生器具の下に梁があり排水管が施工出来ない』

ダメージレベル ●●●
顕在化レベル B

用途・構造・規模　：事務所ビル・S造

設計段階			施工段階							運用段階	
① 基本 DR	② 実施 DR	③ 検図	④ 見積質疑	⑤ 図面確認	⑥ 重合せ図	⑦ 総合図	⑧ 施工図	⑨ 工程検査	⑩ 竣工検査	⑪ 1 年点検	⑫ 2 年点検
発生時期	A			B					C		

1　発生事象

・重ね合わせ図検討の際、排水管立上げ箇所が下階の梁の直上になっているため、意匠図で計画された位置に衛生器具を配置することが出来ないことが判明した。

2　個別の具体的措置

・WCブース内に納まるように、衛生器具の位置変更や機種の変更を行い、ライニングの大きさを変える等の対応で納めた。検討から各所調整のため1フロア1か月程度の期間を要した。

3　原因・所見

・基本設計段階で平面図を固める際、構造体を考慮した整合性確認をしていなかった。

4　再発防止策

・WC等の水回りでは、基本設計段階で概略のレイアウトが決定することが多い。その後、実施設計の進捗に伴い構造体の細部が決定されるが、その進捗に合わせ排水ルートの確認を励行し、実施設計段階では梁の位置を重ね合わせた図面で検証を行う必要がある。

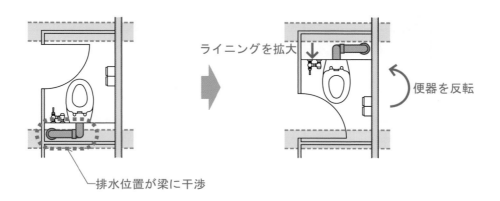

ライニングを拡大

便器を反転

排水位置が梁に干渉

ダメージレベル **48**/80 点	影 響 度		発 生 頻 度		顕在化レベル	
	16 点	極めて重大な影響	5 点	高い頻度で発生	C	極めて気づきにくい
	8 点	重大な影響	3 点	ときどき発生	B	見過ごしがち
	1 点	軽微な影響	1 点	稀に発生	A	容易に気が付く

『電気室まわりの漏水対応に注意』

ダメージレベル●●
顕在化レベル A

用途・構造・規模：事務所ビル・S・SRC 造

設計段階			施工段階							運用段階	
① 基本 DR	② 実施 DR	③ 検図	④ 見積質疑	⑤ 図面確認	⑥ 重合せ図	⑦ 総合図	⑧ 施工図	⑨ 工程検査	⑩ 竣工検査	⑪ 1 年点検	⑫ 2 年点検
発生時期	A				B				C		

1　発生事象

・意匠図の断面詳細図では、地下階の特高受変電室が防水上の配慮から 2 重天井となっていたが、構造図にはその記載がなかった。

2　個別の具体的措置

・見積開始後の顕在化であったため追加指示にて、2 重天井（乾式）支持鉄骨と ALC、防水を見込む対応を行った。

3　原因・所見

・実施設計段階での意匠・構造担当者間の調整洩れ。

4　再発防止策

・各担当分野で共有する実施設計初期段階の平面図に「上部 2 重天井」と記載する等の対応をしたい。床レベル段差や 2 重天井など架構に関連する事項については、意匠・構造間で確実に情報を共有（伝達）する必要がある。
・電気室や受変電室などの重要室は、重ね図や断面図を使って個別に要求条件を確認するようにしたい。
さらには、2 重天井内に漏水した場合の排水ルートの確保を行い、漏水センサーなどの検知設備を実装することも検討したい。

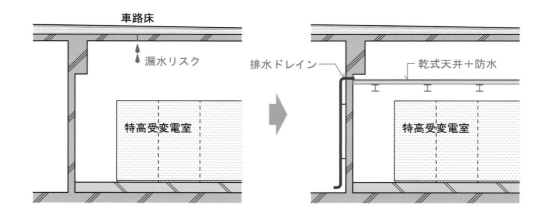

ダメージレベル **24**/80 点	影 響 度		発生頻度		顕在化レベル	
	16 点	極めて重大な影響	5 点	高い頻度で発生	C	極めて気づきにくい
	8 点	重大な影響	3 点	ときどき発生	B	見過ごしがち
	1 点	軽微な影響	1 点	稀に発生	A	容易に気が付く

『電気室上部に漏水リスクのある排水管が配置されている』

ダメージレベル●●
顕在化レベル C

用途・構造・規模：事務所ビル・S 造

設計段階			施工段階							運用段階	
① 基本 DR	② 実施 DR	③ 検図	④ 見積質疑	⑤ 図面確認	⑥ 重合せ図	⑦ 総合図	⑧ 施工図	⑨ 工程検査	⑩ 竣工検査	⑪ 1 年点検	⑫ 2 年点検
発生時期	A			B			C				

❶　発生事象

・施工図作成時に排水管立上げ位置を確認したところ、下階に電気室があり、また排水管ルートも電気室内を通っていることが判明した。

❷　個別の具体的措置

・排水接続が床上で施工可能であったため、主配管は電気室から外れた場所へルート変更し、配管カバーのためのライニングを設置し防水を施した。
・設計者、施工者、発注者など関係者の調整に 1 か月ほどを要した。

❸　原因・所見

・設計段階で、設備配管と下階室用途との関係チェックがされていなかった。

❹　再発防止策

・設計者は、電気室や自家用発電機室等の重要室と設備配管との関係を個別に検討するようにする。
・原則、電気室の内部、上部には給水・排水・消火など、水が通る配管を配置しない。やむを得ず必要となる場合は、2 重天井や床防水などの配慮を行う。
・施工者は、電気室等に加え、サーバー室や手術室などの上方、上階に水が通る配管がある場合は、漏水のリスクを排除する提案を行うようにしたい。

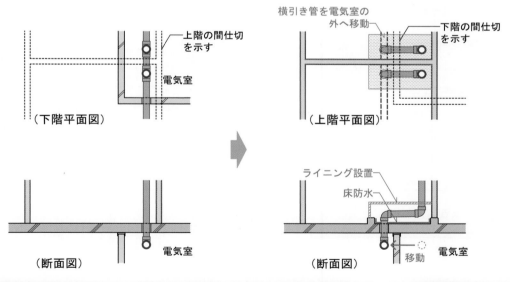

ダメージレベル **24**/80 点	影　響　度		発　生　頻　度	
	16 点	極めて重大な影響	5 点	高い頻度で発生
	8 点	重大な影響	3 点	ときどき発生
	1 点	軽微な影響	1 点	稀に発生

顕在化レベル	
C	極めて気づきにくい
B	見過ごしがち
A	容易に気が付く

『曲線車路の勾配は内側に注意！』

ダメージレベル●●●
顕在化レベル B

用途・構造・規模 ：事務所ビル・S 造

設計段階				施工段階						運用段階	
①	②	③	④	⑤	⑥	⑦	⑧	⑨	⑩	⑪	⑫
基本 DR	実施 DR	検図	見積質疑	図面確認	重合せ図	総合図	施工図	工程検査	竣工検査	1 年点検	2 年点検
発生時期	A			B			C				

1　発生事象

・地下駐車場へのスロープの中心に車路勾配が記載されていたが、内側での勾配が 1/6 勾配よりも急になることが分かり施工者が詳細調整することとなった。

2　個別の具体的措置

・車路内側で 1/6 勾配が確保できるよう、車路延長を見直し、一般勾配と緩勾配のバランスを調整して対応した。

3　原因・所見

・設計者の車路勾配に関する検討不足。

4　再発防止策

・設計者は、車路勾配検討の際、最も厳しい部分で確認する。
・車高の低い車両の通行が想定される場合もあるので、基本設計段階でその要求条件を確定する。
・施工者は施工準備段階で、先行してスロープの詳細断面図（出来れば 3D モデル）を作成し極端な急勾配部分がないか検討し、工事監理者の確認を受ける。

[一般図]

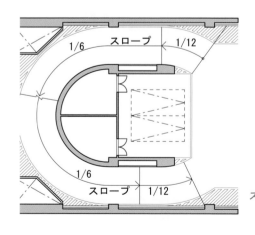

[詳細レベルを確認するための図面]

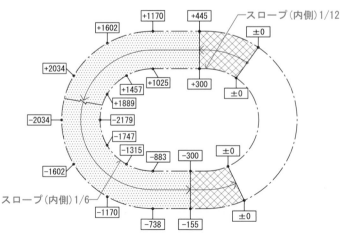

ダメージレベル **40**/80 点	影　響　度		発生頻度		顕在化レベル	
	16 点	極めて重大な影響	5 点	高い頻度で発生	C	極めて気づきにくい
	8 点	重大な影響	3 点	ときどき発生	B	見過ごしがち
	1 点	軽微な影響	1 点	稀に発生	A	容易に気が付く

『地下車路スロープ上部の天井内設備が納まらない』

ダメージレベル●●
顕在化レベル B

用途・構造・規模：事務所ビル・S造

設計段階				施工段階						運用段階	
① 基本 DR	② 実施 DR	③ 検図	④ 見積質疑	⑤ 図面確認	⑥ 重合せ図	⑦ 総合図	⑧ 施工図	⑨ 工程検査	⑩ 竣工検査	⑪ 1年点検	⑫ 2年点検
発生時期　A					B				C		

1　発生事象

・スロープ納まり検討の際、トラック通行部の必要有効高さと天井設備機器との干渉があった。
・特にカーブの部分では、干渉有無が平面図・断面図だけでは確認できなかった。

2　個別の具体的措置

・車路スロープ全体を 3D モデル化し、各部分の緩衝勾配を精密に再現した上で、有効高さを示す「仮想天井面」を設定・確認し、各設備機器を再調整した。

3　原因・所見

・有効高さ 3,500mm という要求に対して、設計図で天井設備機器レイアウトはされていたが、機器の端部やダクト曲り部分の詳細検討はされていなかった。
・カーブでの床面のひねりは設計図書で表現すること自体が困難であり、設計段階でのクリアランス検証は容易でない。なお、設計図での鉄骨梁位置・レベル設定がされていないケースもあるので注意したい。

4　再発防止策

・設計者は、想定車両条件・必要有効高さを発注者に確認し設計に反映する。
・施工者は、要求事項の確認と、施工図レベルで詳細な 3 次元の干渉の検討を行う。

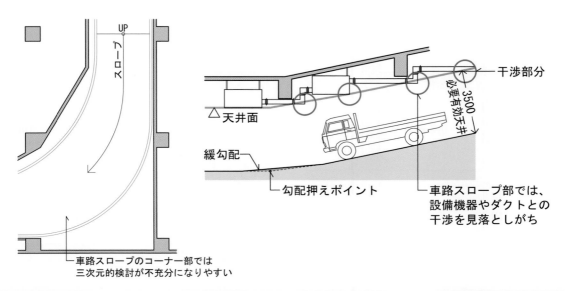

車路スロープのコーナー部では
三次元的検討が不充分になりやすい

天井面
緩勾配
勾配押えポイント
干渉部分
3500 必要有効天井
車路スロープ部では、設備機器やダクトとの干渉を見落としがち

ダメージレベル 24/80点	影　響　度		発生頻度		顕在化レベル	
	16点	極めて重大な影響	5点	高い頻度で発生	C	極めて気づきにくい
	8点	重大な影響	3点	ときどき発生	B	見過ごしがち
	1点	軽微な影響	1点	稀に発生	A	容易に気が付く

『ピット内の釜場位置と排水勾配が意匠・構造図間で不整合』

ダメージレベル●●●
顕在化レベル B

用途・構造・規模　：商業ビル・S 造

設計段階				施工段階							運用段階	
① 基本 DR	② 実施 DR	③ 検図	④ 見積質疑	⑤ 図面確認	⑥ 重合せ図	⑦ 総合図	⑧ 施工図	⑨ 工程検査	⑩ 竣工検査		⑪ 1 年点検	⑫ 2 年点検
発生時期	A				B					C		

1　発生事象

・意匠図に記載されていた釜場が構造図には無く、総合図確認の際に顕在化した。積算は、構造図に基づいて行われたため、床の勾配及び釜場設置のための根切り対応等が織り込まれていなかったためコスト増となった。

2　個別の具体的措置

・確認の結果、意匠図通りの施工が必要となり、釜場の補強配筋の増、根切り底形状の変更に伴う排出土量増等を伴う施工となった。

3　原因・所見

・設計段階の整合確認洩れ。
・ピットの釜場は安易にとられやすいが、設計者が想像する以上に掘削土やコンクリート量が多く、手間もコストも大きくかかる部位である。検図の段階で確実に整合確認をしておく必要がある。

4　再発防止策

・ピットや屋上は意匠担当者にとって優先順位は低くなりがちだが、工期やコストに大きく影響を与える部位であり、特にピットは着工後速やかな準備が必要な部位であることを認識し、必要事項を確実に織りこみ整合を取る。
・施工者は、見積の段階で意匠図と構造図の不整合について質疑を上げ、問題を早期に顕在化させ、解決にあたるよう取り組みたい。

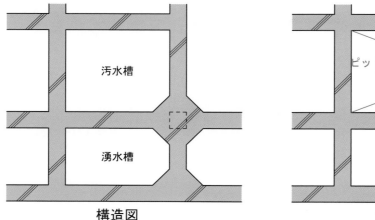

構造図

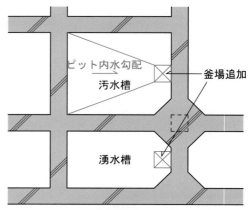

意匠図

ダメージレベル **40**/80点	影　響　度		発生頻度	
	16点	極めて重大な影響	5点	高い頻度で発生
	8点	重大な影響	3点	ときどき発生
	1点	軽微な影響	1点	稀に発生

顕在化レベル	
C	極めて気づきにくい
B	見過ごしがち
A	容易に気が付く

『排水管には勾配があるので要注意』

ダメージレベル●●
顕在化レベル C

用途・構造・規模　：病院・SRC+RC 造

設計段階			施工段階							運用段階	
① 基本 DR	② 実施 DR	③ 検図	④ 見積質疑	⑤ 図面確認	⑥ 重合せ図	⑦ 総合図	⑧ 施工図	⑨ 工程検査	⑩ 竣工検査	⑪ 1 年点検	⑫ 2 年点検
発生時期　A			B				C				

◾ 発生事象

・外構配管の施工図作成の際、地中梁貫通レベルを検討したところ、配管勾配の関係で桝が深くなり、地中梁の貫通可能範囲に納まらないことが判明した。その結果、埋設配管は地中梁の梁下に配管することとなり、設計図で設定されている外構配管の埋設深さより、深くなってしまった。

◾ 個別の具体的措置

・設計図では小口径桝で計画されていたが、小口径桝では施工できない深さとなり、コンクリート製人孔桝が必要になった。
・配管施工図検討に約 1 ヵ月要した。

◾ 原因・所見

・設計図作成時、配管ルート及び配管勾配を踏まえた配管高さと、地中梁等の構造躯体との関係確認がされていなかった。

◾ 再発防止策

・設計者は、地中埋設・ピット内配管に関して、実施設計段階で配管勾配を考慮し梁の大きさや貫通可能範囲を踏まえて基本的整合を確認する必要がある。
・このような梁貫通不備は、大きな手戻りを生じる。建屋内の配管ルートを大きく見直したり、インフラとの接続にポンプアップを要するようなことにもつながりかねない。より慎重な検討が求められる。

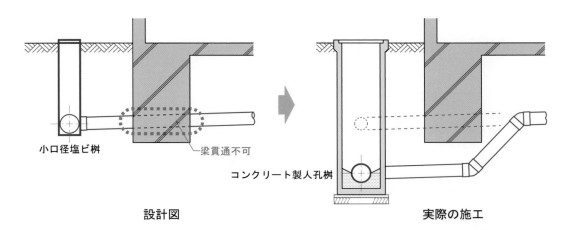

小口径塩ビ桝　　梁貫通不可　　コンクリート製人孔桝

設計図　　　　　　　　実際の施工

ダメージレベル **24**/80 点	影 響 度		発生頻度		顕在化レベル	
	16 点	極めて重大な影響	5 点	高い頻度で発生	C	極めて気づきにくい
	8 点	重大な影響	3 点	ときどき発生	B	見過ごしがち
	1 点	軽微な影響	1 点	稀に発生	A	容易に気が付く

『地下2重壁内の湧水排水先がない！』

ダメージレベル●●●
顕在化レベル B

用途・構造・規模：事務所ビル・S造

設計段階			施工段階							運用段階	
①	②	③	④	⑤	⑥	⑦	⑧	⑨	⑩	⑪	⑫
基本 DR	実施 DR	検図	見積質疑	図面確認	重合せ図	総合図	施工図	工程検査	竣工検査	1 年点検	2 年点検
発生時期	A				B				C		

❶ 発生事象

・地下2重壁内の排水（湧水）を、流すことのできない汚水槽に放流する図面となっていた。また、一部の地下外壁の2重壁内では、排水ルート自体が確保されていなかった。

❷ 個別の具体的措置

・柱部分に排水溝を廻し、放流可能な水槽（湧水槽）までピット上部の排水溝を延長した。

❸ 原因・所見

・実施設計初期段階での地下ピット水槽用途設定調整不足であった。

❹ 再発防止策

・設計者は、地下ピット内水槽の配置については、上階の計画にも影響を及ぼすことを認識し、早期からの検討を行う必要がある。
・地下外壁からの湧水を処理するため、地下ピット外周部には湧水槽を設置するべきである。計画上やむを得ず汚水槽などを設置する場合には、ピット上階の地下外壁2重壁内の排水計画について検討し確認する。

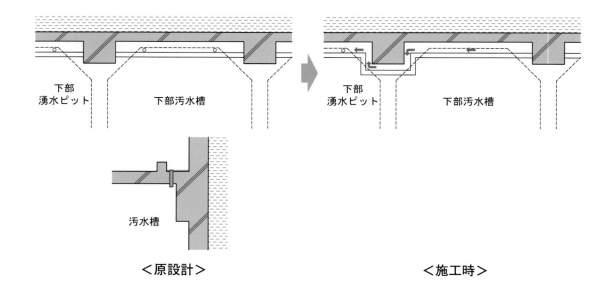

<原設計>　　　　　　　　　　　　　<施工時>

ダメージレベル **40**/80点	影 響 度		発生頻度		顕在化レベル	
	16 点	極めて重大な影響	5 点	高い頻度で発生	C	極めて気づきにくい
	8 点	重大な影響	3 点	ときどき発生	B	見過ごしがち
	1 点	軽微な影響	1 点	稀に発生	A	容易に気が付く

『免震建物のクリアランス内に配管が！』

ダメージレベル●●
顕在化レベル B

用途・構造・規模　：病院・RC 造

設計段階			施工段階				運用段階		
① 基本 DR	② 実施 DR	③ 検図	④ 見積質疑	⑤ 図面確認	⑥ 重合せ図	⑦ 総合図	⑧ 施工図	⑨ 工程検査	⑩ 竣工検査	⑪ 1 年点検	⑫ 2 年点検
発生時期　A			B				C		

1　発生事象

・免震層で、躯体の免震クリアランス内に設備配管が設置されており、配管部分で必要な設計クリアランスが確保されていないことが分かった。

2　個別の具体的措置

・下部構造の擁壁を移動してクリアランスを確保することとなり、根切り土量の増が必要となった。

3　原因・所見

・免震建物可動範囲について、設計者による設備関連の検討が不足していた。

4　再発防止策

・実施設計段階で、重合せ等を行ない、ASEM 間の調整確認が必要な箇所を把握し、整理する。
・雨水排水管は、建物外周部の免震クリアランス部分に立下がることが多いので、特に注意が必要である。
・施工者は、施工準備段階で主要部の施工検討図を作成し、工事監理者の承諾を得る。

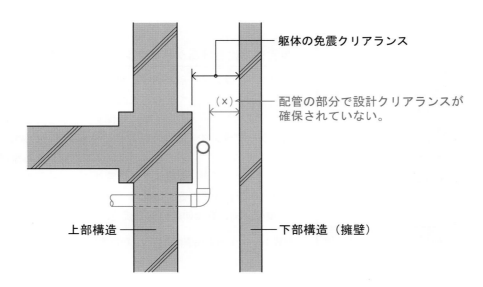

ダメージレベル **24**/80 点	影 響 度		発 生 頻 度		顕在化レベル	
	16 点	極めて重大な影響	5 点	高い頻度で発生	C	極めて気づきにくい
	8 点	重大な影響	3 点	ときどき発生	B	見過ごしがち
	1 点	軽微な影響	1 点	稀に発生	A	容易に気が付く

『免震建物における「設計クリアランス」と「最小クリアランス」の取違い』

ダメージレベル●●
顕在化レベル C

用途・構造・規模：集合住宅・RC 造

設計段階			施工段階							運用段階	
① 基本 DR	② 実施 DR	③ 検図	④ 見積質疑	⑤ 図面確認	⑥ 重合せ図	⑦ 総合図	⑧ 施工図	⑨ 工程検査	⑩ 竣工検査	⑪ 1 年点検	⑫ 2 年点検
発生時期	A			B				C			

1　発生事象

・竣工後 1 年目の定期点検時（免震建物維持管理計画に基づく）に、免震検査会社により「竣工時のクリアランス不足」を指摘された。設備配管等が、設計クリアランスを下回る「最小クリアランス」で施工されており、竣工検査時の検査結果に疑義が生じた。

2　個別の具体的措置

・設計クリアランスを確保すべく、配管形状とフランジ位置の変更を施工者負担で行った。

3　原因・所見

・免震クリアランスの定義は 2 種類あるが、施工検査時に最小クリアランスの意味を取り違え、最小クリアランスを満足していれば大丈夫と判断してしまった。また、特記仕様書の記載も不明確であった。

4　再発防止策

・設計者は、免震クリアランスの定義の再確認と、間違えにくい特記仕様書記載の工夫を行う。
・施工者は、主要部の施工検討図を作成し、工事監理者の承諾を得る。
・竣工検査の際、免震検査会社による全箇所検査を受け、公式なエビデンスを残すようにしたい。

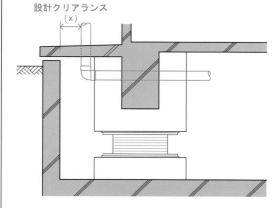

設計クリアランス
(x)

免震建物におけるクリアランスの種別

設計クリアランス…設計者が、地震時の応答変位や応答値のばらつきなどに加え様々な要因*を考慮して、建物の竣工時に確保すべき値として設定したもの。

最小クリアランス…建物の免震性能を維持するために必要な最小限のクリアランスで許容できる残留変位などを考慮した維持管理における管理費

＊クリアランスに影響する要因（例）
　温度伸縮、乾燥伸縮、施工誤差、残留変位

出典：（一社）日本免震構造協会　免震建物の維持管理基準－ 2018 より

ダメージレベル **24**/80 点	影 響 度		発生頻度		顕在化レベル	
	16 点	極めて重大な影響	5 点	高い頻度で発生	C	極めて気づきにくい
	8 点	重大な影響	3 点	ときどき発生	B	見過ごしがち
	1 点	軽微な影響	1 点	稀に発生	A	容易に気が付く

『完成図の送電先誤記で予定外の空調機の電源が遮断された！』

ダメージレベル●●
顕在化レベル C

用途・構造・規模　：事務所ビル・S 造

設計段階			施工段階							運用段階	
① 基本 DR	② 実施 DR	③ 検図	④ 見積質疑	⑤ 図面確認	⑥ 重合せ図	⑦ 総合図	⑧ 施工図	⑨ 工程検査	⑩ 竣工検査	⑪ 1 年点検	⑫ 2 年点検
発生時期　A			B				C				

❶　発生事象

・空調の更新改修工事において、部分停電をしながらフロア毎に更新を進めていた。
・完成図に基づき、工事範囲外に影響を与えないことを確認し、夜間工事開始前に当該区域の電源を遮断し工事を行ったところ、当該フロアとは異なる階の専用サーバー室用空調機が停止し、室温が上昇しサーバーが停止してしまった。

❷　個別の具体的措置

・夜間工事と異なる階での事象であり、工事担当者は異常には気が付かず、翌日テナント社員が出勤してサーバーが止まっていたことが判明し、営業補償を求められた。

❸　原因・所見

・完成図作成時の修正ミス。
・電源系統図は改修時に最も活用される図面のひとつであり、誤記があった時の影響も安全性、経済的損失ともに非常に大きいので確実にチェックの上、完成図として納める必要がある。

❹　再発防止策

・修正洩れ防止のためにも、施工図活用を勧めたい（P68~P75 参照）。
・完成図の作成責任は施工者にあるが、完成図納品時には十分に確認をする。
・電源系統図は追加されたものも含めて確実にフォローし完成図に織り込む。
　空調の課金システムについて、共用と個別の区分の設定ミスやテナント間の区分ミスなどのトラブルも多く、長期間放置されていると金額も非常に大きくなるので併せて注意が必要である。
・設計変更があって追加された機器は分電盤の空ブレーカーの状況によっては想定外のところから配電する可能性もあるので特に注意が必要である。

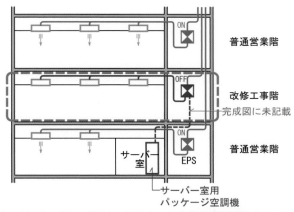

ダメージレベル **24**/80 点	影 響 度		発生頻度		顕在化レベル	
	16 点	極めて重大な影響	5 点	高い頻度で発生	C	極めて気づきにくい
	8 点	重大な影響	3 点	ときどき発生	B	見過ごしがち
	1 点	軽微な影響	1 点	稀に発生	A	容易に気が付く

巻 末 資 料

1. 整合課題事例のグルーピング

　今回、検討段階で収集した 151 の整合課題事例を分析するため、下表のようにグルーピングした。

　横軸は「図面作成プロセス」の各段階を示し、縦軸は建物の部位を示す。各整合課題を、顕在化した時期と部位とに整理し、「いつ、どこで」発生する不整合が多いかを検討した。

　表中に配した「【番号】（黄色部分）」は、整合課題事例シートにまとめた 84 例を示し、各事例の左側に伸ばした青色の帯は解決すべき時期を示す。番号のないオレンジ色の事例は、類似の事例としてシート化は行わなかったものを示す。整合課題は、施工準備段階で最も多く発生している。

	設計段階				施工段階
	①基本DR	②実施DR	③検図	④見積質疑	⑤図面確認
発生時期	A				B
解決すべき時期	(1)		(2)		
Ⅰ. 設計図書の基本的整合項目					
1) 工事予算				【1】設計終盤工事費減額	
2) 法令等	【2】屋上設備高さ参入				
		【3】用途変更階段見直し			
3) 計画条件					【5】スクラップ&ビルド手順不備
					【6】室内許容騒音値
			【7】機器耐震レベル不整合		
				【9】既存地下躯体の扱い	
4) 設計図書 A図 :スパン、外壁芯、階高、主要天井高					
S図 :構造主架構（柱、大梁、ブレース、耐震壁）					
			鉄骨柱・梁納まり不整合		
EM図 :性能設定、主要ルート、主要機器、等					【15】既設盤転用扱い未整理
		エアコン電源種別不整合			空調インバータ不整合
			【16】発電機ポンプ揚程不足		【17】エアコン加湿給水圧不足
					【18】エアコン設置高低確認洩れ
					【19】排気ファン静圧不足
			受電幹線サイズ不整合		押出排煙風量制御洩れ-1
					押出排煙風量制御洩れ-2
					別途機器要求・本設不整合
					蒸気安全弁記載洩れ
					特記記載洩れ（工場検査）
					図面と機器寸法の不整合
:工事区分					【20】WCリモコン配線未整理
					【21】ペリメータファン制御未整理
					【22】マリンランプ電源未整理
		分離発注の区分整理不備			
:特記仕様書					特記記載の適用範囲不備
Ⅱ. 部位毎の整合項目					
1. 屋上・屋根					
1) 屋根、パラペット :雨水排水計画					【25】雨水排水計画不整合
		雨水排水ルート不備			
2) 目隠し壁 :強度、安全性					
3) 設備機器レイアウト、等 :配置					
:設備基礎					
:メンテナンス性・更新性				【29】点検歩廊仕様不整合	

発生部位としては「外壁、開口部」「天井内の納まり」「縦シャフト（建築・設備）」での事例が多数を占める（次頁）。また、表上段に示した設計図書の基本的整合項目では「電気設備図、機械設備図（EM図）」での事例も多く、図面確認段階で性能設定や主要ルート、主要機器の課題に加え、工事区分の未整理事例も発生している。

施工準備段階 →　｜　電気設備図、機械設備図（EM図）

⑥重合せ図	⑦総合図	⑧施工図	⑨工程検査時	⑩竣工検査	⑪1年点検	⑫2年点検～
				運用段階		
			C			
(3)						
		【4】給水引込径指導				
	【8】メンテ作業車ルート不備					
			【10】既存山留取合い不備			
【11】コア詳細納まり不備						
【12】階高変更時設備調整不備						
階高・屋根勾配納まり不整合						
			【13】柱根巻仕様間違い			
			【14】電灯盤要求未反映			
	【23】直営工事調整不備					
		地域冷暖房配管取合い不整合				
		【24】屋根勾配設定不備				
		特記記載対応困難				
		対応困難な詳細図提示				
						下地鉄骨の応力変形
	【26】機器設置スペース不足					
【27】設備基礎設置洩れ						
	【28】ケーブルラック支持方法不備					
	【30】ドレン・メンテルート不備					
			【31】設備更新ルート不備			

	設計段階				施工段階
	①基本DR	②実施DR	③検図	④見積質疑	⑤図面確認
発生時期		A			B
解決すべき時期	（1）		（2）		
2. 外部					
1)外壁、開口部　:外装(耐風梁、下地部材、等)		下地部材未記載			
:乾式外装(PC、ECP、ALC、複合版、等)					【32】高層ECP仕様不整合
					【34】PCジョイント位置不備
:ガラスカーテンウォール、サッシ、ガラス			【38】ガラスVE・設備調整洩れ		
					【39】特記・建具表不整合（性能）
					【40】特記・詳細不整合（寸法）
					【41】特記・詳細不整合（断熱）
					【42】既製型・特注型確認不備
:断熱、耐火被覆		断熱ライン不連続			
:内装・設備取合い					
					【44】ガラリチャンバー干渉
2)外壁付属物、跳ね出し部　:EXP.J					EXP.J設定のAS不整合
:鉄骨階段					
:庇					
:設備					
3. 内部					
1)天井内の納まり　:幹線、ダクト、電気ラック、等					
		天井内設備納り不整合			
:梁成、梁貫通					
:耐震性					特定天井の特記・図面不整合
					厨房器具耐震固定の特記不整合
:意匠性					
2)縦シャフト(建築・設備)　:シャフト平面納まり					
:シャフト上下の通り			【61】配管と基礎梁干渉(RC)		
:エレベーター(ELV)、エスカレーター納まり			ELVシャフトと基礎フーチング干渉		
					【63】エスカレーターピット床不備
					【64】エスカレーター層間変形不備
:耐震性					
:メンテナンス					

外装仕上（外壁、開口部）　　天井設備納まり　　縦シャフトの設備納まり

施工準備段階 →

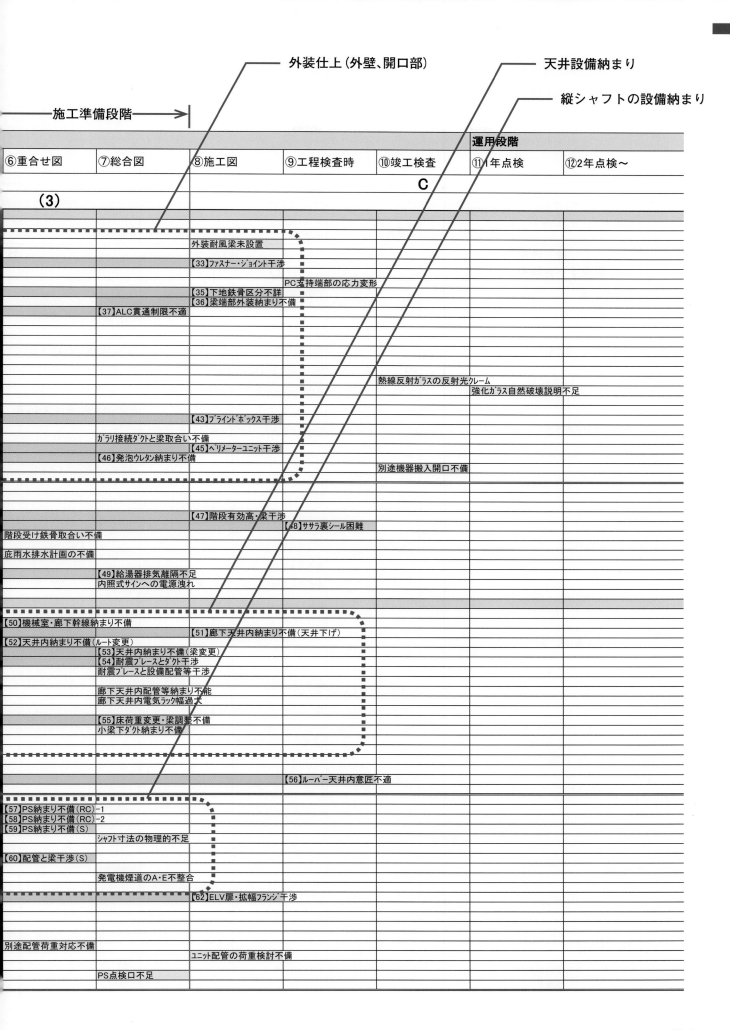

				運用段階		
⑥重合せ図	⑦総合図	⑧施工図	⑨工程検査時	⑩竣工検査	⑪1年点検	⑫2年点検～
				C		
(3)						
		外装耐風梁未設置				
		【33】ファスナー・ジョイント干渉				
			PC支持端部の応力変形			
		【35】下地鉄骨区分不詳				
		【36】梁端部外装納まり不備				
	【37】ALC貫通制限不適					
				熱線反射ガラスの反射光クレーム		
					強化ガラス自然破壊説明不足	
		【43】ブラインドボックス干渉				
	ガラリ接続ダクトと梁取合い不備					
		【45】ペリメーターユニット干渉				
	【46】発泡ウレタン納まり不備					
				別途機器搬入開口不備		
		【47】階段有効高・梁干渉				
			【48】ササラ裏シール困難			
階段受け鉄骨取合い不備						
庇雨水排水計画の不備						
	【49】給湯器排気離隔不足					
	内照式サインへの電源洩れ					
【50】機械室・廊下幹線納まり不備						
		【51】廊下天井内納まり不備（天井下げ）				
【52】天井内納まり不備（ルート変更）						
	【53】天井内納まり不備（梁変更）					
	【54】耐震ブレースとダクト干渉					
	耐震ブレースと設備配管等干渉					
	廊下天井内配管等納まり不能					
	廊下天井内電気ラック幅過大					
	【55】床荷重変更・梁調整不備					
	小梁下ダクト納まり不備					
			【56】ルーバー天井内意匠不適			
【57】PS納まり不備（RC）-1						
【58】PS納まり不備（RC）-2						
【59】PS納まり不備（S）						
	シャフト寸法の物理的不足					
【60】配管と梁干渉（S）						
	発電機煙道のA・E不整合					
		【62】ELV扉・拡幅フランジ干渉				
別途配管荷重対応不備						
	ユニット配管の荷重検討不備					
	PS点検口不足					

　表の下段に「発生時期毎の整合課題事例数」を記した。収集事例全体の大きな傾向は示すが、限られた範囲での収集であることに注意願いたい。

	設計段階				施工段階
	①基本DR	②実施DR	③検図	④見積質疑	⑤図面確認
発生時期	A				B
解決すべき時期	（1）	（2）			
3)防火区画、壁・間仕切、開口部 :防火区画、設備貫通、等					
					耐火排煙ダクトへのFD誤設置
:安全性（耐震、避難、セキュリティー等）					【68】天井内振止め検討不備
			【69】シャッター・梁取合い不整合		
				【70】引手高さ設定不整合	
			ALCへの機器耐震固定不備		
:騒音・振動					特記記載実施困難（厨房排水音）
:耐震壁・ブレース等と開口との調整			【71】電気室内ブレース位置不備		
:機器搬入					機器搬入機械室扉寸法不足
4)床 :2重床					
:設備レイアウトと床梁					
:床防水（重要室上部対応）			【75】電気室上部防水対応不備		
			電気室上部水回り対策不備		
			電気室へのSP散水浸入対策不備		
5)その他			扉カードリーダー設置壁A・E不整合		
					既存増築取合い納まり不備
4. 地下・免震 1)地下躯体形状、ピット・水槽計画、等 :駐車場・車路					【77】車路勾配設定不備
:ピット		基礎張出しによる水槽容量不足			
:2重壁			2重壁排水基礎納まり不備		
:設備関連（設備機器、スリーブ、等）					
:メンテナンス		ピット点検ルート不備			
2)免震層 :クリアランス等					
:排水	制振ダンパー位置不適				
:メンテナンス性・更新性					免震装置搬入口不足
5. 外構 :工作物				自立サイン基礎A・S不整合	
6. 完成図 :完成図と現物との不整合					
発生時期毎・整合課題事例数	2	8	16	5	37
収集事例数					

← 施工準備段階 →

⑥重合せ図	⑦総合図	⑧施工図	⑨工程検査時	⑩竣工検査	⑪1年点検 (運用段階)	⑫2年点検～ (運用段階)
				C		
(3)						
			【65】防火区画・梁納まり不備			
	【66】区画貫通ダクト納まり不備					
	非常用ELVロビーに別系統ダクト誤設置					
			【67】建具追加時設備対応洩れ			
		耐震壁開口のA・S不整合				
			【72】機器搬入通路扉寸法不足			
			【73】OAフロア部スラブ段差不整合			
【74】衛生器具排水管・梁干渉(S)						
	衛生器具排水管・梁干渉(RC)					
			【76】電気室上部に配管配置			
	電気室上部柱際にPS設置					
【78】車路上部有効高・設備干渉						
	【79】釜場設置不整合					
	施設管理参画によるピット配置変更					
			【80】外周梁貫通レベル不備			
	【81】2重壁排水ルート不備					
機械室内受水槽配置不備						
			基礎スリーブと直交小梁の干渉			
	【82】配管部クリアランス不足					
					【83】クリアランス定義の誤認	
				クリアランス性能評価設定値不足		
ピット排水未完結						
ピット内メンテルート不備						
						【84】修正洩れによる設備誤操作
18	28	19	11	3	2	2

151

2. デザイン・レビュー（DR）審査事項例

　各章・稿にて「デザイン・レビュー（DR）」実施の重要性に触れ、提言にも加えた。具体的に「何をレビューするか」というチェックリスト等は各企業毎に整備されている例もあると思われるが、今回の検討部会に参加した企業にて使われている審査事項を、今回の図面作成プロセスの流れに合わせて加工したものを一例として示す。

■DR審査事項

建物への要求事項の展開	INPUT	基本DR
要求事項	**→製品要求事項への具体的展開**	
①顧客要求事項 ②用途に応じた要求事項 ③法令・規制要求事項 ④組織が必要と判断した要求事項 ・建設意図・事業性 ・建物内容（概要・規模） ・建物のイメージ ・工期・予算 ・制約条件 　敷地/自然/地盤/インフラ ・運用・維持管理 ・その他 　BCP/省エネ	**・建物基本構成** 配置計画 平面構成 基本動線 拡張性/フレキシビリティ 管理・メンテナンス **・空間構成** 内外部空間構成と表現 統一感 創造性 **・安全性** 耐震性能 防災・防犯 ユニバーサルデザイン ハザードマップ **・居住性** 業務・作業環境 居住環境 **・信頼性** ファイルセーフ 冗長性 **・耐久性** **・経済性** イニシャルコスト ランニングコスト **・施工性** **・眺望/プライバシー** **・セキュリティ** **・外観デザイン** **・周辺環境条件との調和** 社会環境 自然環境 法規制 街並み **・環境保全/生態系保全** CASBEE、LEED、WELL、SDGs **・BCP** **・審査請求リスク**	**■審査資料　OUTPUT** ・設計図書　　　　　・性能チェックシート ・外観イメージ　　　・現況写真 （模型/パース）　　・用途特有の関連法規 ・設計・工事工程表　・手続き等チェックシート ・原価管理シート　　・会議記録 **■審査事項** ・品質目標・部門長指示事項のフォロー結果の確認 ・要求事項（INPUT）のOUTPUTでの検証 　a)顧客要求事項 　b)機能及び性能の要求事項 　c)法令・規制要求事項 　d)用途特有な要求事項 　e)工事費 **■分野ごとの重点ポイント** □意匠 ・全体計画の妥当性（建物位置・外構レベルとの取合） ・設計スケジュール（法手続き（開発行為等）のクリティカルパスが盛り込まれているか） ・顧客の要求仕様が網羅されているか ・基本性能（遮音・断熱等）の確保 ・法適合確認 ・近隣への配慮（騒音・臭気） ・コストコントロール ・デザインの妥当性 □構造 ・建物の供用期間　　　　　　・行政指導（地震力割り増し等） ・BCPの考え方（耐震グレード）・積雪荷重（寒冷地は凍結深度） ・特殊条件（床振動環境等）　・構工法の選択の妥当性 ・物の動線（床の使われ方）　・工業化（PC化等）の方針 ・積載物の荷重条件　　　　　・基礎構法の妥当性（地盤情報を受けて） ・設備方式（梁貫通、床貫通等の有無）・地形（斜面地、土砂災害警戒特別区域） □設備 ・敷地条件の把握（インフラ、気候、自然条件） ・工事項目、工事範囲、所有区分　・エネルギー源の選定 ・主要機器の配置、メインルート　・設備原単位、温湿度の設定 ・躯体、架構計画との整合　　　　・設備主要システムの選定 ・階高設定、雨水排水計画　　　　・設備計画ゾーニング ・重要諸室と水回りの位置関係　　・メンテナンスの配慮 　　　　　　　　　　　　　　　　・省エネルギーへの配慮 □電気 ・BCPの考え方の統一 ・法規制の確認 ・機能・性能の確認　　　　建設地による特性確認（塩害など） 　　　　　　　　　　　　　電機総容量確認 　　　　　　　　　　　　　変電室位置、サイズ等の確認 　　　　　　　　　　　　　発電機位置、特に煙道排出位置（AE調整） ・建築プランへの盛り込み　シャフト位置、サイズ、数

実施DR	検図

■審査資料　OUTPUT

・設計図書	・性能チェックシート
・外観イメージ	・現況写真
（模型/パース）	・用途特有の関連法規・手続き等チェックシート
・設計・工事工程表	・基本DR審査記録
・原価管理シート	

■審査資料　OUTPUT

・設計図書	・設計・工事工程表
・外観イメージ	・性能チェックシート
（模型/パース）	・現況写真
・基本設計図書	・用途特有の関連法規・手続き等チェックシート
	・基本・実施DR審査記録

■審査事項

・品質目標、設計コンセプトの一貫性の確認

・要求事項（INPUT）のOUTPUTでの検証
・基本DR指摘事項のフォロー結果の確認
・デザインに対する技術的裏付けの確認
・基本設計段階におけるのASEM整合性の確認

■分野ごとの重点ポイント

□意匠
・コスト状況
・法適合確認
・設計スケジュール（実施設計着手にあたり、未決事項は整理されているか）
・デザインのつくりこみの妥当性
・機能（動線設定・通路幅等）の妥当性
・性能（層間変位・断悦ライン・止水ライン等）の成立
・部位納まり/材料選択の注意点/メンテナンスへの配慮
・関連不具合事象のフィードバック

□構造

・供用期間に応じた材料の選択	・行政指導への具体策
・BCP（耐震グレード）への対応	・積雪荷重割り増し（寒冷地は対策の妥当性）
・特殊条件への対応状況（クライテリアの満足）	・適用構工法の妥当性
・適切な荷重条件の設定	・現地ボーリング結果の基礎構法へのFB
・積載荷重や特殊荷重への反映	・地形に配慮した荷重設定と基礎計画
・設備を考慮した階高設定の検証	

□設備

・敷地と建築・設備計画の整合（自然エネルギー利用含む）	
・工事区分、貸方基準	・主要機器仕様
・MR、機器置場、シャフトの納まり	・室別条件の確定
・梁貫通、スラブレベル、地下ピット	・設備機器の運転制御
・主要部の納まり、デザインとの整合	・各種機器の配置、主要天井伏

□電気

・基本的納まりの確認	変電・発電機
	シャフト、メインルート天井内納まり
	セキュリティ計画（用途による）
・使い勝手など確認が取れているか、図面にどう反映されているか	
・品質不具合発生懸念箇所、項目はないか	
・施工性への配慮	

■審査事項

①納まり不整合	「納まり」の再検討が必要な不整合
②くい違い不整合	「発注者からのクレーム・次工程（見積・施工）の間違い」につながる不整合 ＊【別表1】
③不具合リスク	不具合が予想される仕様、納まりなど
④基準外	社内基準・公的基準からの逸脱
⑤図面不足	必要な部位・取合い・納まりの図面不足
⑥表記不足・誤記	『性能・品質確保に必要な表記、及び施工者が間違えないための表記』が不足、誤記 ＊【別表2】
⑦法的リスク	法的不具合が予想される計画
⑧施工リスク	施工上の不具合
⑨与条件未整理	発注者与条件、地域制などの条件未整理
⑩性能未整理	性能設定の誤り、未整理
⑪使い勝手	安全性、セキュリティーを含む
⑫その他	①〜⑪に該当しない指摘
⑬確認事項	図面から読み取れない懸念事項の確認（計算書、官庁確認等）
⑭注意喚起	単なる注意喚起と要フォロー指摘を明確化
⑮申し送り事項	現場申し送り、発注者申し送り事項等

【別表1】
くい違い不整合の定義
『発注者からのクレーム・次工程（見積・施工）の間違い』につながる不整合

法規上支承をきたす	正確に数値、名称が一致しない
	：面積、防火区画、室名（防災センターと管理室）等
性能上支障をきたす	性能設定が一致しない
	：防水、断熱、各種仕様等
計画上支障をきたす	要求条件と計画が一致しない
	：天井高さ、段差の有無等
見積落ちが懸念される	部材等の有無、範囲、数量が一致しない
	：天井下地鉄骨の有無、OAフロア範囲等

【別表2】
表記不足の定義
『性能・品質確保に必要な表記、及び次工程が間違えないための表記』が不足

法規上支承をきたす	各種申請、検査で指摘される
	：特防・防火設備の認定番号、構造使用材料、非常電源の必要性等
性能上支障をきたす	不具合につながる
	：断熱材の連続性、2重シール、鉄骨の防錆仕様・範囲、キュービクル仕様等
計画上支障をきたす	建設コスト等に影響する
	：工事区分、耐風下地、捨てコン仕様、配管・幹線サイズ等
見積落ちが懸念される	次工程で手戻りが発生する
	：鉄筋の定着・継手長さ、鉄骨仕口部の溶接仕様、屋内・屋外配管の接続方法等

3. 見積質疑関連資料
1) 積算協会アンケート

　3章・3.2.4 発注・契約段階で「見積質疑」に触れたが、今回の検討部会を開始した 2018 年に、公益社団法人　日本建築積算協会東海北陸支部にて、全国の所属組織（積算事務所、設計事務所、建設会社）に対して、積算業務改善のためのアンケート調査が実施された。130 企業からの回答を元にまとめられた資料を参考に示す。設計実務の参考にもなるので一読願いたい。

図面交付以降の於ける数量積算の作業と図面情報の必須度

■数量積算作業の概略の手順（手順ごとに発生した質疑を作成）

内装拾いの手順	RC躯体拾いの手順
1、不足図面の確認（図面リストとの照合） ↓ 2、仕上表情報、建具情報の登録（積算ソフトへ入力） ・仕上名称（表面仕上、下地種別）、建具符号と寸法など ↓ 3、平面詳細図または平面図へ情報の落し込み ・間仕切り種別、建具符号、天井高、断面・矩計の切断位置 ↓ 4、数量拾い出し（各室仕上） ・下地と表面仕上げはセットで拾い出しのため、同じ仕上げでも下地ごとに項目を分けて拾います。 ・カウンターなどの雑ものも各室の拾いで算出していきます。 ↓ 5、数量拾い出し（間仕切り数量） ・軽鉄壁下地の算出。耐火、遮音間仕切りはLGSとボードをセットで拾い出します。 ↓ 6、集計・チェック、躯体関連情報の移行 ・一次集計（部位別集計）、二次集計（工事別集計） ・打増しコンクリートや型枠目地棒、打放し数量などを躯体拾いの集計数量へ移行し合算します。	1、不足図面の確認（図面リストとの照合） ↓ 2、構造図の情報を登録（基準、断面情報） ・基準ルールの設定（鉄筋の定着長さなどの基準入力） ・部材断面リスト情報の登録 ↓ 3、構造図の情報を登録（配置情報） ・柱梁スラブなどの配置情報を入力（符号を設定） ・階高、壁符号、建具などの配置情報を入力（符号を設定） ↓ 4、レベル、芯ずれ打増し情報の入力補正 ・柱、梁、スラブなどの詳細配置情報の登録 ↓ 5、雑躯体の数量算出 ・階段、パラペット、設備基礎などを手拾い ↓ 6、集計・チェック、仕上げから移行される数量の合算 ↓ 7、土工事数量の算出 ・現況レベル、山留め有無、発生土利用情報等の確認

■図面情報の種別

ランク		解説
【Ａ】	最	不足すると積算ができない図面情報［図面が不足］ ・不足している情報を想定することができない、又は想定が極めて困難 ・修正そのものが図面がないとできない［拾い落ちとなる］
【Ｂ】	上	不足すると集計ができなくなる図面情報［図面の書き込み不足、相違］ ・不足している情報を想定することが困難 ・修正の手間が大きい［拾い分けをやり直し］
【Ｃ】	普	単純な相違、メーカー品番など ・想定することが比較的容易 ・修正は比較的容易[内訳書の段階で修正ができる]

■図面情報のランク別事例

特記、仕上表、平面、立面、断面、伏図、軸組、部材リストなどの基本的な資料があることを前提としています。

ランク	項目	不足する図面情報	理由・例
【A】	全体	・工事区分表	・想定が困難、項目落ち、設備と重複の原因となる。
	土工	・現状地盤レベル	・想定が困難であり、根切計画図の再作成は時間のロスが大きいため。
	構造	・伏図と整合のとれた部材リスト	・伏図にある符号が部材リストにない場合、想定が困難。
		・鉄骨接手詳細	・想定が困難、拾い直しの手間が大きい。
	外部	・立面図：見え隠れ部分の表現	・想定が困難のため。
		・立面図：仕上げ別の範囲	・拾い分けのやり直しとなる。
		・屋根伏、立面、平面：樋の経路図	・想定が困難のため。
		・部分詳細：パラペットの納まり詳細	・多工種に関わるため修正の手間が大きい。 (防水、左官、金属、組積、躯体、吹付など)
	内部	・間仕切指示図 ・防火防煙区画図	・RC、LGS、耐火、遮音、PTなどの区別によって拾い方が違うため拾いの作業に入れません。
		・仕上下地指示(仕上表)	・床：コンクリ、モルタル、OA、鋼製床組、木床組など。
	建具	・建具キープラン	・各室の拾いへ符号の落し込みができないことで、構造、外装、内装のすべての拾いに影響がでるため。
		・建具表	・符号の振り替えは構造、外装、内装のすべての拾いに影響が出るため。(サイズ変更は対応が容易)
		・姿図	・ガラスの割り付けが分からない。
	外構	・凡例表 ・範囲	・想定が困難であり、拾い図の再作成は時間のロスが大きいため。
【B】	特記	・特記仕様書の適用マーク	・設計図より優先度が上位の資料であり、図面交付後の記載は図面内容と相違となるリスクが大きいため。
	内部	・仕上品番の使い分け	・例えば長尺シートA,B,Cの適用範囲の指示がない場合回答後に拾い分けに戻ることになる。
	外構	・詳細図	・ばらし作業ができない。
		・桝の寸法、高さ	・拾い分けができない。
		・埋設管のサイズ	・拾い分けができない。
【C】		・各材料の単純な相違	・仕上げ材料の相違など。
		・各材料の仕様	・ステンレス製、亜鉛メッキなど。
		・メーカー品番	・内訳のみで修正が可能。

■ 図面情報に関する Q&A

質問 -1
変更で建具符号に欠番ができたので、符号を振り替えても大丈夫？

回答
困ります。理由は、符号の変わる建具に関係する内装、外壁、建具仕上の拾いの全てに影響があるためです。[内装拾い手順 2、3 参照]

質問 -2
全ての部屋に展開図が必要？

回答
倉庫などの単純な部屋は展開が無くても拾いができます。壁付の造作家具、腰見切り、壁の途中で仕上が変わるような室は必要です。

質問 -3
矩計図にも仕上げの表記は必要？

回答
仕上表、立面図等に外壁仕上の表示があれば、矩計図になくても拾いができます（記載の場合、他の図面との相違の原因となることがあります）。

質問 -4
展開図にも仕上記号や間仕切符号は必要？

回答
仕上表、間仕切指示図に指示があれば、展開図への記載は必要ありません（記載の場合、他の図面との相違の原因となることがあります）。

質問 -5
平面図の置き家具配置の表示は積算に影響ある？

回答
適切な区分表示［本工事＝実線、別途工事＝破線（点線）］となっていれば問題ありません。

質問 -6
使っていない部分詳細図が残っていても問題ない？

回答
かなり困ります。理由は、積算側では不使用であることが判らず、全図面を何度も見返して探すことに大きな時間を要してしまうためです。

質問 -7
改修図にも平面詳細図や展開図は必要？

回答
平面図で間仕切仕様や撤去範囲が分かれば平面詳細図は不要です。展開がないと改修範囲が分からない場合、展開図は必須です。

質問 -8
全ての仕上げ材にメーカー品番の指示は必要？

回答
特記仕様書、標準仕様書で判断ができる項目もありますが、設計意図をもれなく反映するため必要です。

質問 -9
設計段階の積算時において、鉄骨詳細がない雑鉄骨は、鉄骨工事とするか製作金物とするかを、どう決めている？

回答
単体での重量が少量で鉄骨扱いでは安価となりすぎる場合や、意匠的な仕上り精度が求められるような場合は製作金物として扱います。

質問 -10
設計段階の積算時において、例えば EV 三方枠の取付用下地なども部材（鋼材）の取付詳細は必要？

回答
製作金物で見積りが徴収できる場合は不要ですが、一次鉄骨との隙間が大きい場合には積算では判断がつかず質疑をする場合があります。

質問 -11
設計段階の積算時において、とりあえず特記仕様書がなくても積算できる？

回答
できますが、質疑の数が増えます。また、設計図より優先が上位の資料のため、発行後に全図面との相違確認→再質疑→反映となり相応の時間が必要となります。

質問 -12
解体の積算には、どこまでの図面が必要？

回答
以下の情報が必須です。
・一般図（配置、平面、立面、断面、仕上表）
・構造のわかる情報（特に基礎の仕様）
・既存杭の情報（有無、撤去の場合は杭仕様）
・飛散性アスベストの情報（有無、範囲、仕様）
・アスベスト含有建材の情報（有無、範囲、仕様）
・BCP 含有製品の情報（有無、使用場所、処分方針）
・ダイオキシンの情報（煙突、焼却炉の有無、仕様）
・フロンガスの処分リスト（空調機器）
・備品、書類等の処分の有無
・土壌汚染対策の有無
・外構図 1 式（詳細図も含む）
・設備関連図面（電気、空調、衛生）
・解体工事期間、使用可能なヤードの範囲
・解体後の埋戻し整地の要否

設計段階の積算の場合
必須資料の判断ができる積算の基準はありません。解体積算のまとめ方は既存図の有無、委託設計料に解体の数量積算を含むかどうかなどを基に発注者担当者との協議により取り決められ、これに合わせた設計図面資料が必要となります。

2) 積算事務所からの生の声

今回の取り組みにおいて、積算事務所へのヒアリングを実施した（2018 年 10 月）。

近年の「見積用設計図書」についての生の声として以下に整理したので、前頁巻末資料 3-1)「積算協会アンケート」及び、第 3 章・3.2.4「発注・契約段階」（P44 ～ 53）、3.2.5「施工段階 "施工者として欲しい図面 "」（P56、57）と合せて参照願いたい。

課　題	
1．見積用設計図書に関する最近の傾向	
1）図面間の不整合 ・建築面積・延床面積の図面間での不整合が多い（特に意匠図と他の図面との不整合が多い）。 ・特記仕様書、外部・内部仕上表、詳細図等での仕様相互の不整合が多い。 ・平面図と建具表との不整合が多い（建具の数量や開口寸法等の違い、等）。 ・部分詳細図の使い回しによると思われる不整合が多い。＊部分詳細図にあるが、当該案件の図面には存在しないという例。	
2）図面の不足 ・「間仕切図」「建具図」が無く、積算作業に掛かれない例がある。 ・「サイン図」「外構図」「詳細図」等が揃っておらず、追加資料要求をする例がある。	
3）質疑応答について ・質疑回答相互間の齟齬がある例が増えている。＊回答内容が相反しているのに双方に「宜しい」「適宜判断」との回答記載例が増加している。	
4）積算期間の不足 ・積算業務の作業量が増加している一方、積算期間が短い案件が増えている。＊ IT 化による計算・集計の省力化を上回る「期間不足」を実感している。	
2．個別の課題	
1）各種、規基準改訂に伴う仕様詳細化により質疑数が増加している。 ① コンクリート規準改訂によるセメント種類・水量・水セメント比・材令・混和材・マスコン適用範囲・仕様毎の適用区分質疑等。 ② 天井下地軽量鉄骨（LGS）耐震補強要領の細分化による仕様や適用範囲確認の質疑。	
2）大規模案件の増加により、1 フロアの平面詳細図が何枚にも分かれることが多く、分轄部の重複範囲調整や集計作業が増えている。	
3）図面内、図面間の不整合例が多い事例（下記）。 ① 構造図内の相違（断面リストと伏図・軸組図の相違。部材の高さレベルの相違、等）。 ② 構造図の梁貫通補強要領（RC・S 構造別）・数量の不備。 ③ 構造伏図と意匠平面図の相違（構造軸組図と意匠矩計図の相違、付帯鉄骨の図示相違、等）。 ④ 意匠図内の相違（平面図と建具キープラン、リストとの相違。平面図・矩計図と部分詳細図との相違、等）。 ⑤ 特記仕様書に「適用印」のみある場合や、モックアップ・設備関連等、仕上表内の特記事項に文言のみ記載された内容が、平面図・断面図に展開されておらず、数量が拾えない。 ⑥ 仕上表と平面詳細図・天井伏図・部分詳細図との相違。特記仕様書と部分詳細図との相違、等。 ⑦ 標準詳細図が添付されている際、当該案件で使用されていないものが含まれている例がある。 ⑧ トイレアクセサリー等、設備図の器具表と意匠図とで使用部材のグレードのくい違いや、計上区分（設備工事 or 建築工事？）のくい違い等、建築図と設備図間の相違。 ⑨ 屋上設備基礎の平面配置や架台鉄骨の計上区分等、建築図と設備図との相違が多い。 ⑩ 外構排水計画図と設備外構図との相違が多い。	
4）図面記載不足が多い事例（下記）。 ① パラペット廻り・外壁開口廻り（内部側も）・外壁出隅部分・外壁下端部分等の納まり図の記載が無い。 ② 学校・病院他、複雑な意匠の建物が増えて来ているが、形状の複雑さに比して断面図・矩計図の少ない例が多い。 ③ 木工事や金属工事で、ルーバーや手摺他の構成部材メンバーやピッチが不明の場合が多い。	
5）構造図で梁貫通補強が不明なことが多い。 ・上記 3)-②のような図面不整合があった場合、補強要領と補強ヵ所数を RC 部分・S 部分・SRC 部分とで総合的に質疑しても、全体の数量のみの回答であったり、RC 部分の補強要領のみの回答や、S 梁の補強要領が片側だけか両側なのかが不明など、再質疑となる場合がある。また、設備図からの想定で再質疑する場合もある。	
6）付帯鉄骨が意匠図にしか記載が無い・又は構造図と意匠図とでくい違いがある。 ・上記 3)-③のような図面不整合があった場合、再確認の質疑が増えてしまいがちとなる。その際、回答が遅いと鉄骨ファブとの見積調整が間に合わなくなる。	
7）使い分けや適用範囲図が添付されていない部材の質疑が必ず発生する。 ・右に挙げる各部材の使い分けや適用範囲が不明なことが多く、質疑が発生する例が多い。	

解決のための改善策・要望
間仕切の延べ長さや、建具ヵ所数拾い間違いを防ぐため、分割前の1フロア毎の平面詳細図もPDFで発行して欲しい。
該当しない納まりは必ず斜線を引くなどして、有無の質疑が出ないようにして欲しい。
詳細図が無く、ALC板や押出成形セメント板等、メーカー標準納まりを採用する場合には、その旨を記載して欲しい。
部位毎に指示数量か面積当りの歩掛等を頂き、事前確認できるようにして欲しい。
事前に下記資料を発行して欲しい。 ① 防水範囲図や断熱範囲図等。 ② 耐火被覆＝部材毎や仕様毎の範囲図。 ③ 外壁・跳ね出しスラブ等のPC板＝表面仕上げ・断面形状・仕様毎の範囲図。 ④ ガラスカーテンウォールやガラススクリーン＝ガラス種別・厚み範囲図 ⑤ ルーフドレン・樋＝仕様や配管径毎の配置、天井内横引き部分や防水パン設置部分を統合的に記載した雨水系統図。 ⑥ 内外EXP.J＝平面詳細図等の一般図に表現するのではなく、断面詳細図等納まりとキープランを統合的に記載したEXP.J案内図。 ⑦ 各種仕上材・耐火被覆等＝部材の多種多様化のため、使用部材を特記仕様書や仕上表、部分詳細図などにバラバラに記載するのではなく、メーカー名・品番・グレード・産地・材料上代等、単価が一元的に設定出来る使用材料表。 ⑧ 内部間仕切＝仕様毎区分図。＊防火区画図では耐火時間しか分からないため正確な積算ができない。

3）公共工事における質問回答の調査分析

　第3章・3.2.4「発注・契約段階」（P44～53）における「見積質疑」の整理にあたり、東洋大学大学院・修士論文「建築工事における入札時の質問回答書からみた設計図書の現状に関する研究（2020年・下記)」の予備研究における、質問回答書の分類構成（2018年）を援用した。これは、設計図書の完成度を質問回答書の内容分析により測ることを試みた取り組みであり、今回の検討部会の取り組みとも合致する。

　※　志賀　幹「建築工事における入札時の質問回答書からみた設計図書の現状に関する研究」東洋大学大学院・修士論文、2020年3月

　この修士論文では「N市新庁舎建設工事」における質問回答書の分析を行っている。この案件は2017年竣工の延床面積12,700㎡、地上5階・地下1階、RC＋S造・免震構造の公共建築である。入札にあたり、6社が応札し合計770件の質問回答がされている（下図）。

分類結果

N市新庁舎建設工事 770件			
「ある」	398件	読替要求	73件
		不整合	212件
		不要確認	54件
		確認	59件
「不十分」	329件	詳細要求	282件
		追加確認	8件
		施工条件確認	27件
		情報の見落とし	12件
「その他」	43件		

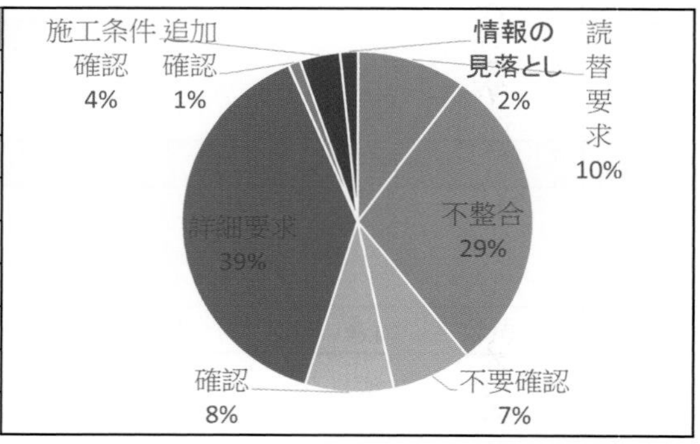

（円グラフ）
- 施工条件確認 4%
- 追加確認 1%
- 情報の見落とし 2%
- 読替要求 10%
- 不整合 29%
- 不要確認 7%
- 確認 8%
- 詳細要求 39%

▶「不整合」と「詳細要求」が非常に多く、2つ合わせると全体の7割ほどを占めている

▶ 他の6項目である「読替要求」、「不要確認」、「確認」、「追加確認」、「施工条件確認」、「情報の見落とし」は全て合わせて3割ほどだった

■ 執筆協力者　五十音順敬称略

秋山　晃治

有田　康正

石川　哲朗

石田　光宏

鵜口　福行

小黒　一雪

加藤　喜久

金澤　　充

北本　恭一

久保寺宗高

熊沢　正廣

児玉　雅人

酒井　星志

田中　直斗

垂井　　豊

堤　健太郎

永村　晴生

樋口　重樹

平山　哲哉

森川　和英

吉原　裕之

「設計図書整合性向上ガイドブック」

2020 年 6 月 21 日　第 1 刷発行

編集・発行　　公益社団法人日本建築士会連合会

　　　　　　　〒108-0014　東京都港区芝5－26－20

　　　　　　　建築会館5階　TEL　03－3456－2061

　　　　　　　http://www.kenchikushikai.or.jp/

説明図作成　　株式会社ピーディーシステム

印　　　刷　　バウスグラフィック株式会社